J
590

L'ETAT PRESENT DE LA TURQUIE.

OU

Il est traité des vies, mœurs & coutumes des Ottomans, & autres Peuples de leur Empire,

Divisé par 14. Nations qui l'habitent.
Toutes opposées à la Puissance qui les gouverne, & les unes aux autres; sept desquelles sont Infidelles, & sept Chrétiennes.

Omne regnum in seipsum divisum desolabitur.
Par le Sieur MICHEL FEBVRE C. M. A.

A PARIS,
Chez EDME COUTEROT, ruë saint Jacques au bon Pasteur.

M. DC. LXXV.
AVEC PERMISSION.

AU ROY.

S<small>IRE</small>,

La Turquie qui a toûjours consideré Vostre Majesté, comme le futur Conquerant de ses Terres, réveille aujourd'huy ses esperances au

ã ij

EPISTRE.

bruit de Vos Conquestes en Europe, qu'elle envisage comme un acheminement à celles que Vos Armes toûjours Victorieuses & Triomphantes, doivent remporter un jour sur elle dans l'Orient, avec beaucoup plus de gloire, quoy qu'avec moins d'obstacle. Pour cét effet, elle se presente dans cette Relation aux yeux de Vostre Majesté, pour luy faire voir le miserable état où elle se trouve à present reduite, au respect des siecles passez; la disposition de ses peuples à Vous recevoir comme leur Liberateur; l'a-

EPISTRE.

version qu'ils portent tous au Tyran qui les gouverne; son impuissance, ses injustices; les moyens faciles & assurez qu'on doit tenir pour le subjuguer, & ce que l'on doit faire pour se conserver son Pays, aprés la Conqueste qu'on en aura faite. Elle y represente encore les Mœurs & les Coûtumes de quatorze Nations qui l'habitent, presque toutes differentes d'idiome, de Religion, & de façons d'agir; ce qui fait qu'elles sont non seulement divisées entre-elles, mais encore opposées à la Puissance qui les gouver-

EPISTRE.

ne, dont elles ne desirent que la destruction, qu'elles procureroient sans doute, si elles la voyoient assiegée par une Puissance Etrangere, qu'elles assisteroient de tout leur pouvoir: en sorte qu'un Ennemy du Turc trouveroit parmy elles dans le besoin, des Armées entieres à son service. Si ce Livre est assez heureux d'estre regardé favorablement de Vostre Majesté, il paroistra en public, & l'honneur que Vous luy ferez de l'agréer, luy procurera toute l'estime qu'on peut jamais esperer. Il sera à la ve-

EPISTRE.

rité, SIRE, peu digne de Vostre Majesté, eu égard au peu de politesse qu'il a, en comparaison de tant d'autres beaux Ouvrages qui luy ont esté dediez; mais il ne laisse pas de s'en promettre un bon accueil, si elle daigne considerer la consequence des choses dont il traitte, qui sont aussi curieuses que necessaires à sçavoir, & l'intention sincere de celuy qui Vous l'offre; Il est, SIRE, passionné au possible pour Vostre gloire, il espere en voir un jour le comble dans la Conqueste de la Turquie, où il a demeuré

EPISTRE.

douze ans entiers parmy les peuples Orientaux, dont la plûpart desirent ardemment d'estre soûmis sous le doux joug de Vostre Empire, pour respirer un air plus favorable. Fasse le Ciel que leurs souhaits & les nostres s'accomplissent bien-tost à l'honneur du nom Chrétien, & que suivant leurs pretenduës Propheties nous voyons de nos jours V. M. chargée des dépoüilles de l'Orient, aprés avoir fait redouter à ses ennemis dans l'Occident la valeur de ses armes. Ce sont les vœux que fait continuellement pour

EPISTRE.

Vostre Tres-Auguste & Royale Personne, celuy qui est avec un profond respect,

SIRE,

DE VOSTRE MAIESTÉ.

Le tres-humble, & tres-fidelle sujet M. F. C. M. A.

L'IMPRIMEUR
AU LECTEUR.

JE vous presente, mon Lecteur, la Relation de l'état present de la Turquie, dans laquelle vous verrez avec satisfaction le Genie, la Nature, la Religion, la Politique, la Puissance & les Coûtumes des Turcs, & autres peuples de leur Empire, desquels l'Auteur fait icy une exacte description, d'autant plus estimable, qu'aucun autre n'a encore traitté de la difference de ces Nations, dans toutes les Relations qui ont paru jusqu'à present : entre lesquelles celle-cy se peut dire la plus veritable, cêt Auteur n'y ayant rien mis qu'il n'ait vû ou sçû de science certaine, ou

Au Lecteur

pratiqué par l'espace de douze ans qu'il a demeuré en Orient, où il a apris les Langues Turquesque, Arabe, Armenienne & Courdesque, des mêmes Nations dont il traitte icy, avec lesquelles il a conversé, tantost travesty, tantost vêtu à sa façon ordinaire. Au reste, il n'a pas écrit ces choses par aucun interest, & n'en a permis l'impression que pour condescendre aux instantes sollicitations & prieres de quelques personnes de qualité, qui en ayant eu la connoissance, luy ont remontré que la lecture en seroit non seulement agreable au public, mais encore utile & necessaire, pour desabuser la plûpart des peuples, de la haute estime qu'ils ont de la puissance Ottomane, & leur donner des sentimens plus conformes à la verité; aussi cette Relation a-t'elle esté si bien receuë à Rome, où elle a esté d'abord imprimée en Italien, & dediée à une grande Reyne,

Au Lecteur.

qu'on la fait r'imprimer du depuis à Florence & en d'autres Villes d'Italie, & on l'a traduite actuellement en Allemand & en Espagnol, pour estre mise sous la presse. La France qui y a la meilleure part, en ce que son Auteur est François, n'a pas dû en estre privée : d'autant plus que la conqueste des peuples dont elle traitte, est reservée à son Monarque, au sentiment des Turcs mêmes, & selon toutes les apparences. Et ainsi, il l'a traduitte de sa composition Italienne en François, pour la donner à sa patrie, qui aura cét avantage de pouvoir avec ce Livre parler scientifiquement de l'état des Ottomans ; voire même plus pertinemment, que ne pourroient faire plusieurs de ceux qui l'ont parcouru, à cause que la plûpart voyagent sans la connoissance des Langues & ne vont que de nuit, pour éviter les chaleurs excessives du pays, d'où vient qu'ils ne sça-

Au Lecteur.

vent que les choses les plus communes, & ne les apprennent que par le rapport de quelques Marchands d'Europe qu'ils rencontrent sur leur route, qui pour l'ordinaire ne sont pas toûjours bien informez de la verité : Or de cét Ouvrage que l'Auteur presente au public, il n'en pretend rien que la gloire de Dieu, la satisfaction du Lecteur, & quelque part en ses prieres.

TABLE DES CHAPITRES
& Articles contenus dans ce Livre.

PREMIERE PARTIE.

Des sept Nations Infidelles, à sçavoir des Turcs, Arabes, Courdes, Turcmans, Iezides, Druzes & Juifs.

Chap. I. Des Turcs ou Ottomans.
Art. I. De la grande politique des Turcs.   p. 1

Art. II. Que la politique des Turcs causera la ruine de leur Empire.   15

Art. III. De la Religion des Turcs.   23

Art. IV. De la superstition des Turcs.   45

Art. V. Des festes & jeûnes des Turcs.   69

Art. VI. Des Mosquées des Turcs, & de leurs prieres.   74

Art. VII. Des Religieux Turcs dits Darviches.   82

Art. VIII. Des Pelerins de la Meque.   96

Art. IX. Des mariages des Turcs.   101

Art. X. De la pieté des Turcs envers leurs Défunts.   113

Art. XI. Du naturel des Turcs, de leurs mœurs & inclinations.   125

Art. XII. Des tyrannies que font les Turcs,

Table.

dites avanies. 150

Art. XIII. De la maniere d'administrer la Justice parmy les Turcs. 170

Art. XIV. Des grands abus que les Turcs commettent dans l'administration de la Justice. 182

Art. XV. De l'ignorance des Turcs au regard des Arts & des Sciences. 195

Art. XVI. De certaines coûtumes & façons de faire des Turcs. 206

Art. XVII. Des façons de faire des Turcs opposées aux nostres. 221

Art. XVIII. De la pretenduë puissance des Turcs. 232

Art. XIX. Des causes qui affoiblissent & diminuent la puissance du Turc. 244

Art. XX. De l'opinion qu'ont les Turcs des Princes Chrétiens. 259

Art. XXI. Des moyens qu'on doit tenir pour subjuguer facilement & en peu de temps la Turquie. 268

Art. XXII. De ce qu'on doit faire pour conserver la Turquie, aprés la conqueste qu'on en aura faite. 275

Art. XXIII. Des principaux Ports de Turquie, des marchandises qu'on y porte, & de celles qu'on en raporte. 284

Art. XXIV. De la maniere de voyager en Turquie 292

Art. XXV. Des principaux Officiers de-

Table.

l'Empire Ottoman. 300
Chap. II. *Des Arabes.* 306
Chap. III. *Des Courdes.* 313
Chap. IV. *Des Turcmans.* 315
Chap. V. *Des Iezides.* 318
Chap. VI. *Des Druses.* 337
Chap. VII. *Des Iuifs.* 339

SECONDE PARTIE.

Des Nations Chrétiennes de l'Empire Ottoman, à sçavoir des Grecs, Armeniens, Suriens, Nestoriens, Maronites, Cophtes, & Solaires ou Chamsi.

Prelude de ce qui est commun au Sectes Chrétiennes. 344
Chap. I. *Des Grecs.* 379
Chap. II. *Des Armeniens.* 386
Chap. III. *Des Suriens ou Iacobites.* 412
Chap. IV. *Des Nestoriens ou Caldéens.* 421
Chap. V. *Des Maronites.* 426
Chap. VI. *Des Cophtes ou Abissins.* 434
Chap. VII. *Des Solaires ou Chamsi.* 437

L'E'TAT PRESENT DE L'EMPIRE OTTOMAN,

Où il est traité des mœurs & coûtumes de quatorze Nations qui l'habitent.

PREMIERE PARTIE.

Des sept Nations Infidelles, à sçavoir des Turcs, Arabes, Courdes, Turcmans, Jezides, Druzes & Juifs.

CHAPITRE PREMIER.

Des Turcs ou Ottomans.

ARTICLE I.

De la grande politique des Turcs.

L'On trouvera peut-estre étrange que contre l'ordre des matieres, dont les plus nobles doivent estre traitées les pre-

A

mieres, je commence cependant par la politique des Turcs, qui ne devroit ce semble venir que dans la suite, aprés avoir parlé de leur Religion. Mais en cela ie n'agis que conformément à leur genie, dont la principale maxime est de considerer sur toutes choses les interests de l'Etat : Outre que j'ay crû devoir mettre d'abord en avant ce qu'ils ont de plus considerable, qui est sans doute leur politique, qu'on peut dire tres-avantageuse pour établir une domination despotique, mais detestable, & contraire à la Loy Divine. Aussi n'est-ce pas mon dessein de la preferer à celle des autres Nations, ny de dire qu'elle doive ou puisse estre imitée des Princes Chrétiens, dont le gouvernement doit estre humain & doux à l'exemple du joug de Jesus-Christ leur Seigneur, au lieu que celuy des Turcs est tyrannique, cruel & hors des regles de la conscience, n'ayant point d'autre fin que la conservation de leur Etat, qu'ils taschent de maintenir par toutes sortes de moyens bons ou mauvais, comme l'on peut voir par ce qui suit, qui contient leurs maximes qu'ils pratiquent.

La premiere est, que le Grand Seigneur n'avance pour l'ordinaire aux premieres Dignitez du Royaume que des Esclaves, élevez dés leur bas âge au Serrail, où on leur fait aprendre toutes les choses necessaires à l'art militaire, & au gouvernement, avant que de les employer dans les Charges.

La seconde, qu'il se sert de personnes qu'il peut élever sans envie, & ruiner sans peril: Il ne veut point de Nobles dans les Charges, afin qu'estans sans naissance & sans appuy, ils soient incapables d'entreprendre aucune chose à son prejudice.

La troisiéme, qu'il ne donne jamais la survivance des Gouvernemens aux fils ou aux parens des Bachas, & ne laisse pas plus d'un an les Gouverneurs & Juges dans leurs Charges, de crainte que se faisant trop riches & puissans, ils ne vinssent ensuite à se rebeller contre luy. Ce qui n'empesche pourtant pas qu'il n'arrive assez souvent des revoltes dans cét Empire.

La quatriéme, qu'il punit tres-severement les manquemens & les fautes qui se commettent contre l'Etat: de sorte qu'il fera mourir pour le moindre soupçon de rebellion les plus grands de son Empire. Cette severité fait qu'un chacun prend garde à soy, & que qui que ce soit n'ose parler en mauvaise part du Grand-Seigneur, ou pratiquer des ligues ou factions; & si cela arrivoit, elles seroient d'abord éteintes dans le sang de leur Auteur.

La cinquiéme, qu'il n'admet dans le gouvernement des Provinces, que ceux qui sont de sa secte, à la reserve de certains lieux où les Arabes, à raison de leur grand nombre, sont encore comme les maistres, & ont quelques petites Jurisdictions ou Principautez, dans lesquelles ils succedent de pere en fils : toutefois sous l'obeïssance du Grand Seigneur, qui voudroit bien les en priver totalement, & les détruire s'il le pouvoit faire sans peril.

La sixiéme, qu'il humilie ceux desquels il peut avec sujet aprehender la grandeur & la puissance ; ou bien il les fait mourir le plus souvent avec astuce, en la maniere qui s'ensuit. Il dissimulera pour un temps sa passion contre un Bacha, & luy fera paroistre à l'exterieur qu'il a pour luy toute l'affection & l'estime qu'un Prince peut avoir pour un homme de son merite ; il luy fera present d'une belle épée, d'un cheval de prix, ou d'vne veste doublée d'hermine ou de martre, pour luy oster tout soupçon de l'esprit, & l'attirer avec ces amorces au Serrail, où il n'est pas plûtost arrivé, qu'il le fait étrangler, ou bien il l'envoye à quelque employ difficile & perilleux, dans lequel s'il ne se fait tuer, il se fera des ennemis, sur les plaintes desquels vrayes ou fausses, on prendra sujet de le condamner à mort, comme s'il avoit mal-versé, & qu'il ne se fust pas bien acquitté de sa Commission.

La septiéme, que le Grand Seigneur parvenant à la Couronne, fait inhumainement mourir ses freres pour regner avec plus d'assurance, & l'on dit du Sultan Selim, que non content de les avoir tous mis à mort, il fit encore jetter dans les fossez du Chasteau vingt-cinq femmes qui estoient grosses de son pere. Celuy qui regne à present voulut il y a quelques années faire étrangler ses deux freres, & un de ses fils de trois qu'il avoit, disant que deux luy suffisoient avec ceux qu'il pouvoit encore engendrer; pour cét effet il eut recours au grand Mufti, à ce qu'il declarast cette execution licite & necessaire pour le repos de l'Etat; dequoy s'estant excusé, il le voulut du depuis priver de sa Charge, & en envoya un autre à Constantinople pour en prendre possession: mais on ne voulut pas le recevoir au prejudice du premier, & l'on ne luy permit pas même l'entrée de la Ville : En sorte que le Grand Seigneur choqué de ce refus, est encore aujourd'huy en mauvaise intelligence avec le Mufti, & ceux qui prennent son party. Il fit mourir il y a quelques années dans le Chasteau d'Alep un de ses oncles, lequel aprés avoir parcouru, travesty & inconnu, toute la Turquie, la Perse, l'Allemagne, & la Pologne, trouva malheureusement sa mort en ce lieu, lors qu'il y pensoit le moins. Y estant arrivé durant les chaleurs de l'Eté avec un seul serviteur qui l'avoit acompagné en tous ses voyages, il se retira dans un jardin proche la Ville, à dessein d'y passer quelques jours, en attendant le départ d'une Caravanne, avec laquelle il pust continuer son chemin. Durant cét intervalle il fit connoissance avec celuy auquel appartenoit ce jardin qui estoit un des plus riches Agas du pays, & contracta avec luy une si étroite amitié par les mutuelles caresses & festins qu'ils se firent l'un à l'autre, que le croyant plus sincere & fidelle qu'il n'estoit, & voulant reciproquement luy témoigner son affection, il lascha imprudemment quelques paroles qui le firent connoistre, & qui furent le sujet de sa mort. O que ne suis-je, luy dit-il, ce que j'espere d'estre un jour avec l'assistance du Ciel & le secours de mes bons amis ; vous seriez celuy qui participeroit le plus à mon bonheur, & dont je voudrois avancer la fortune plus que d'aucun autre. Ce discours obligea l'Aga à le conjurer de luy dire en toute confiance qui il estoit, avec protestation qu'il luy garderoit le secret, & n'en parleroit jamais à personne ; qu'au reste il ne desiroit le sçavoir que pour le seconder dans ses desseins, & luy rendre service dans les choses dont il le jugeroit capable. Sur cela il se découvrit à luy, par une entiere connoissance qu'il luy donna de son extraction, & de la maniere avec laquelle il avoit subsisté jusques alors, par le moyen des pensions que sa mere, qui estoit une des plus considerées Sultanes du Serrail, avoit soin de luy envoyer secrettement en quelque part qu'il fust, en attendant que Dieu le rétablist sur le Trône de son pere, ce qu'il esperoit par le credit de sa mere, joint que sa maniere d'agir luy attireroit sans doute l'affection des peuples déja mécontens du Grand Seigneur son neveu. A ces paroles ce dissimulé s'abbatit à ses pieds, pleurant de joye en apparence, & reïterant les protestations qu'il luy avoit faites de se consacrer toute sa vie à son service, & de luy estre toûjours fidele : cependant il fit tout le contraire, car à peine fut-il party de là, qu'il alla trouver le Bacha avec lequel Il estoit mal, & se servit de cette occasion pour rentrer en ses bonnes graces, en luy découvrant ce qu'il venoit d'aprendre, dans la pensée qu'il l'obligeroit beaucoup en cela, & qu'il luy procureroit un moyen de

A iiij

se mettre bien en Cour, où l'on n'estoit pas trop content de luy. En effet le Gouverneur fut ravy d'entendre le recit que ce perfide luy fit de ce jeune Prince, & dans la crainte qu'il eut qu'il ne luy échappât, il monta dés l'heure même à cheval pour s'en saisir. Il fit investir d'abord le jardin, & aprés en avoir occupé toutes les avenuës il y entra acompagné de ce traître & de ses principaux Officiers. Si tost qu'il aperceut celuy qu'il cherchoit, il se prosterna en terre, & luy fit une profonde reverence qui ne fit que trop connoistre à ce pauvre Prince qu'il estoit découvert, & qu'il n'y avoit plus moyen de dissimuler: aussi ne daigna-t'il pas se lever à leur arrivée, & il receut assis tous les honneurs qu'ils luy firent avec un visage asseuré sans regarder celuy qui les luy rendoit. Il se tourna ensuite vers l'Aga auquel il reprocha sa perfidie avec ces paroles: Chien infidele tu m'as donc trahy ? puis s'adressant au Bacha, que faut-il faire, dit-il, dequoy est-il question ? Monseigneur, répondit-il, je n'ay apris que trop tard & avec déplaisir l'arrivée de vostre Altesse Royale en ce lieu, car je me serois donné l'honneur de luy venir rendre plûtost mes respects, & la suplier tres-humblement, comme je fais à present, de vouloir venir prendre un logis plus conforme à sa qualité dans le Chasteau, où nous tascherons de la regaler au mieux qu'il nous sera possible: En disant cela on luy presenta un beau cheval, richement orné, sur lequel le Bacha par honneur luy aida à monter. Il ne fit aucune resistance à leurs semonces, voyant bien que ce seroit en vain s'il tentoit de se sauver de leurs mains. Dés qu'il fut arrivé au Chasteau, on doubla les gardes, & l'on dépescha en même-temps un Courrier à Constantinople, pour donner avis au Grand Seigneur de la capture qu'on avoit faite de son oncle, & sçavoir de luy ce qu'il vouloit qu'on en fit. La resolution fut qu'il s'en falloit deffaire au plûtost, & pour cét effet on expedia d'abord un Capigi, avec ordre au Gouverneur d'Alep de le faire étrangler sans delay, incontinent aprés la reception du commandement. Ce qui fut executé avec tant de promtitude & de precipitation, que sa mere qui avoit esté avertie de sa condamnation à la mort, & qui avoit obtenu par son credit la revocation de cette Sentence presque aussitost qu'elle fut donnée, ne pût le sauver, encore bien qu'elle eust fait partir un autre Courrier peu de temps aprés le premier, portant les ordres contraires aux precedents, mais il vint trop tard & l'execution en estoit faite. Le soir que le premier Capigi arriva, tous les principaux de la Ville se rendirent au Chasteau pour voir la fin tragique de ce pauvre Prince, qui se douta bien de son malheur en les voyant, pensant bien que cette multitude extraordinaire de gens ne luy pronostiquoit rien de bon. Il leur demanda sans s'étonner si celuy qui le devoit envoyer dans le Ciel, en le délivrant de ce monde, estoit arrivé de Constantinople, on ne luy répondit que par le silence, & comme si l'on eust ignoré ce qu'il vouloit dire, ou qu'on eust eu crainte de l'affliger en luy annonçant cette mauvaise nouvelle : ce qui le confirma davantage dans sa pensée. Hé bien, ajoûta-t'il, faites le entrer, qu'il aporte ses ordres. Sur cela on alla avertir ce messager funeste qui se presenta à luy, faisant de profondes reverences en veuë de sa qualité, qui pourtant estoit le seul sujet de sa mort. Il luy remit entre les mains le commandement du Grand Seigneur, qu'il receut avec beaucoup de respect, le baisant & mettant sur sa teste pour marque de soûmission : il le leut en son particulier à voix basse : apres quoy ayant fait retirer cét homme, il voulut décharger son cœur avant que de mourir, & se mit à entretenir la Compagnie de tout le cours de sa vie, des desseins qu'il avoit toûjours tenu couverts, dont il ne demandoit à Dieu l'acomplissement, disoit-il, que pour le soulagement des peuples, la misere desquels le touchoit sensiblement : mais puis qu'il n'avoit pas plû à sa Divine Majesté de l'exaucer, pour des raisons que nous ne pouvons pas penetrer ny concevoir, qu'il mouroit content dans la Religion du Prophete. Ce discours tira des larmes des assistans sans produire pour luy aucun bon effet, que le regret qu'on avoit de sa perte. Sur ces entrefaites on luy apporta à souper avec toute la magnificence & les ceremonies ordinaires, encore bien qu'il deust estre executé à une heure de là, en sortant de table: aussi mangea-t'il fort peu, & comme par maniere d'acquit, des viandes qui luy furent servies qu'il fit presque incontinent lever, pour ne penser plus qu'à mourir & à faire une bonne fin. Voicy comme il s'y prepara, il se fit apporter de l'eau dont il se lava, selon la coûtume des Turcs, les mains, les pieds, le visage, & les oreilles, ensuite dequoy il fit avec beaucoup de devotion exterieure & d'adorations sa priere la face tournée vers le midy. Sa priere estant finie, il ordonna qu'on appellast ceux qui le devoient mettre à mort, lesquels entrerent incontinent, & l'un d'eux luy presenta avec beaucoup de respect la corde qui devoit estre l'instrument de son suplice ; elle estoit pliée dans une enveloppe, il la receut, & se la mit luy même au col, puis s'estant fait mettre deux ou trois coussins devant luy, il posa la teste dessus comme pour dormir, & donna permission aux satellites sur sa personne, avec ces paroles : Faites vôtre devoir. Aussi ne furent-elles pas plûtost prononcées, qu'ils se ruerent sur luy & l'étranglerent. Voila quelle fut la fin de ce pauvre Prince, qu'il avoit toûjours tasché d'éviter, & telle est la recompense que l'on donne tous les jours aux Bachas & autres Grands de la Turquie pour leurs bons & loyaux services.

La huitiéme est, qu'il fait toûjours la Paix ou une Tréve quand son Armée a esté deffaite pour avoir le temps de se remettre, & de se preparer à une seconde bataille ; ce qu'il n'a pas plûtost fait qu'il se jette à l'improviste avec ses nouvelles troupes sur son ennemy reconcilié au prejudice du traité de Paix, ou de la Tréve, qu'il ne garde qu'autant qu'il y trouve son compte, ou qu'il y est contraint.

La neuviéme, qu'il ruine les Provinces conquises qui sont sur les frontieres du Royaume, & les reduit dans un tel estat qu'elles ne puissent se revolter ; ce qu'il fait en transportant une partie des habitans des villes de ce païs-là dans un autre, & mettant le reste du pauvre peuple sous le gouvernement d'un Bacha cruel, qui acheve de ruiner la campagne & les familles.

La dixiéme, qu'il acroist le nombre de son peuple par la quantité d'esclaves qu'on amene des autres pays dans le sien, & diminuë en même-temps celuy de ses ennemis : & on voit quelquefois arriver des Caravannes entieres de Chameaux chargez de femmes & d'enfans, qu'on mene vendre par toute la Turquie, particulierement depuis les dernieres guerres de la Pologne.

La onziéme, qu'il tient les Arabes bas & les reduit à l'extrémité par les courses frequentes qu'il fait faire sur eux, de peur qu'ils ne se revoltent contre luy, & ne reprennent les terres qu'on leur a ravies. L'on n'ordonne pour l'ordinaire le suplice du pal que pour eux, il est le plus ignominieux de tous les suplices, & l'on n'employe les gens de cette Nation que dans les choses les plus viles.

Il fait épouser ses sœurs & ses filles aux Bachas pour les ruiner sous pretexte d'honneur : parce que si-tost qu'elles leur sont fiancées, ils sont obligez de leur donner un Palais avec un train conforme à leur qualité, & il est entretenu à leurs dépens. Le Grand Seigneur les promet en mariage dés l'âge de quatre ou cinq ans, en sorte que telle aura eu quelquefois deux ou trois maris qui n'auront jamais habité avec elle, & qui auront esté tuez dans les armées ou étranglez par ordre du Grand Seigneur, avant qu'elle soit capable de mariage. Quand la Dame a atteint l'âge competant pour cela, & qu'il est permis au Bacha d'habiter avec elle, il ne peut plus avoir d'autre femme qu'elle, de peur de luy donner de la jalousie, & ainsi il est obligé de repudier toutes celles qu'il avoit auparavant, ce qui est assez ordinaire parmy eux. Aucun Bacha n'ambitionne d'épouser la sœur du Grand Seigneur, parce que l'honneur qu'il en reçoit luy coûte trop cher & est trop perilleux. Voila par quel moyen & par quelle politique s'est maintenu jusqu'à present l'Empire du Turc. Voyons maintenant dans l'article suivant comment cette même politique le doit détruire & luy causer son entiere ruine.

Article II.

Que la politique des Turcs causera la ruine de leur Empire.

Pour prouver cecy, il faut supposer que la Turquie fust assiegée par une Puissance considerable, laquelle donnast esperance aux peuples qui l'habitent d'un heureux succés pour les Chrétiens : car il est certain qu'alors tous les mécontens du Royaume se rebelleroient, ce qu'ils ne peuvent ny n'osent faire tant qu'ils le verront en paix : & s'il estoit attaqué vigoureusement par mer & par terre (ce qu'on n'a point encore fait) sans doute que la politique des Turcs, au lieu de leur servir les perdroit absolument, comme l'on peut voir en l'examinant point par point, & répondant à ce qui a esté dit dans le precedent article.

Quant au premier touchant les Esclaves élevez dés l'enfance dans le Serrail, qu'on avance ensuite aux premieres Charges & Dignitez de l'Empire Ottoman, il faut remarquer qu'ils sont tous Chrétiens, & fils d'Allemans, de Hongrois, de Moscovites, de Polonois, ou de Georgiens, qui retiennent toûjours quelque inclination secrete pour la Religion de leurs peres, qu'ils n'osent pas à présent faire paroître à l'exterieur ; ce qu'ils feroient alors sans doute, & renonceroient volontiers au Mahometisme, qu'ils n'ont professé que par force ; outre qu'ils voudroient assurer avec un Prince Chrétien leurs vies & leurs biens qui sont toûjours en peril sous la domination tyrannique du Grand Seigneur, qui pour l'ordinaire ne les laisse pas mourir de leur mort naturelle, & les fait presque tous étrangler sous quelque faux pretexte, pour s'emparer de leurs richesses.

Quant au second point, où il est dit que le Grand Seigneur ne se sert que de personnes qu'il peut élever sans envie, & ruiner sans peril, c'est à dire de gens tirez de la lie du peuple. Qui ne voit qu'alors telles personnes constituées dans les Charges ne seroient pas obeyes de la populace, qui ne veut pas estre commandée par son égal, & qu'il naistroit de là une étrange jalousie, & une horrible confusion : outre que ceux-cy pour mettre leur vie à couvert, & pour se prevaloir contre les Revoltez, rechercheroient la protection des Chrétiens & se mettroient du party le plus fort. Deplus les anciennes familles du pays qui se sont toûjours veuës méprisées, humiliées & commandées par des gens de neant, se

souleveroient contre eux pour comman-
der en leur place, sous le bon plaisir &
avec l'agrément du Prince Chrestien, auquel elles se rendroient en dépit de tels
Gouverneurs.

Pour ce qui est du troisiéme, à sçavoir
que le Grand Seigneur n'accorde pas la
survivance des Charges, & ne laisse les
Gouverneurs & autres Officiers qu'un an,
&c. Je répons à cela, que si on leur promettoit une bonne pension ou la continua-
tion dans leurs Charges à condition qu'ils
obeïroient au Prince victorieux, & luy
payeroient le même tribut qu'au Grand
Seigneur, ils se rendroient d'abord, à cause particulierement qu'ils font estime de
la parole & des promesses des Francs qu'ils
croyent assurées & irrevocables : ensorte
qu'ils disent en commun proverbe, que le
Franc quittera plûtost sa teste que de se dé-
partir de sa parole; au lieu que les Turcs
n'en observent aucune.

Quant au quatriéme, à sçavoir qu'il
châtie rigoureusement les fautes qui se
commettent contre l'Etat, &c. Cette pratique ne luy serviroit de rien alors dans la
supposition que nous faisons qu'il fust assiegé : au contraire elle le ruineroit, dautant que tous ceux qui auroient malversé
dans l'apprehension de ce chastiment se

jetteroient avec tous les mécontens, qui sont sans nombre, du costé des Chrestiens. Toutes les personnes riches feroient la même chose pour se tirer hors du peril, & n'estre plus exposez à estre accusez faussement, & condamnez à la mort comme coupables, quoy que le plus souvent ils n'ayent point d'autre crime que leurs richesses.

Touchant le cinquiéme point, où il est dit qu'il n'admet dans le Gouvernement des Provinces que ceux de sa secte, &c. Je répons que cet usage fait naistre dans toutes les autres Nations de l'Empire, comme Arabes, Turcmans, Druses, Jezides, & Courdes, une haine irreconciliable contre les Turcs, & qu'ils ne demandent que l'occasion de se rebeller & de les perdre, aussi bien que les Chrestiens & les Juifs du pays qui gemissent depuis tant d'années, & qui sont passionnez de voir les Ottomans humiliez, en vengeance des mauvais traittemens qu'ils en ont receus durant tant de temps qu'ils n'ont esté considerez que comme des Esclaves : enforte que s'ils estoient assiegez, je ne fais point de doute que toutes ces Sectes animées contre eux ne missent tout en combustion dans la Turquie, & n'y fissent d'épouvantables dégats pour se vanger de leurs tyrannies : d'autant plus que le grand Seigneur n'a point de Place forte dans la pluspart des Provinces pour tenir le pays en bride.

Sixiémement il humilie ceux dont il apprehende la grandeur, &c. Je répons que cette perfidie & cruauté du Grand Seigneur envers ses Gouverneurs & autres Officiers, qu'il ne fait mourir que parce qu'ils sont riches ou estimez du peuple, & gens d'autorité, luy prejudiciera alors plus qu'on ne peut s'imaginer, dautant que les autres considerant ces exemples funestes, & voyant la fin tragique de leurs Compagnons ne pourront plus se fier au Turc, & tâcheront de mettre leurs vies & leurs biens en assurance avec d'autres qui soient plus humains, raisonnables & plus fidelles à leur parole que les Ottomans.

En septiéme lieu il fait mourir ses freres lors qu'il parvient à la Couronne pour regner avec plus d'assurance, &c. Je répons qu'il n'y a point de doute dans la supposition que nous faisons d'une guerre contre le Grand Seigneur, que ses deux freres que l'on conserve en dépit de luy, feroient alors des partis dans le Royaume pour sauver leur vie, & concoureroient à la ruine de leur aisné, autant haï & abhorré de ses subjets, que ceux-cy en sont aimez pour leurs belles qualitez.

Huitiémement il fait la paix ou une treve avec son ennemy quand il a eu du desavantage pour, &c. Je répons que cette pratique indigne fera que personne ne se fiera plus en luy. Et je m'étonne que les Princes Chrestiens ajoûtent encore foy à ses promesses aprés tant de perfidies & de trahisons qu'il a commises en leur endroit : Veu qu'il semble faire gloire de ne leur tenir aucune parole, & de les trahir, dans la créance qu'il a qu'il fait un sacrifice à Dieu de tromper ceux qui sont opposez à la Religion Mahometane.

Neufviémement il ruine les Provinces conquises, &c. Je répons que si elles pouvoient se rebeller dés à present au sujet des tyrannies qu'on exerce sur elles, qu'elles le feroient fort volontiers : mais que n'y ayant personne depuis tant de siecles qui fasse la guerre au Turc, elles sont encore dans l'attente de ces heureux momens pour se servir de l'occasion, & se donner à un Prince, sous la domination duquel elles puissent respirer un air plus doux.

En dixiéme lieu il accroist le nombre de ses Sujets par la quantité d'Esclaves, &c. J'ay déja répondu que ces Esclaves estant baptisez & fils de Chrestiens ils voudront plûtost retourner à la Religion de leurs parents que de rester dans la Mahometane, qu'ils n'ont profeſſée que par force ou par intereſt, & dans laquelle ils n'ont jamais veu que des abominations, des impuretez & des occaſions de ſcandale, outre qu'un chacun reſpire toûjours aprés ſa liberté, & aime mieux eſtre maiſtre de ſoy-même qu'eſclave des autres : & ainſi on ne doit pas s'émerveiller s'ils ſe donneroient d'abord au Prince Chreſtien qui feroit la guerre en Turquie.

Onziémement il tient les Arabes bas & les ruine, de crainte que, &c. Je répons que ces injuſtices des Turcs à leur égard les ont tellement aigris & animez contre eux, que s'ils eſtoient en état de s'en vanger ils boiroient leur ſang & les mettroient en pieces : mais que n'ayant pas à preſent les moyens de le faire ils en attendent les occaſions. Les Druſes & Jezides ſont dans les mêmes ſentimens qu'eux, c'eſt à dire animez contre les Turcs, non ſeulement à raiſon des mauvais traittemens qu'ils en reçoivent, mais encore au ſujet de leur Religion qui eſt differente de celle des Ottomans. Jugez ſi les Chreſtiens du pays qui reviennent au tiers du peuple, ont ſujet de les aimer & de ſouhaitter la perpetuité de leur Regne, aprés tant de tyrannies & d'injuſtices qu'ils leur ont faites. Il ſuffit de dire qu'ils en ſont venus dans un tel excez de desespoir & d'amertumes qu'ils se querellent avec Dieu de ce qu'il ne les délivre pas du joug de la servitude & de l'esclavage des Turcs. Je leur ay ouy faire quelquefois ces reproches en s'adressant à la Divinité. Quoy, Seigneur, n'as-tu point d'yeux pour envisager nos miseres, ou si tu les vois n'en es-tu pas touché? seroit-il bien possible que tu te compleusse dans nos maux: ou bien nous as-tu mis en oubly? jusqu'à quand nous laisseras-tu dans ce miserable état pire que celuy des esclaves? ta justice n'est-elle pas encore satisfaite depuis tant d'années & de siecles que nous en ressentons les rigueurs? ne nous feras tu pas respirer un air plus doux que celuy-cy? ne verrons-nous jamais un autre regne que celuy d'un Tyran impitoyable qui n'a rien d'humain que la figure? Nous avoüons, & il est vray, que nos pechez nous rendent indignes d'avoir pour Roy celuy des Francs dont le gouvernement est trop doux pour nos demerites, aussi n'osons nous pas te le demander: mais au moins envoye-nous un Juif moins cruel que ce Mahometan. Les Turcs parfois en disent presque autant que les Chrestiens, lors particulierement qu'on leur fait quelque insulte ou injustice, ce qui n'est que trop ordinaire: ensorte que la pluspart des sectes desirent la destruction de l'Empire Ottoman qui les a reduits dans un état tel qu'on ne peut se l'imaginer sans l'avoir veu.

Article III.
De la Religion des Turcs.

LA diversité des opinions en matiere de Religion est si grande parmy les Turcs qu'elle va presque a l'infiny. Et ainsi je ne pretens pas de faire un compte exact de toutes leurs heresies en détail & en particulier. Il suffit de dire qu'ils sont si divisez entre eux, qu'ils avoüent eux-mémes estre septante & trois Sectes differentes. Aucunes croyent que la seule Foy justifie sans les bonnes œuvres, & qu'il suffit de croire à Dieu & au Prophete Mahomet pour estre sauvé. D'autres disent le contraire, estimans qu'on se peut sauver en chaque Religion en bien faisant. Ceux-cy croyent que l'ame est mortelle comme le corps, & qu'il n'y a point de peines pour les impies aprés la mort, ny de recompense pour les justes. Ceux-là que les ames passent successivement de corps en corps, des hommes dans les bestes & des unes dans les autres jusques au jour du Jugement. D'aucuns nient qu'il y ait au monde une Divinité ou un premier Estre d'où dépendent tous les autres:

mais ceux-cy sont rares, & n'osent pas se declarer, se tenans reservez avec ceux qui ne sont pas de leur secte : d'où vient qu'on les appelle (Meserrin) c'est à dire couverts. Quelques-uns croyent que Jesus-Christ est Dieu, fondez non seulement sur ce qu'en disent les Chrestiens : mais encore sur les paroles de l'Alcoran, qui le qualifie de (Rouh allah) c'est à dire l'esprit de Dieu. Ceux-cy se multiplient tous les jours particulierement vers Constantinople, & sont remarquables entre tous les autres par leur civilité, douceur, & honnesteté.

Or cette grande diversité d'opinions en matiere de Religion ne peut provenir que d'une profonde ignorance, ou de la diversité des peuples & nations qui se font journellement Mahometans par force ou par interest, lesquels retiennent toûjours quelque chose de leur premiere créance.

Il est à remarquer, que quoy que les Turcs ne s'accordent pas en matiere de foy, & qu'ils ayent des opinions si contraires, que pour cela ils ne se divisent pas les uns des autres, comme feroient les Chrestiens Catholiques d'avec les Schismatiques, mais qu'ils prient tous ensemble dans les mesmes Mosquées, se marient indifferemment avec quelque secte Mahometane que ce puisse estre, & ainsi un chacun reste dans
ses

ses sentimens sans prejudice de l'autre : Et encore bien qu'ils voulussent se separer ou faire un schisme entre eux, les Magistrats s'y opposeroient pour raisons d'Estat : C'est pour ce sujet qu'on ne permet pas en Turquie de faire des Assemblées ou Synodes, pour y traitter des matieres de la Religion, pour y examiner le vray ou le faux, aymans mieux que les peuples restent unis avec cette ignorance, que de les voir divisez par la science, laquelle a toûjours esté estimée des Turcs prejudiciable à leur gouvernement, bien qu'avantageuse à celuy des autres Nations.

Cette rigueur de ne permettre aucun examen de la verité, fait qu'ils se tiennent dans leur devoir, sur la reserve, & qu'ils ne paroissent point desunis quant à l'exterieur : mais s'ils avoient la liberté d'enseigner publiquement, de prêcher aux peuples leurs differentes doctrines, de tenir des Synodes, & de s'assembler pour des disputes, sans doute que ce seroit la perte totale de l'Empire, & que la plus grande part retourneroit au Christianisme, particulierement les Esclaves qui sont en tres-grand nombre, & qui n'ont renié la Foy de Jesus-Christ que par force, & les femmes pour n'avoir plus de rivales, & n'estre plus sous la puissance d'un mary qui en a 4. ou 5. autres.

B

Ils n'osent disputer en public des principaux points & articles de leur Religion, quand ce ne seroit que par maniere d'exercice, ou pour s'instruire, comme l'on feroit dans les Ecoles, apportant les raisons pour & contre, tant ils ont peur de découvrir la foiblesse de ses fondemens, de la rendre ridicule, & de se faire entreprendre en Justice comme Blasphemateurs. Ils ont cependant une passion estrange de disputer avec ceux d'entre les Chrestiens qu'ils croyent capables, ils écoutent volontiers leurs raisons, pourveu qu'elles ne soient qu'en faveur de la Religion du Messie, & qu'elles ne disent rien directement côtre la Mahometane; aussi est-ce là la seule maniere avec laquelle on les peut instruire; ce qui se faisant adroitement apporte souvent plus d'avantage, que si on leur objectoit des choses odieuses de leur Religion, ce qui ne serviroit qu'à les aigrir & irriter. Nos disputes ordinaires avec eux ne consistent donc qu'en des réponses à certaines difficultez qu'ils nous proposent, & aux objections qu'ils nous font presque continuellement, dont je veux bien rapporter icy les principales avec leurs solutions, pour la satisfaction du Lecteur, & pour le bien de ceux qui pourroient avoir un jour quelque entretien avec eux; & celles qui suivent sont les plus ordinaires.

Pourquoy avez vous (disent ils) changé l'Evangile de Christ, y adjoûtant plusieurs choses qui n'y estoient pas, comme sa mort en Croix, sa divinité, &c. & en ostant malicieusement plusieurs autres qui predisoient la venuë du Prophete Mahomet?

Nous répondons à cela qu'il n'y a aucune apparence: dautant que supposé ce changement prétendu de l'Evangile, il ne se trouveroit pas aujourd'huy conforme chez toutes les Nations Chrestiennes differentes de Rit, de Langue & de Religion. Les Grecs l'auroient d'une façon, les Latins d'une autre, les Suriens ou Jacobites l'auroient ou plus ample ou plus court que les Nestoriens, Armeniens, & que les Cophtes. Or est-il que cela n'est point, & que toutes ces sectes bien qu'opposées & ennemies depuis tant de siecles, sont semblables & uniformes touchant la divinité de Jesus-Christ, sa mort & sa Passion, & qu'aucun de leurs Evangiles ne parle de vostre Mahomet, d'où il paroist évidemment qu'il n'a jamais esté changé ny alteré en aucune maniere. De plus, ce changement n'ayant pû se faire sans le consentement commun & universel de toutes les Nations, dans une assemblée generale, je demande où s'est tenuë cette grande assemblée? quand est-ce que les Nations sont convenuës? en quel Concile & en quelle année? Mais outre cela, comme toutes les Histoires nous apprennent que ces sectes ont toûjours esté opposées aux autres, ce qui arriva dés le premier Concile de Nice, où les Ariens se separerent de la Communion des Catholiques, il n'y a point de doute que si les uns eussent voulu ce changement, les autres ny auroient pas consenty, s'y seroient opposées, & auroient conservé leur Evangile jusqu'à present, & il se trouveroit different du nostre, ce qui toutesfois n'est pas veritable : Et s'il y a des schismes & divisions entre les sectes Chrestiennes, elles ne procedent pas de la diversité des Evangiles, ny de leur texte qui est le mesme, mais seulement des differentes explications qu'on y donne.

Int. Pourquoy ne recevez vous pas le Prophete Mahomet & sa Loy qui est de Dieu?

Resp. 1. Nous ne pouvons ny ne devons le recevoir, dautant que nous ne voyons rien de luy dans les saintes Ecritures pour l'admettre en qualité de Prophete & de Legislateur. Et s'il estoit tel, comme vous dites, elles en devroient dire quelque chose, comme de Jesus-Christ, dont la venuë au monde a esté predite par les Prophetes.

Resp. 2. Nous ne pouvons pas le recevoir, ny sa Loy, dautant qu'il n'a pû abroger celle de Jesus-Christ, veu que le serviteur ne peut pas renverser ce que le Maître a édifié : or est-il qu'un Prophete tel qu'est Mahomet selon vous, n'est qu'un serviteur au respect de Dieu : par consequent, il n'a pû abolir la Religion de Christ, qui s'appelle dans vostre Alcoran l'esprit de Dieu, c'est à dire Dieu mesme.

Resp. 3. Quand Dieu abroge une Loy, il ne le fait que pour en introduire une plus parfaite en la place. Or qui peut maintenir que la Religion de Mahomet qui n'a rien de difficile, qui permet la pluralité des femmes, avec licence de les repudier pour en reprendre d'autres, soit plus estroitte, sainte & parfaite que celle de Jesus-Christ, qui commande des choses tres-opposées à la nature, comme seroit d'aimer les ennemis, de leur faire du bien, de ne pouvoir jamais repudier sa femme, pour quelque défaut qu'elle puisse avoir, de jeûner, &c. Par consequent, la Loy Mahometane qui a tant de relâchemens & de facilitez, n'a pas dû estre establie au prejudice de celle de Jesus-Christ, & ainsi nous ne devons pas la recevoir.

Resp. 4. Ce seroit à nous une grande imprudence de le faire, & de quitter la

Loy Evangelique qui a esté confirmée selon vous, par une infinité de prodiges & de miracles, pour suivre la Mahometane qui ne s'est establie qu'avec le fer, le feu, la violence des armes, & sans aucun miracle, comme vous l'avoüez vous-mesmes. Quant à ce que vous dites, que cette Loy a esté envoyée du Ciel, c'est ce que vous devriez prouver, ou par les Ecritures, ou par des miracles, comme les Chrestiens font la leur.

Inter. Pourquoy dites-vous qu'il y a en Dieu trois personnes distinctes, veu qu'en cela vous luy donnez des compagnons, & constituez trois Dieux pour un seul, ce que vous ne pouvez dire sans blaspheme?

Resp. 1. Vous devez sçavoir, que les Chrestiens ne croyent & n'adorent qu'un Dieu seul, Createur du Ciel & de la terre, bien qu'ils reconnoissent en luy trois personnes distinctes: dautant que ces trois personnes n'ayant qu'une seule nature divine, ne font par consequent qu'un même Dieu: tout ainsi que nostre ame, bien qu'elle ait trois puissances distinctes, à sçavoir la memoire, l'intellect & la volonté, n'est toutefois qu'une mesme ame, bien qu'elle soit vegetative, sensitive & raisonnable, elle n'est pas pour cela triple, mais une seule.

Resp. 2. Nous croyons trois personnes en Dieu, dautant qu'il y a en luy deux principes productifs qui ne peuvent estre oisifs, à sçavoir l'intellect & la volonté: or les deux termes qu'ils produisent ne peuvent estre dits, accidens comme en nous, Dieu estant immuable: d'où il s'ensuit qu'ils sont quelque chose de substantiel & de divin, veu que tout ce qui est en Dieu est Dieu, & cela mesme qui est produit est distinct du produisant, comme le rayon l'est du Soleil, l'effet de sa cause ou de son principe: par consequent, il y a trois choses distinctes en Dieu, & c'est ce que nous appellons les trois personnes.

Inter. Pourquoy dites-vous qu'en Dieu il y a un Fils, vû qu'estant de toute éternité, il ne peut par consequent avoir esté engendré?

Resp. Ne vous imaginez pas que les Chrestiens par ce mot de Fils qu'ils admettent en Dieu, entendent à vostre façon de concevoir qu'il soit engendré d'un pere & d'une mere, comme les enfans des hommes, qu'il soit plus jeune que son pere & posterieur à luy, puisque cela repugne même à la raison. Leur croyance est que le Fils de Dieu est coéternel & égal à son Pere en tout & par tout, & qu'il a esté engendré avant tous les Siecles de l'intellect du Pere, comme le terme de sa connoissance, dautant que l'intellect en Dieu n'a jamais esté oisif, & ainsi il a produit de toute éternité sa connoissance, & par consequent le Fils qui en est le terme. Et tout ainsi que le Soleil n'a jamais esté sans lumiere, ny le feu sans chaleur: dautant que leur nature est telle, de mesme Dieu n'a jamais esté sans son Fils, qui est sa science & sa connoissance, autrement vous en feriez un Dieu aveugle: d'où il s'ensuit qu'il est coéternel avec le Pere, encore bien qu'il soit veritablement son Fils, estant engendré de sa substance.

Int. Pourquoy dites-vous que Jesus-Christ est Dieu, puisqu'il n'est qu'un Prophete, & que vous-mesmes avoüez qu'il est mort en Croix, ce qui ne pourroit pas luy convenir s'il estoit Dieu: dautant que Dieu est immortel de sa nature?

Resp. 1. Si nous qualifions Jesus-Christ de Dieu, vous en faites la mesme chose dans vostre Alcoran où vous l'appellez (Rouh allah) c'est à dire l'esprit de Dieu: Or Dieu & son esprit c'est une mesme chose, par consequent Jesus-Christ qui selon vous est l'Esprit de Dieu, doit estre appellé Dieu.

Resp. 2. Vous admettez l'Evangile de Jesus-Christ comme un Livre venu du Ciel, pourquoy donc n'admettez-vous pas la divinité de Jesus-Christ, puisque cét Evangile assure en plusieurs lieux qu'il est Dieu?

Resp. 3. Les Miracles de Jesus-Christ prouvent plus que suffisamment sa divinité, dautant qu'il ressuscitoit les morts en son nom, & pour prouver sa divinité, il illuminoit les aveugles, & se faisoit obeïr aux creatures insensibles, au lieu que les Saints n'operoient ces prodiges que par la vertu de Jesus-Christ, & non pas en leur nom, comme ils confessoient eux-mesmes. D'où il s'ensuit qu'il estoit Dieu, autrement on pourroit dire que Dieu auroit concouru avec luy pour nous tromper, en luy donnant la vertu des miracles, pour confirmer une fausse doctrine, & seduire les peuples, ce qu'on ne peut pas mesme penser sans horreur.

Quant à ce que vous objectez, que Jesus-Christ est mort selon nous, & que par consequent il n'est pas Dieu, puisque Dieu est immortel. Vous devez sçavoir qu'en Jesus-Christ il y a deux natures unies, la divine & l'humaine, parce qu'il estoit Dieu & homme tout ensemble, éternel & temporel. Selon la premiere, il estoit immortel, impassible & glorieux, mais selon la seconde, il estoit sujet à la mort comme nous, & s'est soûmis volontairement aux souffrances & à l'ignominie de la Croix pour le rachat du genre humain, qu'il pouvoit sauver par d'autres moyens s'il eust voulu.

Inter. Pourquoy deshonnorez-vous Jesus-Christ, en disant qu'il est mort en Croix, veu que Dieu l'a enlevé au Ciel, en corps & en ame, au mesme instant que les Juifs ses ennemis le voulurent crucifier, & en supposa un autre semblable à luy en sa place, qu'ils firent mourir?

Resp. Je ne sçay pas qui vous a raconté cette Histoire si contraire à nôtre Evangile, & à la croyance de tout l'Univers, tant des Juifs que des Chrestiens. Vous ne l'avez pû apprendre ce me semble que d'eux ou de nous, n'estans venus au monde que six cens ans aprés les Chrestiens : Or est-il, qu'ils ne peuvent pas vous l'avoir dit, puis qu'ils croyent le contraire, d'où il s'ensuit que vous l'avez inventée à plaisir. Dites-moy de grace, ceux qui estoient presens au crucifiement, tels que sont les Chrestiens & les Juifs, ne seront-ils pas plus croyables que vous, qui n'estes venus que plusieurs Siecles aprés eux, & qui n'en avez rien veu?

Quand on les a satisfaits avec les raisons susdites, & qu'ils ne sçavent plus que nous objecter, ils ont coûtume d'apporter pour excuse de leur ignorance, une ridicule comparaison qui marque bien le doute de leurs cœurs, & le peu de fermeté qu'ils ont dans leur Religion. Nous sommes semblables (disent-ils) parlant de la multitude des Nations qui sont sur la terre, qu'ils assûrent estre septante-deux, à des aveugles qui étans dans un grand & superbe édifice soûtenu par septante-deux colomnes de differens métaux, chacun d'eux en embrasseroit une, & se flatteroit que la sienne fût d'or: encore bien qu'il n'y en eust qu'une seule de ce métal. De mesme (adjoûtent-ils) nous croyons tous avoir la verité de nostre costé qui est une, & nous nous imaginons d'embrasser la colomne d'or: Cependant, il se peut faire que nous n'avons que celle de fer ou de cuivre.

Si cela est ainsi, pourquoy donc, leur repliquons nous, empeschez-vous avec tant de rigueur de rechercher la verité & de la pouvoir suivre aprés l'avoir connuë? Le malheur du pays est tel, répondent-ils, & nous ne sommes pas à nostre liberté comme vous autres Francs: au reste nous esperons qu'en bien faisant Dieu ne nous rejettera pas de sa face, puisque le défaut de la Religion en nous, si tant est qu'il y en ait, est involontaire & ne dépend pas de nous.

Voila les entretiens ordinaires & presque continuels qu'on a avec eux; ensuite dequoy ils nous reprochent la division de nos Princes Chrestiens, qui les empesche de porter leurs armes dans la Turquie, où les peuples tyrannisez, esclaves & reduits à l'extremité, n'attendent que l'occasion pour se rebeller.

Ils condamnent au feu ou à la corde, ceux qui dans la colere auroient blasphemé le faux Prophete Mahomet, & ne disent rien aux blasphemateurs du saint Nom de Dieu, qui sont sans nombre. Il arriva, il y a trois ans, qu'ils firent mourir à ce sujet un pauvre mendiant, lequel aprés avoir passé tout le jour à demander l'aumosne pour l'amour de son Prophete, & voyant qu'en sa consideration on ne luy donnoit rien, il se mit de desespoir à le maudire, & à le charger d'injures & d'imprecations, qu'il n'eust pas plûtost proferées qu'on se saisit de luy, & on le conduisit avec des cris horribles au Parquet du Juge, qu'on obligea contre son gré à le condamner à mort : de sorte qu'il fut pendu & étranglé sur le champ.

Semblablement s'il arrive que quelqu'un estant yvre vienne à parler avec mépris de leur Religion, ou ait promis en cét estat de se faire Turc, ou ait eu accointance avec une Mahometane, on l'oblige de renier sa foy ou de mourir : & il suffit pour cela d'avoir proferé, quoy que sans intention de se faire Turc, les paroles de la profession Turquesque, qu'ils disent estre écrites sur la porte du Paradis, & ce sont celles-cy (il n'y a point de Dieu que Dieu, & Mahomet est son Apostre,) celuy qui les a proferées, est obligé de se faire Mahometan, ou bien d'estre ruiné de fond en comble. C'est pourquoy ils tâchent de surprendre les simples, en leur faisant lire les susdites paroles qu'ils écrivent d'ordinaire en grosses lettres sur les portes des Mosquées, & qu'ils feignent de ne pouvoir lire.

Ils sont exacts à se laver plusieurs fois le jour dans la créance qu'ils ont, que l'eau en purifiant le corps a la vertu de les nettoyer en mesme temps des souilleures du peché : ils se lavent d'ordinaire avant que d'aller à la Mosquée, quand ils doivent faire leurs prieres, ou lire l'Alcoran, afin (disent-ils) de se presenter purs & nets devant Dieu, estimans les prieres de celuy-là immondes & odieuses à la divine Majesté, qui sont faites sans cette preparation ou ceremonie, lors particulierement qu'il en a besoin pour expier ses pechez.

Ils vont quelquefois se laver dans les rivieres l'hiver, durant les plus grands froids, pour effacer quelque crime énorme & abominable.

Ils disent ordinairement, que l'eau dont ils se lavent, est la monnoye avec laquelle ils satisfont à Dieu pour leurs pechez, comme seroit parmy nous le Baptesme ou la Confession : mais en cela ils se trompent lourdement, dautant que dans leurs lavemens ils ne pensent à restituer, ny le bien dérobé, ny l'honneur, ny la reputation. Ils ne font aucun dessein de s'amender, de se reconcilier, de quitter les occasions du peché, comme sont obligez parmy nous les Adultes qui reçoivent le Baptesme, & ceux qui se presentent à la Confession, en quoy il y a beaucoup de difference.

Il n'y a aucune obligation d'aller à la Mosquée, quelque jour ou feste de l'année que ce soit : de sorte que les Renegats qui conservent encore la foy dans leurs cœurs, & qui vivent secretement en Chrétiens, n'y entrent jamais, & n'y peuvent estre obligez selon l'usage du pays, si ce n'est par la violence de quelque personne d'authorité.

On allume sur la tour des Mosquées quantité de lampes la nuit du Jeudy au Vendredy, qui est au respect des Turcs, ce que le Dimanche est aux Chrestiens, & le Samedy aux Juifs : toutefois avec cette difference, qu'il leur est permis de travailler & d'ouvrir leurs boutiques aprés avoir fait leurs prieres, ce que la Loy des Chrêtiens & des Juifs ne leur permet pas.

Ils circoncifent d'ordinaire les enfans à sept ou huit ans, s'ils se portent bien, mais s'ils sont infirmes, ils attendent quelquesfois jufqu'à douze. Les parens de celuy qui doit estre Circoncis font un festin à tous leurs amis qu'ils invitent, comme à des nopces, ils font conduire leur fils vestu à l'avantage, par toute la Ville au son des tambours, fluftes & haubois, avant de le faire tailler. Il est precedé par deux Gladiateurs qui s'escriment devant luy, & qui font feinte de se vouloir tuer l'un l'autre, & ils font suivis d'une troupe de femmes qui font retentir l'air de cris d'allegresse. Le tour de la Ville estant finy on le reporte au logis de son pere, où se fait l'execution par un Chirurgien, ou par quelque Ministre de Synagogue ftilé à cét exercice.

Semblablement, si quelqu'un renie sa foy & se fait Turc, avant de le circoncire on le conduit par la Ville à cheval vestu à la Turquesque, tenant une flêche en main, avec les acclamations d'un tas de canailles, qui portent des étendarts devant luy, & tout le peuple accourt pour voir ce spectacle. Quelques-uns d'eux font la queste pour luy par les boutiques, & chez les plus riches de la Ville : mais ces peu charitables questeurs luy en dérobent plus de la moitié, & ne donnent que ce qu'ils veulent à ce pauvre Renegat, qu'un chacun abandonne, & que personne ne regarde plus, si-tost que la ceremonie est finie & qu'on l'a circoncis.

La Loy les oblige de deffendre les Villes conquises jusqu'à l'extremité, & de ne les point rendre, ny par composition, ny autrement quand il y a des Mosquées : Et encore bien qu'ils sceussent y devoir perir de faim & de misere, ils ne les abandonnent pas jusqu'à ce qu'elles soient emportées par assaut ou de vive force. Cela fait qu'on ne s'opiniastre point à les fatiguer par la longueur d'un siege, dans l'esperance qu'ils se soûmettront, & qu'on n'ose dans les traittez de paix leur parler de restitution de place, quand mesme on auroit défait leur armée, & qu'ils ne seroient plus en estat de soûtenir une seconde attaque. Sur tout ils conservent & ne rendent jamais les pays ou Provinces qui se sont données à eux de leur propre mouvement, de crainte que les rendans à leur Prince naturel qui ne manqueroit pas de les chastier de leur trahison, les autres pays ne se fissent sages à leurs dépens, & ne se donnassent plus à eux à cause de leur inconstance.

Ils croyent que ceux qui meurent à la

guerre contre les Chrétiens sont Martyrs, & que leurs ames sont portées au Ciel par les Anges, où à leur dire ils joüiront de tous les plaisirs, les delices & sensualitez charnelles; ils y auront plusieurs belles femmes, de somptueux banquets, des tables couvertes de toutes sortes de mets, des fleuves de lait, de vin & de miel, & generalement une infinité d'autres choses pour la satisfaction de leurs sens. Il semble que cette opinion devroit animer leurs courages dans l'esperance d'aller posseder ce bonheur, & qu'elle les devroit rendre hardis au combat, comme des Lions : cependant, ils craignent si fort la mort, qu'un chacun se cache presentement quand on publie la guerre, & donne de l'argent aux Officiers pour estre dispensez d'y aller.

La pluspart des Turcs sont dans cette opinion erronée, à sçavoir qu'ils sont forcez à faire ce qu'ils font, & que tout ce qui leur arrive bien ou mal, devoit absolument leur arriver, quoy qu'ils fissent pour l'empescher. S'ils tombent dans quelque disgrace, ou qu'ils viennent à commettre quelque crime atroce pour lequel ils soient condamnez à la mort, ils disent d'abord que Dieu avoit écrit cela sur leur front. Le bourreau reprochant un jour à des Arabes qu'il estoit sur le point d'empaller, pourquoy est-ce qu'ils estoient retournez à leur larcin, & à voler sur les grands chemins, veu qu'ils avoient déja esté pris d'autresfois, & qu'on leur avoit pardonné. Que voulez-vous que nous fissions, répondirent-ils, puisque Dieu nous avoit determinez à ce genre de mort, pouvions-nous éviter de finir nostre vie sur un pal, changer les decrets de la Divinité écrits sur nostre front, & nous abstenir de voler, puisque ce devoit estre le moyen par lequel nous devions tomber dans ce malheur inévitable? Cette ridicule pensée qu'ils ont d'une telle predestination, ne sert qu'à les rendre plus méchans & plus portez à toutes sortes de vices & d'abominations : mais elle ne les rend pas plus hardis & courageux, comme il semble qu'elle devroit faire : car supposé cette fausseté, que Dieu indépendemment de nostre cooperation & franc arbitre eût écrit sur nostre front, par exemple, que nous ne mourrons pas dans telle bataille, il ne nous seroit plus possible d'y mourir, quoy que nous fissions pour cét effet, ny d'éviter la mort s'il avoit écrit que nous deussions mourir ; ce raisonnement, dis-je, ne sert qu'à les confirmer dans leurs vices, dont ils font Dieu l'auteur, & n'augmente en rien leurs courages dans les armées : car ce sont les plus poltrons qui soient sous le

Ciel, ils prennent d'abord l'épouvante & la fuite, comme l'on peut voir dans les dernieres guerre d'Allemagne, où aprés avoir passé le fleuve Raab deux mille François les mirent en déroute, quoy qu'ils fussent beaucoup plus nombreux que l'armée des Chrétiens, ils les firent retourner en arriere, & repasser le fleuve avec tant de precipitation, que la plufpart se noyerent, & le reste se retira sans aucun ordre. Une sortie de quatre mille hommes en Candie mit tellement la confusion dans toute l'armée Ottomane, qu'elle luy fit abandonner deux retranchemens & prendre la fuitte : en sorte, que sans l'accident qui arriva du feu qui se mit aux poudres, & la rencontre malheureuse de nos gens qui tirerent les uns sur les autres, pensant combattre les ennemis, il passe pour indubitable que les Turcs eussent esté défaits à platte coûture.

L'usure est défenduë parmy les Turcs, cependant ils l'exigent dans l'excez, en sorte que l'argent pris à usure à la porte du Palais double pour l'ordinaire, & profite au bout de l'an de cent pour cent.

Encore bien que le vin soit deffendu aux Turcs par leur Loy, ils le boivent cependant tout pur & à pleines tasses ; aussi bien les femmes que les hommes, & ils s'étonnent d'y voir mesler de l'eau à nos Marchands d'Europe, disans que c'est le gaster & luy oster sa force : aussi ne le boivent-ils pas pour les mesmes fins que nous, c'est à dire pour le bien de la santé, pour fortifier l'estomac, corriger les cruditez & ayder à la digestion : mais seulement pour se mettre le cœur en joye, & dans un estat qui leur fasse perdre toutes les pensées melancoliques. Je leur ay souvent demandé la raison pour laquelle leur Prophete leur a deffendu le vin : veu que Jesus-Christ dont il reçoit l'Evangile comme venu du Ciel, le permet & en a usé luy-mesme. Ils répondent qu'il ne l'a fait qu'au sujet des mauvaises consequences & des maux estranges que peut causer l'usage du vin, & rapportent à ce propos une histoire Tragique, qui obligea (disent-ils) Mahomet à le deffendre à ses sectateurs ausquels il l'avoit permis jusqu'à lors. Ils racontent qu'il apperceut un jour en passant sept ou huit personnes qui en beuvoient, & qui se témoignoient dans ce rencontre tant d'amour, qu'il resta édifié de les voir en si bonne humeur, & si affectionnez l'un pour l'autre, en veuë dequoy il leur donna sa benediction : mais que peu de temps après repassant par le mesme endroit, il les vit en querelle l'épée à la main, & prests à se massacrer l'un l'autre. Estonné de ce grand changement, il en demanda la raison, on luy répondit qu'ils estoient pris de vin, privez de jugement, & reduits à l'estat des bestes, dont il fut si scandalizé & si fâché contre le vin, que dés lors il le deffendit & ne voulut plus qu'on en beust, de peur de semblables accidens. On leur avouë que cela est bien pour ceux qui le boivent par excez, comme ces yvrognes qu'il faut chastier, mais qu'il ne faut pas enveloper tout le monde avec eux. S'il faloit nous priver absolument de tout ce qui nous peut nuire quand il est pris immoderément, il faudroit nous abstenir du pain & de tous les autres alimens; ce qui seroit absurde, mais l'on n'a pas besoin de tous ces raisonnemés, pour leur persuader que l'usage du vin est licite, aussi ne font-ils pas de difficulté d'en boire quand ils en peuvent avoir, à la reserve de ceux qui ont esté à la Meque, encore en ay-je veu quelques-uns qui se dispensoient de cette Loy, & qui le beuvoient indifferemment comme les autres.

Article IV.
De la Superstition des Turcs.

Puisque la Superstition est un vice contraire à la Religion, en ce qu'elle fait rendre un culte d'une maniere non permise, à un objet qui merite d'estre adoré, ou du moins honoré, ou bien à un objet auquel ce culte ne peut appartenir, aussi semble-t'il que l'ordre veut qu'aprés avoir traitté de la Religion des Turcs, nous disions quelque chose de leurs superstitions. Elles sont telles & en si grand nombre que je n'aurois jamais fait, si j'entreprenois de les rapporter toutes en détail, & cette consideration m'a obligé de me contenter d'en écrire icy les plus considerables pour satisfaire à la curiosité du Lecteur.

Ils se donnent de garde allans à leurs necessitez de tourner le dos vers le midy, de peur de commettre quelque prophanation ou irreverence envers cette partie du monde, parce qu'elle est celle qu'ils regardent ordinairement, en faisant leurs prieres. Il n'y a pas deux ans, qu'en Damas ils firent une avanie à certains Religieux Francs, à cause qu'ils avoient pratiqué leurs lieux communs du costé du midy, estimans qu'ils l'avoient fait au mépris de leur Religion.

Ils font conscience de tuer une certaine espece de tourterelles qu'ils appellent Stétié, & ils croiroient avoir commis un grand peché d'en avoir mangé une, aussi sont-elles si nombreuses, & elles se rendent si familieres, qu'elles font leurs nids dans les chambres des maisons sans s'épouvanter des domestiques; ils disent communement que ceux qui par gloutonie mangent leurs petits ont toute leur vie le frisson, en punition de leur peché, & ils tremblent comme s'ils avoient la fiévre quarte.

Ils ne se contentent pas d'avoir de la compassion pour les bestes, eux qui n'en ont aucune pour les hommes: mais encore ils estiment que c'est un crime atroce de tuer un chien, quelque desordre qu'il fasse. Lors qu'ils hurlent la nuit à la Lune, & qu'ils empeschent le monde de reposer, ils loüent, disent-ils, Mahomet, & ils invitent le peuple à en faire de mesme.

Ils croyent faire une action de pieté, & un acte de charité heroïque d'acheter un oiseau renfermé dans une cage, & de luy donner la liberté, ou bien de nourrir les chiens qui n'ont point de Maistres, ou qui sont estropiez, lesquels sont en tresgrand nombre, & ne servent qu'à empester la Ville, à la salir & à corrompre l'air: d'aucus font vœu de leur donner tous les ans par aumosne durant leur vie une quantité de pain déterminée: d'autres leur laissent par testament en mourant un fond pour subvenir à leurs besoins. Et à cét effet, il y a un dépositaire fidelle, qui est pour l'ordinaire un Santon ou Religieux Turc, qui a le soin de distribuer ces aumosnes selon l'intention des donateurs.

Ils font des vœux dans la necessité aux Saints des Chrétiens, comme ils feroient à ceux des Mahometans qu'ils estiment Saints, & ils se recommandent aussi volontiers aux prieres des Prestres & Religieux, qu'à celles des Santons ou Ministres des Mosquées qu'ils appellent Checs. Et si on leur témoigne de l'admiration de ce que les croyans infidelles, ils ne laissent pas de recourir à leurs prieres, ils répondent que leur Prophete a recommandé dans son Alcoran les Religieux des Chrétiens, & ordonné de leur porter un respect particulier, comme aux vrais Sectateurs du Messie; ce qu'il n'auroit pas fait s'il les croyoit infidelles & ennemis de Dieu: mais la raison la plus vray-semblable de la devotion qu'ils ont aux Religieux Chrétiens, n'est point tant cette pretenduë recommandation du Prophete, que le bon exemple qu'ils remarquent en eux, & sur tout de ce qu'ils ne sont point mariez & ne reçoivent point d'argent comme les Santons, ce qui leur paroist fort extraordinaire, & qui leur seroit impossible de pratiquer.

Touchant cette estime qu'ils font des Religieux, il ne sera pas hors de propos de rapporter icy une histoire facetieuse,

que

que je leur ay ouy plusieurs fois raconter comme une verité constante parmy eux, & une tradition de pere en fils, bien que ce soit une chimere inventée à plaisir, ou la production du resve de quelque Santon, laquelle neanmoins s'est renduë si publique, que peu de Turcs l'ignorent.

Ils racontent qu'une Dame Turquesque tres-riche & de qualité, mais de mauvaise vie, ayant esté enterrée avec ses bagues, joyaux & autres ornemens, dans un beau sepulcre de marbre, la nuit suivante quelques gens excitez par l'avidité du gain, vinrent pour luy enlever tout ce qu'elle avoit sur elle, & qu'ayant levé la tombe, au lieu de rencontrer son corps, ils trouverent celuy d'un pauvre Religieux Franc qui estoit mort le même jour, & avoit esté inhumé parmy les Chrêtiens. Ces larrons étonnez de ce prodige, & de se voir frustrez de leur esperance, s'aviserent d'aller au sepulcre du Religieux, pour voir si par avanture ils n'y trouveroient plus le corps de cette Dame mondaine. A peine eurent-ils creusé la fosse & retiré la terre, qu'ils l'aperceurent dans ses beaux vestemens. Ce qu'estant venu du depuis à la connoissance de la Justice, & des doctes du pays, chacun tira, disent-ils, cette consequence, que ce changement de sepul-

C

ture ne s'estoit fait que par un juste jugement de Dieu, qui vouloit faire connoistre la sainteté du Religieux, qui luy avoit fait meriter d'estre enterré dans ce riche mausolée, & parmy les fidelles : au lieu que cette femme à cause de ses crimes s'en estoit renduë indigne, & meritoit d'estre en la compagnie des infidelles. Quoy qu'ils expliquent cette histoire à leur avantage, ils ne prennent pas garde neanmoins qu'ils se contredisent, en ce qu'ils assurent ailleurs que la seule foy justifie, & qu'il suffit de croire à Dieu & à Mahomet son Apôtre pour estre sauvé.

Ils reverent les foux comme par principe de Religion, & portent honneur aux extravagans, les considerans comme des personnes que les continuelles applications d'esprit, les revelations, & entousiasmes, ont reduit hors du temperamment ordinaire des autres hommes.

Ils ont encore une devotion particuliere à ceux qui tombent du mal caduc, comme Mahomet, & qui font des contorsions capables de donner de la frayeur ; ils batissent à ceux-cy, comme aux premiers, de petits dômes aprés leur mort sur leurs sepultures, & quelquefois des Mosquées, qui avec le temps deviennent des lieux de devotion & de pelerinage, comme l'on peut voir par les exemples suivans de trois Santons, ausquels ils ont erigé & fait bastir de superbes Mosquées. Le premier est le Santon Aboubacre, lequel étoit pire qu'une beste, si l'on considere ses actions, puis qu'il alloit tout nud sans chemise, mangeoit des mouches, ses propres excremens, & ceux des animaux; ce qui faisoit pourtant le sujet de l'admiration des Turcs, & qui a esté la cause de sa canonisation.

Le second appellé Chec Abdellah imitoit encore celuy-cy dans sa nudité & autres extravagances, entre lesquelles il fit celle-cy qui luy pensa procurer la mort à un gibet, nonobstant sa pretenduë sainteté. Joüant un jour avec un enfant qu'il tenoit étroitement embrassé, aprés l'avoir bien caressé & acollé, il s'alla imaginer qu'il pourroit le ressusciter & luy rendre la vie aprés luy avoir ostée. Dans cette ridicule pensée qu'il croyoit estre du Ciel, comme toutes les autres, il prit un coûteau & luy en donna dans le cœur; ensuite dequoy sans s'étonner, il demanda au peuple qui estoit acouru à ce spectacle, de la chaux vive pour boucher la playe & étancher le sang qui en sortoit en abondance, estimant que ce seroit un remede suffisant pour luy rendre la santé, & confondre toute la Medécine. Cependant l'effet ne correspondit pas à son attente, dautant que l'enfant mourut entre ses bras. Ce que voyant ses parens extrémement affligez, ils acoururent au Juge pour demander justice de cette action barbare & inhumaine. Le peuple se rendit avec eux au Parquet pour voir ce qu'on ordonneroit de ce Santon, qui y fut aussi conduit pour estre examiné de son fait: mais il ne daigna jamais répondre aux interrogations qu'on luy fit, de peur de faire tort à sa dignité. Surquoy le Juge irrité, passant outre le condamna à la mort, afin qu'il n'arrivast plus de cas semblables, sous pretexte de folie : & la Sentence eust esté dés-lors executée, si la populace qui l'avoit en estime de sainteté, ne s'y fust opposée, disant qu'il n'avoit fait cette action que par inspiration Divine, & par des ordres exprés de Dieu, qui prevoyoit que si cét enfant fust resté au monde, il y auroit causé de tres-grands malheurs, & auroit esté un jour tres-pernitieux au public; ce que voulant empescher, il ayoit commandé à son serviteur Abdellah de s'en deffaire, & de luy oster la vie: & qu'ainsi ce Santon ne meritoit pas la mort pour avoir obey à Dieu & suivy ses ordres. Il n'en falut pas davantage pour le mettre en liberté, & le confirmer dans sa folie.

Le troisiéme aussi déraisonnable que les

deux precedens, n'a point de nom, on luy donna celuy de silentieux dans Alep, où il arriva avec un habit extravagant, une couronne d'herbes seches sur la teste, & sans qu'on pût sçavoir d'où il venoit : dautant qu'il ne parloit point, & demeura six mois continuels dans le silence : ce qui causa tant d'admiration aux Turcs, que tant les hommes que les femmes l'alloient visiter en foule hors la Ville, où il avoit planté son Bourdon sur une petite colline à l'enseigne de la Lune. On y conduisoit les infirmes, afin qu'il imposast ses mains sur leurs testes. Toutes les personnes affligées avoient recours à luy, & se recommandoient à ses prieres, on publioit de luy une infinité de miracles : Enfin, il y avoit un si grand concours de peuple, depuis le matin jusques au soir, vers ce Santon inconnu, qu'ils faisoient une procession continuelle de la Ville jusqu'au lieu où il s'estoit campé. Les Juifs voulurẽt sõder si ce ne pourroit point estre leur pretendu Messie qu'ils attendoient alors, & dont on parloit fort du costé de Constantinople, dautant que celuy-cy ne se declaroit ny Turc ny Juif ny Chrétien. Dans ce doute ils luy deputerent quelques-uns de leur Nation, le plus secretement qu'ils pûrent, de crainte d'offenser les Turcs, & le sommerent de leur

Reliure serrée

dire franchement si c'estoit luy, qui estoit le sujet de leur attente. Il ne fit pas comme S. Jean Baptiste, qui receut une semblable ambassade des Pharisiens: car au lieu de leur répondre & d'interrompre son silence, il les charga à grands coups de baston, & les obligea à la retraitte; ce qu'ayant esté sceu des Mahometans, ils en conceurent une plus grande estime, & luy firent dés lors bastir en ce lieu là une petite Mosquée avec son Hermitage, proche lequel ils luy designerent un beau, grand & spacieux jardin, capable d'entretenir une petite famille; ce qui fit venir la pensée à nostre Santon de rompre le silence qu'il avoit gardé six mois, & de se marier. Il trouva d'abord une femme, chacun s'estimant heureux d'estre beau-pere de ce Prophete muet, qui avoit tant fait parler de luy; mais comme il ne sceut pas se gouverner dans la suitte, il perdit en parlant toute la bonne estime que son silence luy avoit acquise, & laissa les Turcs bien confus d'en avoir esté trompez; ce qui ne leur est que trop ordinaire à raison de leurs folles superstitions, qui leur font tout reverer, & de leur trop grande credulité, qui fait qu'ils tiennent à gloire d'adjoûter foy aux foux, aux extravagans & aux muets, & d'avoir pour eux une devotion particuliere.

Ils ajoûtent foy aux songes, & se les font expliquer par des personnes qu'ils croyent capables de cela, & ausquelles on a recours comme à des Oracles.

Ils ont devotion à certains lacs & fontaines fort poissonneuses, & ne permettent à qui que ce soit d'y pescher : ensorte que les poissons y sont en si grande quantité & si prodigieux, que c'est un divertissement agreable de les voir venir à milliers sur l'eau prendre le pain qu'on leur jette. La fontaine d'Abraham à Orpha ou Edesse, & celle qui est à un quart de lieuë d'Alep, sont remarquables entre les autres. J'ay oüy dire à des Armeniens que les Turcs allument quelquefois des lampes la nuit au tour de ces fontaines, par devotion qu'ils portent aux poissons, & qu'étans venus un soir pour y pescher à la dérobée, la premiere chose qu'ils firent, ce fut d'éteindre les lampes, de peur d'estre apperceus par les habitans d'un Village qui en estoit proche.

Ils consultent les Magiciens à tout propos, & pour la moindre chose qui leur arrive, & observent de point en point toutes les sottises & superstitions qu'ils leur ordonnent, que j'aurois honte de raporter icy, tant elles sont ridicules. La pluspart de ces pretendus sorciers n'entendent ny magie ny sortilege, & n'exercent ce miserable métier que pour trouver moyen de vivre aux dépens de ceux qui sont si niais que de les croire, & de s'adresser à eux. Ils ont l'industrie de s'entendre & d'estre de complot avec une tierce personne, qui les preconise parmy le peuple, & qui publie d'eux des merveilles, afin de leur procurer de la pratique. Il arriva un jour qu'une femme Chrétienne, ayant trouvé par la ruë certaines écritures Arabes qu'on avoit faites sur du sable, & s'étant mise à les considerer, elle fut incontinent jointe par une autre, qui estoit d'intelligence avec le Magicien, quoy qu'elle ne fust pas connuë pour telle. Celle-cy luy demanda en l'abordant ce qu'elle regardoit là avec tant d'attention. Je consideroit, répondit la Chrétienne, ces beaux caracteres, & pensois en moy-mesme pourquoy on les a écrits au milieu de la ruë. O mamie! repliqua cette rusée, cette sorte d'écriture n'est pas là sans sujet, je t'estime fortunée d'en avoir fait la rencontre; veux tu que nous en cherchions l'explication? je connois un Devin le plus habile qui soit dans toute la Ville, qui te donnera pleine & entiere satisfaction, ne neglige point je t'en prie cette affaire, d'où dépend peut-estre tout ton bonheur, allons le trouver de ce pas.

Au reste, si tu apprehende la dépense, je suis contente de contribuer à la moitié des frais, à condition que tu me feras participante de ta bonne fortune : car je ne doute pas que tu n'aye en ces lettres un tres-bon pronostique. C'étoit en trop dire pour ne la pas persuader, elle se laissa piper par ces paroles, & consentit à aller consulter le Magicien, qui la voyant arriver avec sa Cabaliste luy tint ce discours pour la persuader encore davantage. O femme que ce jour est heureux pour vous, que cette matinée vous est avantageuse, puis qu'elle vous enrichit pour toûjours, n'avez-vous pas ajoûta-t'il (comme s'il l'avoit deviné) fait rencontre dans la ruë de telle & telle chose, dont il estoit l'auteur, hé bien, dit-il, cela vous promet un tresor considerable, il n'est plus question que de sçavoir le lieu où il est, pour vous en mettre en possession. Nostre Ange (parlant de son Demon familier) nous en pourra dire des nouvelles, il faut le consulter : mais vous sçavez bien qu'il ne rend point d'oracles, qu'auparavant il n'ait esté honoré par des parfums & des presens. Faites donc vostre devoir de ce costé-là, & nous ferons le nostre. Ce discours ne tendoit qu'à se faire donner de l'argent par cette pauvre abusée, qui avoit bien de la peine à s'en deffendre : d'autant plus qu'elle se voyoit encore sollicitée par sa compagne, qui faisoit semblant d'estre de la moitié des frais. Elle ne put se dispenser d'ouvrir sa bourse, & de faire quelque largesse au Magicien, qui l'envoya chercher de l'encens, du benjoin, de l'aloës, & autres parfums pour presenter à l'Ange, qui protestoit de ne point parler, & encore moins d'enseigner le tresor, si on ne luy en brûloit dans sa chambre, en signe d'hommage, neuf ou dix livres.

Je crois qu'on faisoit dire à cét Esprit qui parloit dans un bassin d'eau posé sur une table, bien ornée & tapissée, une partie de ce qu'on vouloit : cependant, il faloit observer ponctuellement tout ce qu'il ordonnoit, & luy apporter la quantité de parfums qu'il desiroit, dont le Magicien profitoit du principal, n'en bruslant que ce qu'il jugeoit à propos. Le jour suivant l'Ange demanda d'autres choses qui requeroient toûjours de nouvelles dépenses. Il fit encore le mesme le troisiéme & le quatriéme jour, sans rien découvrir du pretendu tresor : ensorte que la femme commençoit à s'ennuyer de débourser tant d'argent sans profit, & à se défier des promesses du Sorcier, qui luy faisoit esperer monts & merveilles ; ce qui fit qu'elle luy proposa de partager avec luy le tresor, à condition qu'il ne luy demanderoit plus rien : mais celuy-cy répondit qu'il ne le pouvoit pas faire en conscience, ny profiter d'un bien que Dieu avoit destiné pour elles. Cette excuse du Sorcier augmenta davantage le soupçon de la femme, qui ne s'appercevoit que trop bien de la fourbe. Elle n'estoit pas à se repentir d'avoir esté si credule, cependant elle estoit engagée, & elle vouloit voir ce qui arriveroit de toutes ces menées. Sa compagne tâchoit de luy oster ses soupçons, & de relever ses esperances, en luy faisant acroire que le plus fort estoit fait, qu'elle ne devoit pas perdre courage au milieu de la course, qu'elles estoient sur le point d'être toutes deux consolées & recompensées amplement des dépenses qu'elles avoient faites, qui n'estoient rien en comparaison du gain qui leur en reviendroit. Qu'au reste ce leur seroit une folie de se desister aprés avoir si bien commencé. Enfin, ils la sceurent si bien tourner avec tels & semblables discours, qu'ils tirerent d'elle tout ce qu'elle avoit, jusqu'à luy faire emprunter de l'argent à interest, dont ils profiterent encore : aprés quoy pour s'en défaire, ils firent demander à l'esprit une chose dont l'execution estoit impossible, sçavoir est, qu'on eust à luy sacrifier un agneau blanc sans tache, & à l'enterrer au milieu de la grande Mosquée, qu'autrement il ne découvriroit point le tresor. Cette pauvre creature entendant ces paroles pensa mourir de regret de se voir ainsi trompée : Elle eut recours aux injures, aux reproches, & aux imprecations dont elle chargea le Magicien, & son Ange familier, qu'elle traittoit d'ignorant, de fourbe & de seducteur. Voila comme elle sortit d'avec eux, & ce qu'elle y gagna.

Il se passe tous les jours de semblables histoires, qui devroient ce semble desabuser ces peuples de la créance qu'ils ont aux Sorciers, & leur en donner un extrême mépris : cependant, ils y sont si attachez, qu'on ne les en sçauroit retirer par quelque moyen que ce puisse estre, quand on viendroit mesme à confondre en leur presence le Magicien, & à imposer silence à son Demon familier, comme il arriva il y a quelques années en Babylone, où un Capucin fit taire durant plusieurs jours au grand estonnement de toute la Ville, un de ces esprits auquel on avoit recours de toutes parts, comme à l'Oracle du pays. La chose se passa de la sorte.

Quelques Turcs de condition s'entretenans un jour de la Religion avec le susdit

Pere, vinrent à luy parler des pretenduës merveilles de cét Esprit, qu'ils disoient estre envoyé de Dieu pour leur consolation, & pour marque de la verité de leur Religion, à la confusion de celle des Chrétiens, qui n'avoient rien de semblable, & qui ne meritoient pas à cause de leur infidelité d'avoir comme eux compagnie avec des Anges, qui leur annonçassent les choses à venir, qui leur fissent trouver ce qu'ils avoient perdu, & leur en revelassent une infinité d'autres, pour les délivrer des peines & inquietudes qu'ils pourroient avoir, ne les sçachant pas. Le Pere voyant qu'ils tiroient avantage de ce Demon, & qu'à son sujet ils se confirmoient dans leur foy, & insultoient à la Religion Chrétienne : considerant d'ailleurs qu'il ne pourroit jamais les desabuser par ses raisonnemens, de l'estime qu'ils avoient conceuë de cét esprit infernal, qui abusoit de leur credulité, & qui semoit parmy eux mille divisions, accusant les uns envers les autres, le tiers & le quart, à vray & à faux, de larcins & autres crimes diffamans, pour lesquels on les entreprenoit ensuite fondez sur cette belle révelation. Il crût qu'il n'y avoit rien tel que de le confondre, en luy imposant silence de la part de Dieu, & s'avança dans un transport d'esprit de leur dire, que s'il alloit avec eux chez le Magicien, que ce Demon n'oseroit parler en sa presence, & qu'il sçauroit bien le ranger dans son devoir. Ils se moquerent de cette proposition, & le défierent d'en venir à l'execution, ajoûtans que s'il pouvoit faire ce dont il s'étoit vanté, ils resteroient entierement desabusez de leur pretendu aveuglement, & qu'ils n'ajoûteroient plus de foy aux paroles de cét Esprit. Le Pere avoit peur de se trop commettre, & de choquer les Turcs, en leur causant cette confusion : neanmoins sur la promesse qu'ils luy firent qu'il ne luy en arriveroit aucun tort, se voyant d'ailleurs sollicité par les Chrétiens du pays, qui luy remontroient que ce seroit un grand honneur pour nostre sainte Religion, & que cette action les confirmeroit dans la Foy autant qu'elle ébranleroit les Mahometans dans la leur, il accepta le défi, & aprés avoir recommandé cette affaire à Dieu, il s'en alla accompagné d'un bon nombre de personnes au logis du Magicien, ou à peine fut-il entré, que le Demon commença à murmurer & à se mettre en colere, de ce qu'on avoit amené un Prestre Franc, disant qu'il n'avoit rien à démesler avec luy, & menaçoit d'étrangler le Sorcier à cause de ce qu'il l'avoit introduit. Le Pere voyant qu'il prenoit l'épouvante & qu'il redoutoit la force de l'Eglise, & le pouvoir qu'elle donne aux Prestres sur les Esprits infernaux, animé d'une vive Foy luy commanda de la part de Dieu de se taire, & de ne point parler de quarante jours, qu'autrement il sçauroit bien le chastier de sa desobeïssance. Cette prohibition ne fut pas plûtost faite qu'il se teut, & resta muet, quelque chose que fissent les Turcs pour le faire parler; ils s'imaginerent que ce qu'il en faisoit n'étoit que par indignation contr'eux, de ce qu'ils avoient fait venir ce Religieux, & qu'il ne se seroit pas plûtost retiré, que cét Ange de tenebres feroit comme à son ordinaire: mais ils furent bien estonnez, qu'aprés avoir congedié le Capucin il ne parloit point du tout, & restoit toûjours dans le silence. Le bruit de ce prodige se répandit par toute la Ville: ensorte qu'un chacun pour s'instruire de la verité du fait, alloit au logis du Magicien, qui estoit au desespoir de cette disgrace, qui l'avoit entierement decredité dans l'esprit du peuple, & qui le privoit encore de ses pratiques. Il offroit presque continuellement des sacrifices à ce Demon pour l'appaiser, & luy presentoit des parfums pour le faire parler, croyant qu'il estoit irrité. Mais voyant qu'il se peinoit en vain, & que tous ses encensemens ne luy profitoient de rien, il se resolut, à sa confusion, d'aller trouver le Pere, pour le prier de rendre la parole à son Ange. Il luy fut impossible d'obtenir l'effet de sa demande, quelque instance qu'il luy pût faire ; ce qui l'obligea de luy envoyer faire la même requeste par d'autres personnes à diverses fois, ausquelles il s'excusoit semblablement de ne leur pouvoir accorder ce dont ils le supplioient : mais ceux-cy choquez de tant de refus, en vinrent des prieres aux menaces, & luy protesterent que s'il les laissoit davantage dans la confusion, qu'ils luy jöueroient quelque mauvais party, & qu'ils susciteroient contre luy toute la Ville, qui se voyoit privée par luy de la plus grande consolation qu'elle eût. Le Pere craignant qu'il n'arrivast à son sujet quelque sedition populaire, se vit obligé de leur accorder ce qu'ils luy demandoient, & permit à ce Démon de parler aprés dix jours continuels qu'il resta dans le silence. Si-tost qu'il eut la permission, sa langue se délia comme auparavant, & comme le Diable est naturellement superbe, il ne manqua pas pour couvrir sa confusion, de dire qu'il ne s'étoit tû tant de temps, que pour les mortifier de ce qu'ils avoient crû aux paroles d'un Prestre Franc, & chancelé dans leur foy, ajoûtant que si cela leur arrivoit une autrefois, qu'il sçauroit bien s'en vanger & les chastier de leur infidelité.

Les Turcs par devotion font razer pour la premiere fois leurs enfans, sur la sepulture de quelque Santon, qui soit parmy eux en estime de sainteté : cette ceremonie se fait pour l'ordinaire lors qu'ils sont âgez de quatre ou cinq ans, & que le razoir n'a pas encore passé sur leurs testes. Les Chrétiens Schismatiques du pays font le même avec quelque proportion, & razent leurs enfans devant un Autel en Jerusalem, ou bien en quelque autre lieu de pelerinage.

Ils portent sur eux, tant les Turcs que les Chrétiens heretiques, certains rouleaux de papier qu'ils appellent ammaieli, dans lesquels ils font écrire aux Prestres & aux Ministres des Mosquées, certaines prieres avec des conjurations & exorcismes ridicules contre les demons, Magiciens & Enchanteurs, à ce que personne ne les puisse regarder de mauvais œil, ou leur nuire ou médire d'eux, comme s'il estoit en leur pouvoir de retenir les langues, & de disposer comme Dieu, des volontez de ses creatures. J'ay vû quelques-uns de ces billets, en vertu desquels ceux qui les portoient sur eux estoient assez foux de croire qu'ils ne pouvoient estre offensez, ny par les épées, ny par aucune arme à feu, ny tomber même entre les mains des voleurs; qu'ils pouvoient avec cela se jetter en toute asseurance à travers les escadrons armez, sans crainte d'estre blessez; outre qu'ils preservent du mal, ils ont encore, disent-ils, la vertu de guerir de toutes sortes d'infirmitez; ce qui fait que la plûpart en prennent, & que le peuple y a recours, plus qu'il ne feroit aux boutiques des Apoticaires.

Mais la plus ridicule superstition qu'ayent les Turcs, selon mon sentiment, c'est celle de l'eau du Semarmar, à laquelle ils ont tant de foy qu'ils croyent qu'estant apportée dans une cruche d'un pays lointain dans le leur, elle a la vertu d'y attirer certains oiseaux qu'ils appellent Semarmar, lesquels mangent les sauterelles qu'on aprehende en Orient plus que la gresle & la gelée, aussi perdent-elles tout, & ne laissent rien par où elles ont passé, estant en si grande quantité que l'air en est couvert, & qu'elles en obscurcissent le Soleil, en sorte que lors qu'elles viennent, la famine est inévitable dans le pays, à moins qu'on ait le soin de se pourvoir d'ailleurs des choses necessaires à la vie ; ce qui est assez difficile en Turquie, où l'on n'a pas comme en Europe, la commodité des vaisseaux & des chariots pour le transport des marchandises. Quand ils se voyent menacez de ce fleau, & que ces animaux commencent à se multiplier, le Bacha ou Gouverneur se sert de cette occasion pour lever sept ou huit mille écus sur le peuple déja affligé de ce malheur qui le menace, & pour cét effet il fait feinte d'envoyer en toute diligence un Courrier au pays pretendu de ces oiseaux, pour en apporter de l'eau, afin de les attirer par ce moyen en Turquie pour la destruction des sauterelles. Aprés quelques jours de l'absence de cét homme, on fait sçavoir au peuple qu'il est de retour avec l'eau de Semarmar. Cette nouvelle n'est pas plûtost répanduë par la Ville, qu'un chacun se dispose à aller au devant de cette eau pour la recevoir, comme une relique avec tout l'honneur possible. On ordonne une Procession generale, où l'on porte les estendars de la Ville, & où se trouvent tous les Superieurs des Ordres Religieux Mahometans, qui y font les extatiques & qui y paroissent comme dans des entousiasmes. On oblige les Juifs & les Chrétiens du pays d'y assister conjointement avec les Turcs.

en sorte que l'on porte dans cette belle Procession, composée de toutes sortes de Sectes & de Nations, la Bible, l'Evangile & l'Alcoran. L'ordre qu'ils tiennent dans ce desordre est celuy-cy, à sçavoir que les Turcs vont les premiers, les Chrétiens ensuite, & les Juifs les derniers. Quand cette eau mysterieuse est arrivée aux portes de la Ville, on la tire par en haut bien devotemẽt avec une corde pour la descendre de l'autre côté, sans la faire passer pardessous, estimans que ce seroit une trop grande irreverence. Le même se pratique par tout où il y a des voûtes ou arcades qui traversent la ruë, en sorte que la Procession fait plusieurs poses, avant que d'arriver au Château, où l'on depose cette eau comme un gage precieux. Aprés quoy chacun se retire chez soy, & le Bacha se fait payer de la peine & du soin qu'il a pris de faire aporter l'eau du Semarmar, soit que cét oiseau vienne exterminer les sauterelles, soit qu'il ne vienne pas. Voila à quel excez arrivent les superstitions & la simplicité de ces pauvres peuples, qui croyent à l'aveugle & sans examen tout ce qu'on leur dit, pour peu d'apparence qu'il ait de verité.

Article V.

Des festes & jeûnes des Turcs.

Les Turcs n'ont que deux festes ou solemnitez dans l'année ; l'une qui s'appelle Ramadan, & l'autre Courban, c'est à dire la feste du sacrifice, ainsi dite, dautant que dans ce même temps les pelerins arrivent à la Meque, où ils sacrifient un chameau & une grande quantité de moutons. L'une & l'autre feste s'annonce avec la décharge du canon, le bruit duquel ne s'est pas plûtost fait entendre que le peuple pousse des cris d'allegresse, & ne pense plus qu'à se divertir. On les solemnise chacune trois jours, lesquels se passent à joüer, à faire bonne chere, & à visiter les amis, & dans mille dissolutions. Leurs jeux durant ces trois jours ne consistent qu'à se faire branler sur des cordes attachées à des arbres ou à quelqu'autre machine, ou bien à tourner dans certaines grandes roües, autour desquelles sont huit ou dix sieges mobiles qui montent & descendent avec ladite roüe, en sorte pourtant que les personnes s'y trouvent toûjours sur leur seant ; ce qui est assez divertissant à voir.

On apperçoit par les ruës durant les festes une infinité de canailles & de faineans qui queſtent de l'argent, les uns d'une façon, les autres de l'autre: de ſorte que les paſſans ont bien de la peine à ſe débaraſſer d'eux, tant ils ſe rendent importuns; l'un leur jette quelque goute d'eau roſe ſur la barbe & les veſtemens, pour les obliger à reconnoiſtre cette civilité par un bienfait; l'autre leur preſentera une fleur ou un peu de mirthe pour avoir quelque double; les uns font les charlatans ou les foux pour aſſembler le peuple autour d'eux, & attraper quelque lippée; les autres vont battre le tambour aux portes, ou joüer de la flûte, aprés quoy ils ſe font payer de leurs peines. Les ſerviteurs du Bacha, de ſon Lieutenant, & une infinité d'autre valetaille, vont dans les maiſons des grands chez les Conſuls & autres perſonnes riches demander les bonnes feſtes, qu'on n'oſeroit leur refuſer ſans peril, ſuppoſé qu'on les ait données d'autrefois.

La premiere de ces feſtes eſt precedée d'un jeûne de vingt-neuf jours, qu'on appelle comme elle le Ramadan, qui ſe devroit dire plûtoſt un Carnaval qu'un jeûne, puis qu'on n'y fait aucune abſtinence, & que même il eſt permis aux Turcs de ſe nourrir en ce temps-là plus graſſement qu'en tout autre, & de manger des viandes plus delicates qu'en tout le cours de l'année, & s'ils n'avoient pas d'argent pour en acheter, ils doivent vendre leurs habits pour en avoir, & remplir leur pance. Tout ce qu'ils ont de particulier dans ce jeûne ridicule, c'est qu'ils ne peuvent ny boire ny manger tout le jour depuis le lever du Soleil jusqu'au coucher, mais seulement la nuit, durant laquelle tout leur exercice aprés le repas, est de courir par les ruës avec des cris horribles, ou bien de fumer du tabac, ou boire du caffé.

Ils qualifient de saint entre tous les mois celuy du Ramadan, & disent que tant qu'il dure les portes du Ciel sont ouvertes, & celles de l'Enfer fermées: aussi eux pour se conformer à Dieu, suspendent la Justice Criminelle durant tout ce temps-là, & ne font aucune execution.

Ce seroit un grand peché à un Turc de boire alors du vin, & si quelqu'un estoit trouvé en cette faute, on luy donneroit un chastiment exemplaire. Les Chrétiens n'osent pas même parler aux Turcs, ny s'aprocher trop prest d'eux aprés en avoir bû, de crainte qu'ils ne vinssent à en sentir l'odeur, ce qui seroit capable de les scandaliser.

Il est permis aux infirmes de manger le jour, à condition toutefois qu'ils satisferont au precepte dans un autre temps, lors qu'ils auront recouvré la santé.

La même licence se donne encore aux voyageurs, pourvû qu'ils s'obligent de jeûner dans un autre temps, lors qu'ils auront la commodité. J'en ay vû cependant quelques-uns avec lesquels j'ay fait le voyage de Jerusalem, qui estoient si zelez observateurs de ce precepte, qu'ils passoient tout le jour sans rien prendre, & ne mangeoient que le soir, lors qu'ils estoient arrivez : encore bien que la plûpart fussent fils de Chrétiens, & qu'aucuns d'eux m'avoüassent qu'ils conservoient encore dans le cœur leurs premiers sentimens : ce qui me donnoit sujet de croire que ce qu'ils en faisoient n'estoit que par hypocrisie, & pour paroistre à l'exterieur bons Mahometans.

Ceux qui ne peuvent jeûner en quelque temps que ce soit, donnent de l'argent à un pauvre estimé entr'eux homme de bien & craignant Dieu, afin qu'il jeûne pour eux & satisfasse à leur obligation, & tel est obligé de jeûner dans l'année tout autant de Carêmes qu'il a receu d'argent, autrement il pécheroit en trompant ceux dont il a esté payé pour cét effet.

Le Ramadan avance tous les ans d'onze jours que l'année Solaire ajoûte à l'année Lunaire,

Lunaire, de sorte qu'il parcourt successivement toutes les saisons, & arrive tantost le Printemps, tantost l'Esté, & puis ensuite l'Hyver. Les Turcs l'aiment beaucoup mieux en cette derniere saison qu'en toute autre, & particulierement qu'en Esté : car dans l'Esté les jours sont longs & tres-incommodes pour le simple peuple qui est obligé de travailler, & de se passer de boire & de manger jusqu'au soir, ne leur estant pas même permis de se laver la bouche avec de l'eau pour moderer l'ardeur de la soif, causée par les chaleurs excessives du Levant : quant aux riches ils passent le Ramadan avec moins d'incommodité, dautant que n'estans pas obligez de travailler comme les autres, ils dorment la plus grande partie du jour, & se divertissent toute la nuit.

Il y a durant le Ramadan un homme qui a soin de les réveiller, & qui va tambouriner à toutes les portes des maisons une heure avant le jour, de crainte que les gens se réveillant trop tard, il ne leur fût plus permis de manger.

ARTICLE VI.
Des Mosquées des Turcs, & de leurs prieres.

LEs Mosquées sont la plûpart basties en rond ou en dôme, qui pour l'ordinaire est couvert de plomb au dehors; le clocher ou la tour sur laquelle les Ministres font l'Office des cloches, & invitent le peuple à haute voix à loüer Dieu, est une haute pyramide ronde, subtile, & faite en aiguille détachée du corps de la Mosquée, au sommet de laquelle on allume quantité de lampes la nuit du Jeudy au Vendredy, & durant tout le mois du Ramadan.

Il n'y a dans la Mosquée ny Autel ny image, vers laquelle le peuple se puisse tourner pour faire ses prieres : on n'aperçoit qu'une simple niche dans la muraille du costé du midy où ils écrivent quelquefois le nom de Dieu, en sorte que tout l'ornement de ces Temples ne consiste qu'en une grande quantité de lampes & d'œufs d'autruches pendus à la voûte, dans la blancheur des parois, & dans la netteté qu'ils s'étudient d'avoir toûjours dans leurs Mosquées. On n'oseroit y entrer avec les souliers dans les pieds, de quelque estat & condition qu'on puisse estre : mais d'abord qu'on arrive à la porte on les quitte par reverence, & on les donne à garder à quelque serviteur : ou bien un chacun les prend à la main & les met proche de soy: & afin qu'on ne marche pas sur le pavé, comme aussi pour la plus grande commodité du peuple qui auroit de la peine à s'y asseoir, on y estend des nattes de paille ou de jonc, travaillées avec beaucoup d'artifice. On n'y tient point de bancs ny de chaires ny d'escabeaux pour les personnes de qualité comme dans nos Eglises, n'étant point la coûtume des Turcs de s'asseoir comme nous, mais seulement de se mettre à terre sur des tapis ou sur des nattes, soit dans les Temples, soit dans les maisons.

On ne les verra jamais cracher dans une Mosquée, de peur de commettre en cela une irreverence, & si la necessité les oblige ils se servent de leur mouchoir.

Ce seroit un crime atroce parmy eux, & digne d'un chastiment severe, d'uriner contre une Mosquée, aussi ne l'ay-je jamais remarqué.

Ils n'en permettent pas l'entrée aux Chrétiens ny aux Juifs qu'ils estiment immondes, en sorte qu'ils seroient chastiez & maltraitez si on les y rencontroit.

Ils se donnent bien de garde d'y laisser entrer les chiens ou autres animaux, dans la créance qu'ils ont que cette pretenduë prophanation de leurs Temples attireroit sur eux quelque malheur, quand même cela seroit arrivé par mégarde.

Toutes ces façons de faire sont observées par les Chrétiens Orientaux au regard de leurs Eglises, avec autant d'exactitude & de rigueur que sçauroient faire les Turcs au respect de leurs Mosquées.

Les rentes ou revenus des Mosquées sont assignées sur des terres, jardins, boutiques, maisons & bains qui leur ont esté leguées par testament depuis que les Turcs sont possesseurs du pays, les anciennes rentes des Eglises ayant esté incorporées dans le domaine du Grand Seigneur; la plûpart & le principal de ces revenus va au Superieur ou Chef de la Mosquée qui ne donne aux autres Ministres que ce qu'il luy plaist: de sorte qu'ils ne pourroient pas subsister de ce peu qu'ils en reçoivent, si d'ailleurs ils n'exerçoient quelque mestier.

Si un Bacha ou quelqu'autre personne de qualité, aprés avoir esté convaincu du crime de leze Majesté, vient à leguer quelque terre ou heritage à une Mosquée, sa donation est valable, & le Grand Seigneur n'en peut plus disposer en faveur d'un favory, comme il peut faire de toutes les autres terres & possessions de son Empire, appartenantes aux particuliers qui n'en ont que l'usufruit pour autant de temps qu'il plaist au Grand Seigneur de leur laisser.

Le chef des Eunuques noirs qui ont la garde dans le Serrail des Concubines du Grand Seigneur, a la surintendance de toutes les Mosquées de l'Empire, & dispose de toutes les Charges qui en dépendent en faveur de qui bon luy semble, & de qui plus luy offre : en sorte qu'il est entre les Turcs pour le temporel avec quelque proportion, ce que seroit le Patriarche d'un Royaume ou d'une Nation entre les Chrétiens.

Il y a quantité de Mosquées dans toutes les Villes, mais il y en a peu de considerables, & où le peuple s'assemble pour faire les prieres, les moindres & plus petites sont abandonnées, ou bien servent d'Ecoles où l'on enseigne à lire & à écrire aux enfans, en quoy consiste à peu prés toute la science du pays.

Ils ont d'ordinaire des fontaines ou reservoirs d'eau dans les cours des Mosquées, où ils se lavent avant que d'y entrer pour prier Dieu.

Les prieres se font sur la tour de la Mosquée six fois dans le jour naturel, tantost par un seul Ministre, tantost par plusieurs qui crient à haute voix pour se faire entendre de tout le peuple. La premiere se fait à une heure aprés minuit par un seul chantre choisi entre tous, & estimé avoir le meilleur organe: cependant son chant est si horrible qu'il ressemble plûtost au mugissement d'un taureau, qu'à une voix humaine; en sorte qu'il réveille toutes les contrées circonvoisines, ausquelles il donne sans doute plus d'étonnement que de devotion. La seconde se fait à une heure avant le jour par trois ou quatre Chantres qui se succedent les uns aux autres, & qui se reünissent sur la fin, aussi cette priere est-elle la plus longue de toutes & la plus ennuyeuse pour ceux qui veulent reposer le matin, & qui en sont empeschez par ces chants desagreables, à peu prés semblables à ceux des bouviers & pasteurs champestres. La troisiéme se fait à midy, la quatriéme à Vespres, la cinquiéme au coucher du Soleil, & la sixiéme à une heure de nuit.

Or la plûpart de ces prieres ne consistent point tant à loüer le Createur qu'à preconiser le faux Prophete Mahomet, qu'ils appellent en icelles l'amy, le mignon & le favory du Toutpuissant, son Apostre, la lumiere du trône de sa Divinité, le sceau des Prophetes, la plus noble de toutes les creatures, en qui le Souverain Monarque de l'Univers s'est tellement complû, qu'en sa consideration il a creé le Soleil, la Lune & les Etoiles, & ce monde visible, voire même pour l'honneur ils luy donnent des epithetes & des titres qui ne peuvent convenir qu'à la Majesté Divine, & qui sont d'horribles blasphêmes.

Cette pratique de crier sur les Mosquées toûjours à la même heure est generale dans toute la Turquie, & s'observe regulierement tout le cours de l'année : de sorte qu'elle sert d'horloge au peuple qui n'entend jamais le son des cloches si abhorrées des Ottomans qu'ils n'en veulent pas même permettre l'usage aux Chrétiens du pays qui s'en servoient autrefois dans les Eglises comme ceux de l'Europe, avant qu'ils fussent reduits sous le joug & la domination des infideles. Il y auroit à present du peril pour eux d'avoir une horloge dans leur maison, dont le son peust être entendu dans la ruë : encore bien que cela se tolere aux Marchands Européans, François, Anglois & autres, qui s'en servent d'ordinaire. Un Prestre Nestorien de Babylone, en ayant acheté une apportée de France, la mit dans son logis pour la commodité de sa famille, pensant que cela ne prejudiciant à personne, il ne luy en pourroit arriver aucun tort: cependant quelques Turcs s'en estans apperceus, en allerent avertir le Bacha, qui envoya incontinent prendre le Nestorien, & le fit mettre en prison, d'où il ne sortit, qu'aprés luy avoir payé une bonne somme d'argent qu'il exigea, comme je veux croire, plûtost par avarice que par un veritable desir, de faire observer les coûtumes du pays, dont ils se mettent fort peu en peine, lors qu'ils trouvent leur compte dans leur transgression.

Le peuple ne se rend pas aux Mosquées, quand on annonce l'heure de la priere, si ce n'est le Vendredy à midy, encore n'y a-t'il point d'obligation, les autres jours chacun peut prier en son particulier, & par tout où il se trouve, à la reserve de certains zelez de la Religion Mahometane, qui en veulent faire plus qu'elle ne commande.

La devotion des Turcs n'est qu'une pure hypocrisie, qui ne consiste que dans l'exterieur, faisans pour l'ordinaire leurs prieres dans les places publiques, le long des ruës, & sur les grands chemins d'où ils puissent estre apperceus d'un chacun. Si quelqu'un s'arreste pour les considerer,

& qu'ils viennent à le remarquer du coin de l'œil, ils redoublent en sa presence leurs devotions, baisent plus souvent la terre, font leurs adorations avec plus de gravité, & tâchent de paroistre aux yeux de ce spectateur comme absorbez en Dieu: afin qu'il conçoive d'eux une haute estime, & les croye gens de bien.

Les Turcs ont presque toûjours entre les mains par contenance un gros chappelet sans Croix, dont tous les grains sont égaux, duquel ils se servent, soit pour compter ou nombrer ce qu'ils veulent, soit pour prier Dieu. Ils recitent sur ce chappelet les attributs divins, qui sont leurs plus ordinaires prieres: ensorte qu'ils diront sur le premier grain, par exemple, Dieu misericordieux, sur le second Dieu liberal, sur le troisiéme Dieu immense, & ainsi du reste. Ceux qui sont moins sçavans que les autres, se contentent de repeter sur le chapelet cinq ou six cens fois le seul Nom de Dieu, sans dire autre chose.

Or, de toutes les prieres, il n'y en a point à leur sentiment de plus agreable à Dieu, que de reciter quelques chapitres de l'Alcoran, qu'ils disent estre descendu du Ciel, & avoir esté donné à Mahomet par l'Ange Gabriel, quoy que ce Livre cependant à bien dire ne soit qu'un Farrago de fables & de contes ridicules, & un discours si peu suivy, qu'on n'y remarque aucune liaison ny raisonnement. Tout ce qu'il a de particulier c'est l'elegance des termes, & la beauté de la phrase Arabe, dont les regles y sont bien observées.

ARTICLE VII.

Des Religieux Turcs dits Darviches.

IL y a tant de sortes de Religieux Mahometans, qu'on ne peut pas precisément en determiner le nombre; ce qui sera encore plus difficile à l'avenir, d'autant qu'ils se multiplient tous les jours, estant permis à un chacun de fonder un nouvel Ordre, de vivre & de se vestir à sa fantaisie, comme aussi de prescrire des Regles & des Statuts à ceux qui le voudront suivre, sans qu'aucun y puisse mettre obstacle ou s'y opposer : ensorte que toute la difficulté ne consiste qu'à trouver dequoy faire subsister ces nouveaux Moines, ausquels pour l'ordinaire l'Instituteur donne pleine licence de se pourvoir par tout où ils peuvent trouver de la subsistance, & en quelque maniere que ce puisse estre.

Les anciens Ordres ont quelques rentes & revenus assignez par les Fondateurs des Convents, sur des terres, jardins & maisons, qui se donnent à loüage, mais tels revenus sont si mal distribuez, que le principal va au profit du Superieur, qui est marié, & le reste à peine suffit-il, pour donner du pain & un peu de ris aux Moines : de sorte qu'ils peuvent bien se glorifier de vivre pauvrement, encore bien qu'ils n'ayent pas fait vœu de pauvreté. Cette frugalité forcée & involontaire fait qu'ils sont disposez de boire & de manger à quelque heure que ce soit, tout ce qui leur est offert, sans examiner si la Regle & les Statuts de l'Ordre le défendent ou le permettent.

Ils vivent comme des bestes dans la pure nature, & sans aucune application aux choses divines. La mortification des passions, l'Oraison mentale, & la pratique des vertus sont des choses inconnuës & inouyes parmy eux : de sorte qu'ils suivent en tout leurs appetits, & se donnent sans aucun stimule (dont ils ne sont pas capables) à toutes sortes de dissolutions, de libertinages & d'excez : s'imaginans qu'il suffit pour estre Religieux de porter un habit different de celuy des autres, sans qu'il soit necessaire de mener une vie conforme à leur estat.

Ils sont ennemis mortels du travail, &

se laissent emporter à l'oisiveté, passant la plupart du temps assis, à fumer du tabac, à nettoyer la pipe, à dormir, à faire les charlatans, à folastrer en presence du peuple comme des bouffons, & à faire certains enchantemens, exorcismes & magies, le tout pour gagner de l'argent & attraper quelque lippée.

Ils font semblant de mépriser les honneurs du monde, les delices & les richesses, & n'en parlent qu'avec dédain; cependant ils sont idolâtres de leurs corps, avides & passionnez pour l'argent, & ambitieux dans l'excez. Mais sur tout, ils sont tres-enclins aux vices de la chair, & aux pechez contre nature. Car la Sodomie & autres abominations, que l'honnesteté ne permet pas de nommer, leur sont si ordinaires qu'ils leurs sont devenus comme en habitude, & ils les commettent sans aucun remords de conscience, dans la croyance qu'ils ont, que pour en obtenir le pardon il suffit de se laver; aprés quoy il n'en est jamais plus parlé, ny fait mention au Parquet de la Justice Divine.

Ils ne font point stimule de dérober, quand l'occasion s'en presente: aussi personne ne se fie à eux, & les Marchands ne les laissent pas approcher trop prés de leurs boutiques, de crainte qu'ils n'en accrochent quelque chose. Deux Capucins allans un jour en Bagdat avec une Caravanne, dans laquelle il y avoit quelques Darviches ou Santons, l'un d'eux s'estant approché des balles & marchandises d'un Turc, il l'obligea aussi-tost de se retirer à l'écart, avec menace, que s'il ne le faisoit il le bastonneroit d'importance. Et pour l'achever de confondre, il pria en sa presence avec beaucoup de civilité les Capucins de luy faire la grace de s'asseoir sur ses marchandises, afin que venant à s'en écarter il ne luy fût rien dérobé dans son absence; ce qui scandaliza si fort ce pauvre Santon, de voir qu'on luy preferoit des Chrétiens ausquels on se fioit plus qu'à luy, qu'il en estoit au desespoir, & se lamentoit, quoy qu'en vain, à toute la Caravanne du tort & de l'injure qu'on luy faisoit, & à sa Loy.

Ils sont dans une profonde ignorance, & ne sçavent la pluspart ny lire ny écrire, bien loin de pouvoir disputer des dogmes de la Religion, & d'en sçavoir donner des raisons pertinentes. J'ay connu même des Superieurs de ces Communautez assez considerables, lesquels ne sçavoient lire en aucune langue, ny connoître les lettres de la leur propre, qui étoit l'Arabe. Toute leur capacité consiste à reciter par cœur un tas de prieres qu'ils disent dans la Mosquée, dont quelques-unes sont en rime, & comme de la poësie qu'ils mettent sur certains airs champêtres & peu agreables.

On ne peut dire en quoy consiste leur obeïssance ny leur chasteté, ne faisant que roder par le monde, & courir de Province en Province, sans jamais s'arrester, que lors qu'il leur plaist, & qu'ils sont las de voyager, & pouvant sortir du Convent quand bon leur semble, pour se marier; ce qu'ils font d'ordinaire lors qu'ils ont gagné quelque chose, qui est suffisant d'entretenir une petite famille. Voire même plusieurs sont mariez & Religieux tout ensemble. Leurs femmes non plus que celles du Superieur, ne doivent pas estre dans la closture du Convent, mais en ville, dans des maisons particulieres où les Darviches se rendent le soir, chacun chez la sienne, ne pouvant pas avoir plus d'une femme à la fois, bien que cela soit permis aux autres Turcs, qui n'ont pas voüé comme eux cette rigoureuse chasteté. Ils peuvent neanmoins la repudier, quand elle tombe en quelque disgrace ou infirmité, pour en prendre une autre plus digne de leur amour.

Leur habit est presque semblable à celuy des seculiers, avec cette difference seulement qu'ils portent sur la teste un grand bonnet de feutre, haut & pointu, à peu prés comme un chapeau sans rebords. Ou bien, ils seront vestus de blanc, auront une pierre transparente pendüe à l'oreille, ou une pique à la main entourée de vieux haillons, ou quelqu'autre chose extravagante, qui les distinguera des seculiers.

Les Santons qui viennent des Indes, & quelques autres du pays, sont differens des precedens, en ce qu'ils vont presque tous nuds l'hyver, aussi bien que l'été, n'ayans ny bonnet sur la teste, ny chaussure dans les pieds. Leur sainteté consiste à faire des folies & des extravagances, à regarder les personnes fixement, comme s'ils estoient possedez. A parler avec orgueil, en rabroüant le tiers & le quart. A cheminer, en se carrant, comme des gens bouffis de vanité, nonobstant qu'ils soient tous nuds & capables de donner de l'horreur, à parcourir tous les pays, particulierement la Meque, Jerusalem, Damas, & le Mont-Carmel où est la grotte du Prophete Elie, dans laquelle se voit une Chapelle, que les gens du pays disent, mais peu vraysemblablement, avoir esté dediée par luy à Nostre-Dame, sous le titre de (*Virgini paritura*) ils ont leur Hermitage proche ladite Caverne, qui est la plus belle & la plus reguliere que j'aye vû de ma vie, pour estre toute taillée à pointe de marteau, grande comme une nef d'Eglise, & carrée par en haut, sans aucune inégalité, ils l'entretiennent fort propre, mais sans aucun ornement, & dans la derniere pauvreté. Ils permettent aux pelerins qui viennent au Mont-Carmel d'y entrer, dans l'esperance de recevoir d'eux quelque petit present, même ils leur laissent faire quelques courtes prieres devant la Chapelle de Nôtre-Dame, où ils tiennent une lampe esteinte suspenduë, n'ayans pas moyen de l'entretenir allumée. Ces sortes de Santons ne sont point mariez, & ne le peuvent être quand ils voudroient, à raison de leur extrême pauvreté & de leur folie habituelle, qui les a rendus si odieux & méprisables, qu'on ne les peut regarder qu'avec un extrême mépris.

Ceux des autres Ordres sont mariez, au moins la plûpart comme nous avons dit, ils tiennent des boutiques, & exercent des mestiers comme les seculiers dont-ils sont peu differents, si ce n'est par l'habit, & parce qu'ils ne peuvent prendre qu'une seule femme, qu'ils peuvent toutefois repudier & en épouser une autre, avec la licence du Juge, supposé qu'elle eust malversé ou qu'elle fust tombée en quelque disgrace notable, & capable de refroidir l'amour du Santon.

Il y a des Darviches dont l'employ & l'office sera de nourrir les chiens & les chats par les ruës: pour cét effet ils achetent (avec l'argent des aumônes determinées pour la nourriture de ces animaux, dont ils sont les depositaires) quantité de poulmons & de fressures de mouton pour leur distribuer avec du pain. Le Chec Daoud, lors que j'estois à Alep, s'aquitoit dignement de cét Office. Ce charitable Santon n'avoit pour tout vestement qu'une simple chemise qui luy venoit jusques aux genoux, & sur la teste une couronne de feutre qu'il s'estoit taillée d'un vieux chapeau. On luy voyoit sur une épaule une besace pleine de pain: & sur l'autre dix ou douze fressures puantes & demy pourries, en sorte que les chiens le sentoient avant que de l'appercevoir, & luy alloient d'abord au devant: il marchoit en cét equipage acompagné ordinairement d'un cortege de quarante ou cinquante mâtins ausquels succedoient autant d'autres qui luy venoient à la rencontre, lors qu'il passoit d'une contrée dans une autre; à la vûë de ceux-cy les premiers se retiroient n'osant pas outrepasser leurs bornes & leurs limites, pour ne se pas commettre au combat avec les autres qui ne permettent à aucun chien étranger l'entrée de leur quartier, & quand cela arrive ils se jettent tous sur ce transgresseur temeraire & le mettent en pieces, en sorte que vous diriez à voir ces animaux qu'ils soient convenus ensemble des limites de leur jurisdiction.

Les Derviches se retirent quelquefois l'espace de quarante jours dans un lieu obscur pour y faire les exercices spirituels qu'ils appellent Tchila : ils s'appliquent particulierement à observer les songes & les rêves qu'ils font pour en rendre un compte exact au Superieur qui les leur explique du mieux qu'il peut, & leur donne ensuite les avis necessaires pour leur conduite.

Aucuns font leurs prieres en dansant au son de la flûte & du tambour, & tournent dans la Mosquée avec tant de vitesse qu'à peine peut-on voir leur face. Lors qu'il s'agit de faire quelque pose, ils s'arrêtent tout à coup au moindre signe qu'on leur fait, paroissans immobiles comme des statuës de marbre sans chanceler le moins du monde aprés un tournoyment d'un demy-quart d'heure, si precipité qu'une roüe de moulin n'iroit pas plus viste. Il faut de necessité qu'ils se soient beaucoup exercez en particulier avant que de contracter une si grande habitude & de s'exposer en public, autrement la teste leur tourneroit & ils se laisseroient tomber, ce qui pourtant ne leur arrive jamais.

D'autres chantent en dansant sans tourner, & repetent certain nombre de fois le mot Allah, c'est à dire Dieu, en haussant toûjours leurs voix de plus en plus jusqu'à ce que les forces venans à manquer, ils se culbutent les uns sur les autres, peslemêle avec la bouche torse & la face contournée, comme s'ils avoient esté frapez du foudre, ou qu'ils fussent tombez en apoplexie ; ils restent dans cét estat renversez & grognans comme des pourceaux, jusqu'à ce que le Dada ou Superieur survenant, fasse quelque briéve priere pour eux, en vertu de laquelle feignans d'estre retournez à eux, & d'avoir recouvré leurs forces, ils se relevent aussitost avec les yeux rouges, paroissans comme yvres & étourdis du mouvement violent & des efforts qu'ils ont fait.

Il y en a qui demandent licence au Superieur de s'enyvrer avec l'eau de vie ou l'opion, ou autres choses semblables, pour pouvoir danser & faire tels exercices avec plus de force & de vigueur.

D'autres se brûlent la chair avec un fer rouge par un saint zele, & un desir ardent de se faire admirer des peuples en souffrant, ou bien ils se coupent en divers endroits avec un razoir ou un couteau; & afin que leurs playes & brûlures se puissent voir d'un chacun, ils les font ordinairement sur les bras, qu'ils portent toûjours nuds, aprés qu'ils y ont gravé ces beaux caracteres: d'autres moins cruels à eux-mêmes se contentent de montrer leur nudité par mortification & d'aller sans chemise par les ruës, n'ayant pour tout vestement qu'un trousseau de quarante ou cinquante vieilles savattes liées ensemble, avec de méchans haillons de differentes couleurs ramassez par les ruës, & cousus pestemesle, qu'ils portent sur l'épaule en forme d'écharpe, comme la marque caracteristique de leur ordre. D'autres enfin plus mélancoliques & retirez demeurent assis tout le jour dans un coin de ruë, ou sur un grand chemin sans aucun exercice, la teste baissée & regardans affreusement la terre comme des bestes, & en cette posture ils reçoivent l'aumône des passans sans la demander.

C'est chose pitoyable que ces pauvres malheureux sont dans un tel aveuglement, presomption, & estime d'eux-mêmes, qu'ils regardent tous les autres avec un tres-grand mépris, & les considerent comme des gens perdus ; cependant avec toutes leurs souffrances ils ne sçavent ce que c'est que de produire un acte d'amour de Dieu, & de repentance de leurs pechez, ny de luy en demander pardon.

Celuy qui desire d'estre receu à l'ordre est obligé de faire les exercices spirituels, & de se renfermer seul en quelque lieu un espace de temps, lequel expiré les autres l'en retirent pour le conduire à la Mosquée, où estant arrivez on fait plusieurs prieres en dansant autour de luy, & en criant à pleine teste & avec toute la violence possible, jusqu'à ce que les forces & la voix venant à manquer ils se laissent tomber avec le Novice les uns sur les autres comme évanoüis. Alors le Superieur crache dans la bouche de ce Neophyte pour luy communiquer la vertu de l'esprit Prophetique de Mahomet, & luy pour donner quelque signe de sa reception aprés un tel crachement, commence à faire des contorsions horribles, à battre la terre de son corps, & à hurler comme un possedé, en sorte qu'il donne de l'horreur & de l'effroy aux assistans.

C'est chose dangereuse, particulierement aux Chrétiens & aux Juifs de se rencontrer dans le chemin avec un Santon, lors qu'il est transporté de cette sainte fureur, & qu'il se trouve dans ses extases ou entousiasmes, car alors il se jette à corps perdu & comme un desesperé sur le tiers & sur le quart, ainsi qu'il arriva un jour au grand Caire pendant la Procession des pelerins de la Meque, en laquelle quatre hommes portent en triomphe sur leurs épaules une figure de cette Ville, qui a donné naissance à leur Prophete. Il y avoit là, entre plusieurs autres, un Santon qui à la veuë de ce beau sanctuaire, & de la grande multitude de peuple qui acourt à cette ceremonie, commença d'entrer dans ses ferveurs d'esprit, & à écumer comme un chameau; ce qui obligea quelques assistans de le garotter de crainte que dans ces transports il ne fist quelque desordre, mais ils ne purent si bien le retenir qu'il n'échapast, que s'estant échapé de leurs mains, il ne se ruast sur un pauvre malheureux qu'il se mit à mordre comme un chien enragé, & il l'auroit mis en pieces si le peuple ne l'en eust empesché, & n'eust retiré ce pauvre homme des mains de ce possedé.

Outre toutes ces sortes de Derviches & de Santons dont nous venons de parler, qui se trouvent parmy les Turcs, il y a encore des femmes Religieuses, qui font les mêmes extravagances, & ont les mêmes transports, contorsions & hurlemens que les hommes. Elles dansent comme eux au son d'un tambour & de leurs voix, & elles s'étourdissent & s'enyvrent avec certaines boissons qu'elles prennent, pour avoir plus de force dans tels exercices, & les faire avec plus de vigueur.

Elles se meslent de dire la bonne avanture, comme les Boësmes, de predire les choses à venir, de faire des sortileges & des enchantemens, de tourner le sac, d'exercer la Médecine, autant qu'elles en sont capables, d'interpreter les songes, & de faire des prieres sur les personnes malades ou affligées. Elles ne vont pas vestuës comme les autres, en ce que leur habit est plus simple, leurs souliers noirs ou violets, comme ceux des Juifs, & le voile de leur teste est fort grand, à la façon de celuy des Chrétiennes; ce qu'elles pretendent faire par un mépris du monde, & de ses vanitez, quoy que ce qu'elles font ne soit que pour tromper les simples & attraper leur argent.

Article VIII.

Des Pelerins de la Meque.

Il va tous les ans grãde quantité de Pelerins à la Meque, hommes & femmes, tant de Perse que de Turquie, & des Indes: ensorte que le nombre sera pour l'ordinaire de trente ou quarante mille, lesquels ne seront pas capables de resister à mille Cavaliers bien armez & resolus, estans la pluspart ou personnes âgées, ou des femmes, ou des Marchands qui n'ont jamais manié d'armes, & qui à peine pourroient s'en servir dans la necessité, aussi ont-ils esté souvent devalisez en chemin par les Arabes, qui en tuoient une prodigieuse quantité à la moindre resistance qu'ils leur faisoient; à quoy pour remedier le Grand Seigneur leur assigne tous les ans un Bacha, pour les conduire avec une bonne escorte de gens armez, capables de rembarrer les Arabes, & de leur donner la fuitte s'ils s'approchoient de la Caravane des Pelerins: Mais cette protection leur coûte bien cher, & ils la payent au double, particulierement les pauvres Persiens, haïs à mort des Turcs, qui pour se vanger d'eux les font contribuer à l'entretien du Bacha & de sa suite, & donner le double des autres, en sorte qu'il vaudroit quasi autant pour eux de rencontrer les Arabes, que d'aller à la Meque avec une telle sauvegarde. Ils se reünissent tous à leur rendez-vous, ensuite dequoy ils se rendent ensemblement à la montagne Ararat, où ils font un sacrifice en memoire de celuy qu'Abraham voulut faire de son fils Isaac. Ils se dépoüillent là de leurs habits, & mettent sur eux une grande couverture blanche, en signe & pour marque de santification, & font en cét estat la Procession autour de la montagne.

Quelques-uns sont assez foux, pour asseurer qu'aux aproches de la Meque, ils entendent la voix d'un chameau qu'ils appellent entr'eux le fils du Prophete: d'autant, disent-ils, que Mahomet ayant eu de son temps accointance avec un de ces animaux, il en nâquit celuy-cy, que Dieu maintient toûjours en vie, en consideration de son pere; & lors que la Caravane des pelerins s'approche, il pousse sa voix, & crie avec allegresse, comme pour les congratuler, sans toutefois se faire voir: en sorte que pourtant un chacun y faisant reflexion le peut entendre facilement.

On porte tous les ans de nouvelles tapisseries à la Meque, des plus riches & precieuses qu'on puisse trouver, pour en orner la Mosquée; & le Grand Seigneur en donne d'autres avec une tente de brocatel en forme de pavillon, estimée quarante mille écus, & un Alcoran couvert d'or & de pierreries, pour porter à Medine au sepulchre de Mahomet. Le chameau qui le porte est estimé sanctifié au retour du pelerinage; on l'orne de fleurs, de guirlandes & de belles étoffes, & on ne l'employe jamais à aucun travail, estimant que ce seroit un crime & une indecence notable de le mettre au rang des autres, aprés qu'il a eu l'honneur de porter ce precieux dépost.

Quand on tend les nouvelles tapisseries au tour du sepulchre de Mahomet, l'on oste à même temps celles de l'année precedente, lesquelles sont en un moment reduites en pieces & en lambeaux par les pelerins, qui se jettent dessus avec impetuosité, chacun tâchant d'en avoir quelque morceau pour porter en son pays, comme une relique, & s'en servir lors qu'il fait ses prieres, le mettant devant soy comme une Image.

Or touchant le sepulchre de Mahomet, il sera bon en passant de desabuser plusieurs personnes, qui s'imaginent qu'il est suspendu en l'air, & qu'étant de fer, il est attiré par une pierre d'aiman, attachée à la voûte de la Mosquée ; ce qui est une pure chimere & une histoire inventée à plaisir. Ces ossemens, si tant est qu'ils subsistent encore, sont dans un lieu soûterrain, dont l'entrée n'est permise à qui que ce soit, non pas même aux Ministres de la Mosquée. On se contente de faire voir aux pelerins l'endroit à peu prés où il a esté enterré, à costé duquel sont les sepultures des parens de ce faux Prophete, d'Omar, d'Aboubacre ; & devant lesquels les Persans ne veulent point s'incliner ny faire la reverence, les estimant heretiques & damnez ; ce qui fait le sujet de leurs differends avec les Turs ou Ottomans, qui les croyent de grands saints & les reverent comme tels.

Les pelerins sont obligez de se marier à la Meque, durant le temps qu'ils y sejournent, qui sera de trois ou quatre semaines ; & l'épouse qu'ils prennent, qui ne peut estre qu'une Arabe, se remarie l'année suivante à un autre, & ainsi consecutivement tous les ans, elle prend un nouvel époux, tantost un Turc, tantost un Persien, ou un Indien : de sorte qu'elle en aura successivement de toutes les couleurs & de toutes les Nations, tantost un noir, par aprés un blanc, & ensuite un bazané. Les enfans qui naissent de tels mariages sont

E ij

plus estimez que les autres, dans la pensée qu'ils ont esté obtenus de Dieu par les prieres du Prophete.

Ceux qui ont esté à la Meque & en Jerusalem au temple de Salomon, sur les ruïnes duquel est bastie une belle & grande Mosquée, s'appellent hadgi el haramein, c'est à dire, sanctifiez par la veuë des deux sanctuaires. Ceux-cy sont crûs en Jugement & dans les Tribunaux, encore bien qu'ils parlassent contre la verité : aussi se sert-on ordinairement d'eux pour porter de faux témoignages : & lors qu'ils entrent dans le Parquet, on avertit le Juge, que cét honneste homme qu'on produit pour témoin est un hadgi el haramein, afin qu'il soit crû d'abord qu'il parlera. Personne, pour quelque puissant & riche qu'il puisse estre, à moins que ce ne fût un Bacha, ou un Juge, ou quelqu'un dont ils dépendissent, n'oseroit les démentir, ou leur reprocher qu'ils ne disent pas vray, sans s'exposer à estre chastié & à payer une amende. Ils ne doivent jamais boire de vin, & s'ils le font, ce ne sera qu'en cachette : dautant qu'ils sont estimez sanctifiez, & vrais observateurs de la Loy Mahometane, qui le défend expressément.

Un Chrétien ne peut jamais aller à la Meque, sous quelque pretexte que ce puisse estre, sans s'obliger à même temps de se faire Turc. Un d'Alep de ma connoissance y estant allé par une vaine curiosité, avec la Caravane des Turcs, travesty, & sans se declarer à eux pour ce qu'il estoit, fit à la verité ce voyage sans estre inquieté d'aucun, dans la pensée qu'ils avoient tous qu'il fût Mahometan : Mais un an aprés, le malheur voulut qu'il fut reconnu en Jerusalem par des Turcs qui l'avoient veu à la Meque, lesquels l'appercevans vestu à la Chrétienne luy en demanderent la raison; à quoy ne sçachant que répondre, & restant tout interdit, ils l'empoignerent, le jetterent à terre, & le circoncirent eux-mêmes sur le champ, sans autre forme de procez : en sorte qu'il est à present Turc, au moins quant à l'exterieur, & ne peut plus entrer dans les Eglises des Chrétiens, sans peril pour eux & pour luy.

Article IX.

Des Mariages des Turcs.

ENcore bien que la Poligamie soit permise parmy les Turcs, si est-ce pourtant qu'ils ne peuvent avoir plus de quatre femmes, qui portent la qualité d'épouses legitimes. Il leur est permis neanmoins d'avoir des esclaves & des concubines tout autant qu'ils en peuvent nourrir, & ce sans que les legitimes puissent s'en offenser ou scandaliser, pourvû qu'ils ne les abandonnent pas tout à fait, & qu'ils habitent au moins une fois la semaine avec elles.

Leur mariage n'est qu'un simple contract passé & confirmé en presence du Juge, & un accord entre les parens des deux parties, lesquels conviennent ensemble de la dot qui se doit donner à la fille, laquelle ne consiste qu'en des bagues & joyaux, habits, chaînes d'or & autres meubles, dont elle peut disposer comme il luy plaist, sa vie durant.

On ne voit jamais avant les nopces celle que l'on doit épouser, & on ne peut l'avoir veuë, si ce n'est lors qu'elle estoit encore petite : de sorte que l'on ne sçait rien de ses qualitez avant que de la prendre, si ce n'est par le raport des matrones parentes du futur époux, qui la vont voir.

Les Turcs ne font aucunes ceremonies Ecclesiastiques, ny prieres à leurs nopces, ny promesse de fidelité en presence de quelque Ministre de Mosquée : mais aussi-tost que le temps déterminé pour le mariage est écheu, la mere & les parentes de l'époux accompagnées de quarante ou cinquante femmes, vont à la maison de l'épouse pour la prendre, & la conduisent en un bel ordre, & avec des cris d'allegresse, à celle de l'époux, qu'elle trouve ornée & embellie de tout ce qui luy a esté donné pour sa dot : en sorte que l'on apperçoit autour de la chambre Nuptiale, toutes les robes, juppes, ceintures d'argent, chemises brodées d'or & de soye, mouchoirs de même, & generalement tout ce qu'elle a apporté de la maison de son pere, & ce qui luy a esté donné par son mary, qu'on a disposé & rangé avec un bel ordre, quelques jours avant les nopces. Et afin que cela soit vû d'un chacun, & que l'on connoisse par là leurs richesses & grandes facultez, on laisse cette sale ainsi ornée, & semblable à une boutique de Marchand des mieux garnies, quinze ou vingt jours aprés la consommation du mariage.

La mere & les sœurs de l'épouse ne l'accompagnent pas pour l'ordinaire à la maison de l'époux, cela estant reputé parmy eux une indecence. Quand la compagnie y est arrivée, on y passe le jour en festins, en jeux & en divertissemens, les hommes dans un appartement, & les femmes dans un autre : en sorte qu'ils ne se peuvent appercevoir.

Lors qu'il se fait tard & qu'il est temps de se retirer pour prendre le repos, l'on conduit l'époux dans l'appartement de son épouse avec des aclamations de joye, au son des instrumens, des flûtes, cornemuses & tambours de basque. A son entrée dans la chambre il trouve une table couverte de trois ou quatre plats de confitures, fruits & autres viandes legeres, & l'épouse assise ou debout, vestuë superbement & couverte par modestie d'un grand voile qu'il luy oste d'abord aprés l'avoir saluée, & luy presente quelque chose à manger. Aprés la collation & quelque entretien, il la dépoüille luy-même de ses propres mains & la reduit en estat de se mettre au lit. La matinée suivante l'époux est conduit par ses camarades au bain, où il les regale avec diverses sortes de breuvages, comme sont le caffé, l'eau de vie, & le sorbet. On ne fait point la même ceremonie à l'épouse que quinze jours ou trois semaines aprés les nopces: mais le retardement ne sert qu'à la rendre plus magnifique: de sorte qu'elle y va acompagnée d'un cortege de quarante ou cinquante femmes, une desquelles la preconise à haute voix par les ruës, publiant ses perfections & belles qualitez avec certains vers & bouts rimez, composez à ce sujet, & pour servir en semblables occasions. A chaque verset les femmes répondent toutes ensemble li, li, li, qui est un cry d'allegresse, qui sert pour aplaudir à ce qui a esté dit des vertus de la jeune mariée.

Quand elles sont arrivées au bain, elles ostent cette grande veste de toile qu'elles ont coûtume de mettre pardessus leurs habits, selon l'usage du pays, lors qu'elles vont dehors : en sorte qu'elles paroissent toutes dans leurs beaux ornemens. Elles font là une magnifique collation, & aprés s'estre levées & revestuës, elles dansent au tour d'un grand reservoir d'eau fait comme un bassin de fontaine, & puis s'en retournent au logis en la maniere qu'elles sont venuës au bain, c'est à dire en loüant & preconisant l'épouse par les ruës : ce qui se fait à toutes indifferemment, aussi bien aux pauvres qu'aux riches, mais avec proportion & conformément à leur qualité.

Les Turcs peuvent épouser les cousines germaines, la femme de leur défunt frere, & la sœur de leur défunte femme.

Ils n'ont point d'égard dans leurs mariages à la qualité ou condition de la personne, mais seulement à ses richesses, à sa beauté & à ses talents : de sorte qu'il arrivera quelquefois qu'un Aga, c'est à dire un Grand du pays, donnera l'une de ses

E v

filles à son esclave pour ses belles qualitez, & l'autre à un Bacha; & cét esclave fait gendre sera par son beau-pere constitué maistre & heritier des biens de la maison, qu'il partagera avec ses beaux-freres. Cette pratique ridicule ne leur paroist pas étrange, puisque le Grand Seigneur leur en donne l'exemple, & le fait tout le premier, ne mariant ses sœurs & ses filles qu'à des Bachas qui sont des esclaves élevez par ses liberalitez, & qui se sont avancez par leurs belles actions dans les premieres Charges, aprés avoir passé par les plus bas & vils emplois d'une maison.

Les maris donnent souvent le libelle de repudiation à leurs femmes, & elles semblablement à leurs maris, lors qu'ils les maltraitent, ou qu'ils ne les peuvent nourrir, ou bien qu'ils ne sçauroient vivre en paix l'un avec l'autre. Le divorce ne se peut faire qu'avec l'autorité du Juge, qui n'a pas plûtost dissous le mariage, que les parties pensent à se pourvoir ailleurs, & à chercher d'autres compagnes à leur goust. Quand quelqu'un a repudié deux fois sa femme, il ne la peut plus reprendre qu'elle n'ait habité avec un autre homme. Il y avoit autrefois à Bagdat un aveugle auquel on avoit coûtume d'adresser les femmes repudiées pour estre par luy rehabilitées & renduës capables de retourner avec leurs maris. Chacun estoit bien aise qu'il exerçast cét office plûtost qu'un autre, dans l'esperance qu'on avoit que cét aveugle ne pouvant estre charmé de leur beauté, & les estimant toutes également belles, il seroit facile de les retirer de ses mains. Cependant ayant esté un jour averty qu'il en venoit d'épouser une qui estoit la plus acomplie & la plus gratieuse qui fust dans toute la Ville, il y prit tant de goust sur ce raport, qu'il ne la vouloit plus laisser retourner avec son premier mary, qui l'en sollicitoit fort, & qui n'estoit pas à se repentir de l'avoir quittée, en sorte que pour l'avoir il fut necessaire de capituler avec l'aveugle, & de luy donner une bonne somme d'argent pour le faire consentir à se separer de cét objet qui avoit captivé son imagination.

Il y a pour l'ordinaire une haine & jalousie mortelle entre les femmes d'un même mary. Elles se servent de sortileges & d'enchantemens l'une contre l'autre, pour faire mourir leur fruit quand elles sont grosses, ou même aprés qu'elles l'ont mis au monde; elles sont presque toûjours en querelle & en debat, & lors qu'elles en viennent aux mains pour se vanger, si elles ont des enfans capables de les deffendre, ils prennent dans ce rencontre le party de leur mere, & la deffendent contre sa rivale & ses enfans, en sorte que la famille se trouve toute en combustion & preste à s'égorger, si le mary n'arrive qui mette le hola. Cette discorde & desunion fait bien souvent que les Turcs, quoy que lubriques & sensuels, aiment mieux pour avoir la paix, ne prendre qu'une femme legitime avec quelques filles esclaves, lesquelles, encore bien qu'elles ayent des enfans de leur Patron ou Seigneur, ne peuvent cependant se mettre en compromis avec leur Maistresse, ny quereller avec elle, sans s'exposer à estre chastiées comme des esclaves.

Ils ont encore une autre sorte ou espece de demy-mariage, qu'on nomme Kébin, qui se fait pour un temps seulement, par exemple, lors qu'un homme se marie pour trois ou quatre mois, l'acord se fait en presence du Juge, qui ratifie le contract aprés que les parties se sont accordées entre elles du prix.

Les étrangers qui ne peuvent se contenir, se servent de cét avantage, & prennent une femme pour le temps qu'ils demeurent dans le pays, & jusqu'à ce qu'ils retournent au leur.

Les Turcs n'ont pas tant d'enfans à proportion que les Chrétiens, pour cette raison, ce me semble, que la polygamie & l'usage de plusieurs femmes ruine & éteint en eux la vertu naturelle : d'où vient qu'elle contribuë moins à la propagation de l'espece que le vray mariage ; & si ce n'estoit la quantité d'esclaves qu'on amene des autres pays, hommes, femmes & enfans, il y auroit tres-peu de gens dans la Turquie. D'où vient, disoit un jour en s'étonnant, un Turc à un Armenien son confident, que vous autres Chrétiens multipliez tant, & que nous tout au contraire allons toûjours en diminuant, au lieu d'augmenter ? vû qu'il semble que nous devrions fourmiller de monde en comparaison de vous pour deux raisons ; la premiere à cause de la pluralité des femmes qui nous est permise ; la seconde parce que nous attirons tous les jours à nostre party une bonne partie des vostres qui se font Turcs ou par force ou par interest, pour ne payer plus de tribut, ou pour se délivrer de la mort qu'ils auront meritée pour leurs crimes. A cette demande du Mahometan, l'Armenien, qui prenoit toute confiance en luy, répondit sans crainte de l'offenser avec cette plaisante comparaison : N'avez vous jamais remarqué, luy dit-il, l'admirable & presque inconcevable multiplication des brebis au respect des chiens & des loups; celles-là ne portent qu'une fois l'an & un seul agneau le plus souvent, cependant vous les voyez à milliers dans les campagnes, quoy qu'on en tuë tous les jours une infinité & qu'on en fasse la nourriture la plus ordinaire tant des riches que des pauvres: au lieu que ceux-là portent plusieurs fois l'année & plusieurs petits à chaque fois, encore bien qu'on les laisse vivre, & que personne ne les tuë, au moins dans la Turquie, où vous estimeriez cette action un crime, avec tout cela vous ne voyez pas qu'ils multiplient, parce que, dit-il, il n'y a point de benediction sur eux comme sur les brebis, il en est de même de vous. Chien, répondit le Turc, tu sçais bien trouver des comparaisons à ton avantage, à ce compte-là nous sommes donc des loups & des chiens, & vous autres des agneaux & des moutons. Quoy que c'en soit, il falut qu'il se satisfist de cette réponse & qu'il la prist pour telle qu'elle estoit.

Le Grand Seigneur ne fait point pour l'ordinaire alliance avec ses sujets en prenant la fille d'un Turc naturel, ny avec les Princes, en épousant ou leur fille ou leur sœur, & ainsi il n'a pour femmes que des esclaves enlevées furtivement, & prises par les Tartares, ou par les Turcs dans les divers pays ou terres conquises : la raison de cecy est, ce me semble, afin que n'ayant point de parens dans son Royaume, il soit plus absolu & puisse punir qui que ce soit, sans aucun respect de sang ou de grandeur.

Les Sultanes sont gardées dans le Serrail par des Eunuques noirs, les plus affreux, horribles & monstrueux de toute l'Affrique, qui les observent de si prés, que jamais elles ne sortent de leur appartement sans leur permission; & si parfois elles veulent aller se divertir dans le jardin du Palais, dont les murailles sont plus hautes que celles d'un Convent de Religieuses, il faut qu'elles en obtiennent la permission de ces Messieurs.

Quand le Grand Seigneur veut se divertir avec quelqu'une, il se rend dans leur appartement, où la Gouvernante en estant avertie les fait mettre toutes par fil, & en haye, afin qu'il les puisse voir & considerer plus à son aise l'une aprés l'autre ; & celle qui luy agrée davantage, il luy jette son mouchoir pour luy donner à connoître qu'il la choisit pour coucher avec luy. Aussi-tost les Eunuques la revestent de beaux & somptueux habits, aprés luy avoir donné le bain, ensuite dequoy ils la conduisent en chantant, & au son des instrumens à l'appartement du Grand Seigneur, aux pieds duquel elle se jette d'abord en entrant, & se prosterne en terre jusqu'à ce qu'il l'en releve.

On ne verra jamais parmy les Turcs un mary caresser sa femme, ou badiner avec elle, en presence des domestiques ou des estrangers. Ils se montrent severes envers elles, & conservent toûjours cette gravité qui les fait craindre & respecter tout ensemble. Quand quelque Turc ou Chrétien du pays retourne de la campagne, ou d'un voyage de trois ou quatre ans, à son entrée dans le logis, sa femme ne luy vient point au devant pour le saluër & luy demander l'estat de sa santé; cela estant reputé entr'eux une indecence. Elle n'oze pas même témoigner de la joye, particulierement si elle est jeune, autrement elle donneroit de l'admiration à ceux qui la verroient, & se feroit moquer d'elle. Tout ce que luy permet la coûtume du pays, c'est de venir baiser la main de son mary avec modestie, en disant cette parole (selamé) qui veut dire santé ou salut.

On fiance les filles en Turquie trois ou quatre ans ordinairement avant le mariage, & quelquefois plus de dix ou douze.

Les filles ou sœurs du Grand Seigneur

sont promises dés l'âge de quatre ou cinq ans à quelques Grands Bachas, pour les raisons que nous dirons ensuite, en parlant de la politique Turquesque.

Si une femme Chrétienne, dont le mary se seroit fait Turc, vient à rester veuve par la mort de ce Renegat, elle ne peut plus se remarier à un Chrétien, supposé qu'elle ait habité avec le défunt aprés son apostasie, dautant qu'elle a esté, disent-ils, sanctifiée par l'attouchement de ce nouveau Mahometan, & ainsi ce seroit la prophaner de la donner à un infidelle, & faire tort tout ensemble au premier mary, estimé d'eux un predestiné : de sorte que si elle veut se remarier, elle est obligée de prendre un Turc, avec lequel on luy permettra de vivre dans sa Religion, & de professer le Christianisme : mais les enfans qui en proviendront, suivront la Loy du pere, & seront Mahometans comme luy, encore bien qu'ils panchassent à se faire Chrétiens comme la mere.

ARTICLE X.

De la Pieté des Turcs envers leurs Deffunts.

LEs Turcs témoignent beaucoup plus d'amour à leurs parens aprés leur mort, qu'ils ne faisoient durant leur vie, d'autant qu'alors l'usage & la coûtume du pays les obligeoit de se traitter indifferemment, de se tenir sur la reserve, & de ne se témoigner à l'exterieur aucun signe d'amitié, particulierement les marys à leurs femmes, & elles reciproquement à eux : au lieu que cette même coûtume demande d'eux aprés leur mort des choses exorbitantes, que les plus passionnez & transportez d'amour ne feroient pas. Si-tost que quelqu'un est decedé, ils se jettent sur luy à corps perdu, fût-il mort de peste ou de quelque autre mal contagieux, remplissans l'air de cris & de lamentations. Et comme s'ils n'estoient pas eux seuls suffisans de pleurer, ils envoyent d'abord querir trente ou quarante femmes Arabes, qu'ils prennent à gage, pour leur ayder à crier à pleine teste, & jusqu'à perdre la voix. Si-tost qu'elles sont arrivées, les parentes du deffunt se noircissent la face, se vestent de deüil, se décoiffent & laissent aller leurs cheveux épars çà & là à la negligence. Celles-cy pour estre semblables à des Boësmes & beaucoup plus bazanées, n'ont quasi que faire de se noircir pour se conformer aux autres, elles se découvrent le sein qu'elles se barboüillent semblablement, ensuite dequoy toutes ensemble se battent avec quelque cadence, la face & la poitrine, marians leurs cris & leurs voix avec les coups, qui retentissent comme des soufflets. Elles demeurent dans cét exercice violent plus d'une heure, tenant au milieu d'elles le corps mort, la veuve, ses enfans & les autres parentes qui font les desesperées, & qui paroissent inconsolables de la perte qu'elles ont faite : encore bien qu'elles en eussent de la joye dans le cœur, comme il arrive quelquefois, lors particulierement qu'elles ont fait mauvais ménage avec le deffunt. Elles se donnent cependant bien de garde de le faire paroistre, au contraire elles font tous leurs efforts pour se conformer à l'usage du pays, & pour donner à connoistre qu'elles sont sensiblement touchées de sa mort. Me trouvant un jour dans une maison où l'on pleuroit celle d'un jeune homme mort dans la fleur de son âge, & m'appercevant que sa veuve avoit perdu la voix, & ne pouvoit plus parler, tant elle avoit fait d'efforts & de violence; je me mis en devoir de la consoler, dans la pensée que j'avois qu'elle en avoit de besoin; je luy remontré donc, qu'il faloit se resigner à la volonté de Dieu, qui en avoit ainsi ordonné, qu'elle devoit essuyer ses larmes, qui ne profitoient de rien à son mary, & moderer l'excez de sa douleur, qui luy pouvoit causer à elle mesme quelque dangereuse maladie. Elle me répondit ingenuëment, qu'à la verité elle n'avoit pas sujet de tant regretter son deffunt mary, vû les mauvais traittemens qu'elle en avoit receu durant sa vie : mais qu'elle estoit obligée contre son gré d'agir de la sorte, pour satisfaire à la coûtume ridicule du pays, qu'elle ne pouvoit pas enfraindre sans se scandalizer elle-même, & faire murmurer le monde, qui l'estimeroit une tigresse, si elle ne faisoit la folle comme les autres, & ne paroissoit affligée à l'exterieur. Ce fut assez dit, pour me faire connoistre qu'elle n'avoit pas besoin de consolation, & que ce qu'elle en faisoit, n'estoit que par maniere d'aquit & par contrainte.

Ils lavent les corps morts avec une tres-grande exactitude, & afin qu'il ne reste sur eux aucune immodice, ils les seringuent par le fondement, & aprés leur avoir donné ce lavement, ils élevent le cadavre debout, sur ses pieds, le dos appuyé contre une muraille, & le font courber avec violence, pour faire sortir (s'il est possible) en luy serrant le ventre, tout ce qu'il y a dedans. Ensuite dequoy ils l'essuyent bien avec du coton, luy bouchent tous les conduits, & l'ensevelissent dans un suaire ou l'inceul. Cela fait, ils le mettent sur la biere avec ses plus beaux habits & un turban, pour donner à connoistre à tous ceux qui le voyent lors qu'on le porte en terre, que c'estoit un homme. Le même se fait aux femmes à proportion, l'on met avec leurs juppes leur coëffure ou couvre-chef à l'extremité de la biere, dans l'endroit où elles ont la teste, & si c'est quelque jeune mariée, ils la revestent de velours de brocatel, & des plus riches habits qu'elle eût: mais ils les dechiquetent avec des ciseaux, lors qu'ils ont dessein de l'enterrer ainsi revestuë, de crainte qu'ils ne luy soient dérobez la nuit, & qu'on ne tire son corps du sepulchre pour les luy oster, comme il est souvent arrivé. Les moins passionnez se contentent d'étendre sur elle ses vestemens, sur lesquels ils exposent encore comme en vente & par parade toutes ses dorures, anneaux, brasselets & chaînes d'or, qu'on luy oste avant que de la descendre dans la fosse.

Lors que quelque Grand du pays est mort, les Ministres le font incontinent sçavoir au peuple sur la tour de la Mosquée, où ils annoncent cette triste nouvelle, avec telles ou semblables paroles, qu'ils chantent à haute voix, d'un ton lugubre & lamentable (le fidel serviteur de

Dieu, le Sectateur de son Prophete est passé de cette vie mortelle à l'éternelle, il est allé recevoir la couronne deuë à ses merites. Aujourd'huy il a esté remis par les Anges dans le sein d'Abraham. Cette pure & blanche Colombe a pris le vol de la terre au Ciel, & joüit presentement avec les Elûs de Dieu, de la Beatitude, qui ne finira jamais; il s'appelloit le Seigneur tel d'heureuse & de glorieuse memoire.)

Si-tost que cette publication est faite, & que la nouvelle de sa mort s'est répanduë par la Ville, chacun vient à la maison du défunt, témoigner à ses parens ses condoleances, & leur dit en les saluant, ieslam rascom, qui veut dire, vostre teste vive, & pour un jeune défunt, ils disent, Dieu ajoûte à vostre âge ce qui a manqué au sien. Ils trouvent dans une salle le corps sur la biere en la maniere que nous avons rapportée cy-dessus, c'est à dire, avec ses habits estendus sur luy, & un tas de femmes tout autour qui font retentir l'air de leurs cris & de leurs battemens, comme nous avons dit. L'heure estant venuë de le porter en terre, quatre ou six hommes, suivant le besoin, le portent hors du logis, & aprés l'avoir chargé sur leurs épaules, ils se mettent en marche vers les sepultures qui sont hors la ville. Quelques gens les precedent portans des estendars noirs, au sommet desquels est un croissant. Aprés eux suivent certains Chantres ridicules qui ne servent qu'à faire du bruit, & à donner de l'horreur, se contentans de crier o, o, o, sans proferer aucune parole. Ceux-cy vont immediatement devant le corps mort, & d'autres moins déraisonnables aprés, chantans quelques versets de l'Alcoran à voix basse, comme s'ils lisoient. Il y a quelquefois dans le convoy funebre un de la compagnie qui declame certains vers lugubres à la loüange du défunt, lors particulierement qu'il estoit de son vivant doüé de belles qualitez, riche, jeune, accort & aimé d'un chacun ; les femmes Arabes viennent ensuite qui crient toutes ensemble effroyablement ce mot, aoüili, comme qui diroit ô malheur étrange! Elles se battent la face & la poitrine comme des desesperées, pour complaire aux parentes du mort qu'elles acompagnent & tiennent par dessous les bras jusqu'au Cimetiere. Aussitost qu'ils y sont arrivez, on depose le corps proche la fosse, où avant que de le mettre on luy parle comme s'il estoit encore vivant, & on l'exhorte d'estre ferme & constant dans la foy, de ne point croire à l'Ange de tenebres, lors qu'il viendra pour le seduire & la luy faire perdre. Cela fait, ils le descendent dans le sepulcre, & aprés l'avoir couvert de terre, la compagnie se separe & chacun s'en retourne chez soy, en s'entretenant ensemble du bien ou du mal qu'il a fait durant sa vie, en vûë duquel ils luy donnent ou des benedictions ou des maledictions.

Le jour suivant, les parentes du deffunt vont à la sepulture, accompagnées d'un grand nombre de femmes, non pour y prier Dieu, mais pour y faire des lamentations conformément à l'usage du pays. Quand elles y sont arrivées, elles couvrent la tombe d'une belle tavaïolle ou d'un tapis, sur lequel elles estendent ses habits pour se le representer plus vivement & s'émouvoir à compassion : Mais si c'étoit une fille nubile, ou une jeune mariée à qui il falût rendre ce devoir aprés sa mort, on y apporteroit beaucoup plus de ceremonie qu'on ne fait aux autres, qui seroient ou âgées ou encore fort petites. On mettroit sur son tombeau ses plus belles vestes, ses colliers de perle, ses anneaux, & generalement tout ce qu'elle avoit de plus precieux. A la veuë de cét objet si la mere se trouve presente, elle feindra d'envisager encore sa fille sous ces apparences, & luy dira avec un accent amoureux, comme si elle estoit encore vivante, bon jour

fatmé

fatmé, ma chere fille, comment te porte-tu ma vie, la lumiere de mes yeux ? que fais-tu là toute seule ? Puis s'arrestant un peu, comme estonnée de n'entendre aucune réponse, elle poursuit de l'interroger avec un ton plus severe, en disant, quoy ne me reconnois-tu plus ? Ne suis-je pas ta mere, qui t'ay toûjours aymée si tendrement ? serois-tu bien fâchée contre-moy ? ou bien és tu morte, & sans parole, que tu ne me dis rien ? Aprés avoir feintement attendu qu'elle luy réponde, elle se tourne vers les autres femmes, poussant un cry de toute sa force, & faisant deux ruisseaux de larmes de ses yeux, elle leur dit, avec une voix lamentable : Helas je parlois en vain, ma fille n'est plus au monde, elle est morte, celle qui estoit ma consolation, l'objet de mes complaisances & toutes mes esperances ; je ne la verray plus, elle m'a precedée, celle qui ne devoit que me suivre. O ma chere enfant, que ne m'attendois-tu, puis que tu sçavois bien que je ne pouvois vivre sans toy ? Pourquoy es-tu partie la premiere, toy qui n'es venuë que la derniere. Aprés telles ou semblables lamentations, elle s'assit avec les femmes, qui l'accompagnent au nombre de trente ou quarante au tour de la fosse, pour en faire d'autres plus estudiées, qu'une vieille

F

matrone recite par cœur, comme un poëme ou des vers composez à ce sujet, qui servent pour émouvoir à compassion envers les morts. Elle declame cela avec une certaine cadence, & un ton fort lugubre. Quand elle vient à faire mention des paroles ou des actions de la deffunte, les assistantes se battent la face & la poictrine si cruellement, qu'il semble qu'elles se veulent tuer & mettre en pieces : à chaque verset elles font retentir l'air de leurs cris, mais avec tant de methode, qu'elles n'interrompent point celle qui recite les Vers. Cét exercice se continuë durant quelques jours sur la sepulture, en la maniere que nous l'avons rapporté : mais le quarantiéme jour expiré depuis la mort, on n'y va plus qu'une fois la semaine, encore n'y observe-t-on pas toutes ces ceremonies, la mere se contentant d'y aller seule, & d'y pleurer moderement.

Les femmes se vestent dans ce rencontre de toile noire ou violette, qui est le dëüil ordinaire du pays. Quelques-unes vont par penitence, & pour marque d'amour, nuds pieds à la sepulture quelque temps qu'il fasse : en sorte que j'en ay vû une, qui pour l'avoir fait durant l'hyver, en est restée paralytique, & ne peut plus marcher qu'avec des bequilles ou potences.

Les Darviches ou Santons, ornent les tombeaux de leurs Superieurs, & de ceux qu'ils ont en estime de sainteté, d'une façon ridicule, quoy qu'ils l'estiment belle. Ils les entourent avec de grands chapelets de bois, & de quantité de petites pieces de drap de differentes couleurs cousuës ensemble, en forme de ceinture.

Les Turcs prient pour leurs morts, & font des aumônes aux pauvres à leur intention : sur tout ils ont soin de faire lire sur leurs fosses l'Alcoran, comme la priere la plus efficace de toutes. Ils s'accordent pour cét effet avec un Ministre de Mosquée, de luy donner certaine somme, moyennant quoy il doit venir tous les jours durant quelque temps pour le reciter sur son tombeau.

Si leur compassion est grande envers les morts, ils n'en ont point du tout pour ceux qui ont esté justiciez, & qui ont finy leur vie par la main d'un bourreau, laissant bien souvent devorer leurs cadavres aux chiens, sans se vouloir donner la peine de les enterrer. Il y a quelques années, que le Bacha d'Alep ayant fait décapiter une vingtaine de criminels, entre lesquels il y avoit un jeune esclave Polonois condamné au même supplice, pour avoir tué son Maistre, qui l'avoit plusieurs fois sollicité à commettre avec luy un peché honteux & abominable, leurs corps furent exposez aux chiens, & incontinent devorez, à la reserve de celuy-cy, qui seul resta entier, sans qu'aucun d'eux, ce semble, osast s'en approcher. Ce qui causa tant d'admiration à toute la Ville, que le peuple venoit en foule, au lieu où on les avoit executez, pour voir cela comme un miracle : mais ce qui donna davantage d'étonnement fut, que le corps estant resté là quatre ou cinq jours, aprés que les autres furent mangez des chiens, l'un d'eux y ayant voulu mettre les dents tomba incontinent roide mort, en presence de tout le monde ; ce qui confirma les Turcs dans l'opinion qu'ils avoient déja conceuë de la sainteté de cét esclave, encore bien qu'ils l'eussent vû mourir avec les signes du Christianisme : dautant que le bourreau estant venu à luy pour le décapiter, & le voyant à genoux la face tournée vers l'Orient, au contraire des autres, qui regardoient tous le midy à la façon des Turcs, il le voulut faire mettre dans la même disposition qu'eux, avec menace, que s'il ne le faisoit, & s'il ne luy obeissoit, qu'il le tourmenteroit au double : ce que toutefois ce pauvre jeune homme refusa toûjours de faire, disant qu'il vouloit mourir tel qu'il avoit vêcu dans la Loy de Jesus-Christ: en sorte, que le bourreau voyant qu'il ne pouvoit rien gagner sur sa constance, il luy trancha la teste, & en fit en quelque façon un Martyr de la Foy, comme il l'estoit de la pureté. Les Mahometans le voulurent enterrer dans leur cimetiere: afin qu'en le faisant passer pour estre de leur Religion, ils privassent à même temps les Chrétiens de la gloire & de l'honneur qui leur revenoit de ce prodige arrivé en un de leurs confreres: mais eux ayant offert de l'argent au Gouverneur pour avoir le corps, il leur fit incontinent delivrer, & ainsi il fut inhumé dans le cimetiere des Grecs & des Armeniens, non pas avec toute la pompe & la magnificence qu'ils auroient voulu, de peur d'offenser les Turcs, qui se seroient imaginez qu'on auroit fait cela à dessein de les braver; mais avec le plus de devotion qu'il leur fut possible.

Article XI.

Du naturel des Turcs, de leurs mœurs & inclinations.

Les Turcs ont quelques bonnes qualitez, mais les mauvaises leur sont beaucoup plus ordinaires: autrement, ce seroit une espece de miracle, si ayant esté nourris dans les vices dés leur bas âge, & n'ayant jamais vû que de tres-mauvais exemples, ils se trouvoient bien morigenez.

Je rapporteray donc indifferemment le bien & le mal que j'ay remarqué en eux, d'où l'on pourra connoistre facilement l'ingratitude de leur naturel, comme une cause par ses effets.

Ils sont naturellement tyrans, & se portent à faire des insultes même aux plus innocens, & à des personnes dont ils n'auront jamais receu ny injure ny tort; surtout, s'ils trouvent leur avantage dans leur perte, car alors il n'épargnent qui que ce soit, & passent sur toutes les considerations de l'amour & du sang; ce qui fait que personne, quelque amy qu'il leur soit, ne peut se fier à eux qu'avec crainte, ny s'y joüer que comme l'on feroit avec des lions ou des tigres apprivoisez, qui retiennent toûjours leur naturel de beste feroce. Aussi les Chrétiens Orientaux disent-ils en commun proverbe; Ne te fie jamais à un Mahometan, quelque bienveillance qu'il te témoigne. Et l'experience fait voir qu'ils ont presque toûjours trahy ceux avec lesquels ils avoient contracté en apparence les plus grandes & estroites amitiez, lors particulierement que dans leur ruïne, ils avancent leur fortune & trouvent leur compte.

Ils sont grossiers dans leur maniere de vivre, & ne recherchent point comme en Europe les delicatesses des viandes, non plus que la diversité des sausses & des ragousts, pour les rendre plus savoureuses & agreables. Les plus riches d'entre-eux ne servent sur leurs tables, & dans leurs festins, que du mouton, des poules boüillies avec le ris, & quelques pigeonneaux dans le temps assez mal cuisinez, & ne tiennent point de compte du gibier, comme des tourterelles, bécasses, grives & autres oyseaux, non plus que des lievres & lapins qu'ils ne sçavent pas même accommoder, en sorte que leurs mets ordinaires sont le ris, qui est tres-abondant en Turquie, le bergoul qui est du froment boüilly & mondé, qu'ils meslent & incorporent avec un peu de chair de mouton hachée, plus estimée chez eux, que celle de chevreüil, de serf ou de gazelle, qu'ils vendent à meilleur marché. Mais s'ils méprisent sur la qualité des viandes, ils encherissent la quantité, aymans mieux remplir leur ventre, & se rassasier d'alimens grossiers, que d'estre à une table couverte de mets delicieux, avec obligation d'en sortir à demy saouls.

Il ne faut point chercher parmy eux de

viandes rosties à la façon d'Europe, n'ayans pour toutes broches que de petites verges de fer de la longueur de demie aulne, dans lesquelles ils passent des morceaux de foye, ou de chair de mouton, de la grosseur d'une noix qu'ils font rôtir, appuyant lesdites verges sur deux pierres qui servent de landiers, ou sur les extremitez d'un réchaut plein de feu.

On ne voit point non plus en Turquie de pastez, de gasteaux, de biscuits, de macarons, ny de tartes, & generalement toutes ces delicatesses qui se trouvent sur les boutiques de nos Patissiers de France ou d'Italie.

Leur table est de cuir taillée en rond, ayant tout autour des boucles ou anneaux de fer, avec lesquels elle se ferme & s'ouvre comme une bourse; on l'estend à terre sans autre nappe au milieu de la chambre, où chacun prend sa place & s'assied comme font les Tailleurs.

On ne met sur table qu'une seule tasse pour tous, quand on y boit du vin ou de l'eau de vie: en sorte que si quelqu'un est alteré, il sera quelquefois un quart d'heure à attendre, que la tasse soit arrivée à luy, & que ce soit son tour à boire, n'étant pas ordinaire qu'on interrompe l'ordre, qui est de commencer par un bout &

de finir par l'autre, de maniere que tous boivent également, à moins que quelque particulier s'en excufaft fur la fin du repas, dans la crainte que l'excez du vin ne luy fift mal, ce qui arrive peu.

Il n'y a non plus qu'une feule ferviette à table, mais fi longue qu'elle en fait tout le tour: en forte qu'on ne laiffe pas de s'en fervir, quoy qu'avec moins de commodité que des noftres, ne pouvant pas l'attirer à foy fans gêner & incommoder ceux qui font proches.

Ils ne prefentent à table ny affiettes ny coûteaux, ny fourchettes, quoy qu'ils aprouvent fort la pratique de ceux qui le font: mais feulement des cuillieres de bois pour manger le pilot ou le ris: on n'en fert jamais d'eftein ny d'argent, en quelque maifon que ce foit, tant riche puiffe-t'elle eftre, non pas même chez le Grand Seigneur, n'eftant pas la coûtume d'en avoir d'autres que de bois.

Les Turcs font conftans & perfeverans dans ce qu'ils ont une fois entrepris, & cela recompenfe le peu d'adreffe qu'ils ont aux armes & autres honneftes exercices. Il n'y a point de patience qu'ils ne fatiguent & ne furmontent par la leur, comme l'on peut voir dans la guerre de Candie, qu'ils ont tenuë plus de ving-trois ans affiegée

F v

sans se rebuter. Aussi cette perseverance leur a t'elle valu la prise de plusieurs autres places ; & encore bien qu'elle ne merite pas le nom de vertu, en ce qu'elle est contrainte, & qu'on les oblige par force à rester devant une ville assiegée comme des chiens attachez à la chaisne, quelque chose qu'il arrive, à faute dequoy on les menace de faire main basse sur eux s'ils s'en retournent sans l'emporter : cependant cette opiniastreté leur reüssit presque toûjours & tourne à leur avantage.

Ils ne gardent ny foy, ny promesses, ny parole, si ce n'est qu'ils y soient contrains, & qu'ils ne puissent faire autrement ; & si vous leur remontrez l'indecence qu'il y a en cela : ils vous répondent qu'ils ne sont pas esclaves de leur parole pour l'observer en toute rencontre, & la suivre pas à pas comme un valet. A t'on jamais vû que dans tous les traitez de Paix qu'ils ont faits avec les Princes Chrétiens, ils en ayent observé un seul dans la sincerité? N'ont-ils pas toûjours contrevenu & cherché de faux pretextes pour les enfraindre quand l'occasion leur a esté favorable, & qu'ils ont vû leur Ennemy occupé dans une guerre avec une Puissance étrangere, ou bien son Estat divisé en partis, & ses sujets revoltez contre luy ? Ont-ils manqué dans cette rencontre de se jetter sur luy à l'improviste & de profiter de cette occasion, d'autant plus qu'ils croyent faire en cela une bonne action, dans cette pensée qu'on ne doit pas observer les promesses faites aux Chrétiens qu'ils estiment infidelles, vû qu'eux mêmes, disent-ils, ne le font pas au regard de Dieu luy ayant faussé la foy.

Ils sont naturellement poltrons, & n'ont d'hardiesse que contre ceux qui ne peuvent ou n'osent leur resister. Leurs Soldats prennent d'abord l'épouvante & se mettent en desordre: mais l'apprehension qu'ils ont d'estre taillez en pieces par le Grand Seigneur, s'ils ne font leur devoir, fait qu'ils se rallient & reviennent au combat avec plus d'ardeur. Les Bachas craignent d'entreprendre un Consul qu'ils connoissent resolu & homme d'esprit, tel qu'estoit autrefois à Alep Monsieur Picquet, qui entre tous a le plus honoré cette Charge, soit en resistant courageusement à un Bacha rebelle au Grand Seigneur, pour maintenir les Privileges accordez à Sa Majesté Tres-Chrétienne, & en rembarrant d'autres Gouverneurs sur certaines pretensions mal fondées qu'ils avoient, soit en procurant avec les Missionnaires qu'il protegeoit l'avancement de la Foy Catholique parmy les Schismatiques, en sorte qu'il se faisoit craindre & respecter tout ensemble, tant des Mahometans que des Chrétiens du pays, qui avoüoient tous que jamais aucun de ses Predecesseurs n'avoit porté si hautement & avec tant d'honneur les interests de la France. Mais si au contraire le Bacha s'apperçoit qu'un Consul n'ait pas ces qualitez, il ne fait que tyranniser la Nation dont il est le Chef, & prend la liberté de luy faire des avanies, & de la ruiner avec de faux pretextes.

Les Anglois se sont montrez en diverses rencontres si opiniastres & resolus à ne vouloir rien accorder aux Bachas, de ce qu'ils prétendoient d'eux injustement & avec de faux pretextes, qu'ils aimoient mieux dépenser trois fois davantage en Justice pour les faire chastier de leur tyrannie, que de leur donner ce qui ne leur estoit pas dû, de crainte que venans à le faire une fois, quelqu'autre Bacha ne prist la liberté de leur en demander autant, & qu'ainsi ils n'introduisissent une coûtume qui leur nuiroit. Cette opiniastreté leur a si bien reüssi, que les Gouverneurs Turcs n'osent quasi plus les entreprendre, dans l'apprehension qu'ils ont de ne rien gagner avec eux que des plaintes à la Porte, & des accusations auprés du Grand Vizir, qui prend de là sujet de les faire mourir, & de confisquer tous leurs biens à la Couronne, ainsi qu'il arriva il y a quelques années à un Teftedgi ou Commissaire Royal que la Nation Angloise fit decapiter à Constantinople, pour luy avoir fait un insulte à Smirne, & avoir voulu exiger d'elle de l'argent par force & avec de faux pretextes.

L'argent est le premier mobile qui donne le branle à toutes leurs actions, il n'y a rien qu'ils ne fassent en sa consideration, tant ils en sont avides & passionnez. Ils oublient, à la veuë de ce métail, Dieu, la Religion, & tous les interests du sang & de la nature : ils vendroient fort volontiers leurs femmes, si on leur en promettoit une somme considerable, avec laquelle ils en peussent acheter davantage & de plus belles. Ils permettront de dire la Messe dans une Mosquée moyennant qu'on satisfasse à leur avidité, & de fait ils le permettent en Jerusalem le jour de l'Ascension aux Reverends Peres Cordeliers, sur la montagne des Olives, dans le lieu où Nôtre Seigneur a laissé les vestiges de ses pieds sacrez en montant au Ciel imprimez sur la pierre, dont ils ont fait une Mosquée. Ils ne manquent jamais de pretextes pour justifier telles actions faites par avarice, ils trouvent des inventions & des subtilitez admirables pour les couvrir, & encore bien qu'ils soient naturellement craintifs & poltrons, il n'y a cependant hazard, auquel ils ne s'exposent lors qu'ils sçavent qu'il y a du gain à faire, & qu'on leur fait esperer une bonne recompense. Pour preuve de cette verité, je rapporteray icy un cas estrange arrivé parmy eux, il n'y a pas bien long-temps, en la personne d'un jeune Turc des premiers de la Ville, lequel ayant tué son frere aisné, sous la tutelle duquel il estoit resté par la mort de ses pere & mere, il fut accusé en Justice de ce crime par son neveu fils du deffunt : il fut délivré par un stratageme inoüy, dont se servit le Gouverneur, dans l'esperance qu'il en retireroit une bonne somme d'argent. La chose se passa en la maniere qui suit. Ce jeune homme ayant esté saisi & emprisonné sur l'accusation de son neveu, le Gouverneur le fit venir seul en sa presence, pour l'interroger en particulier, & sçavoir de luy la verité du fait. Il luy avoüa ingenuëment qu'il estoit l'auteur du meurtre, mais qu'il n'étoit venu à cette extremité de tuer son frere que par un desespoir, & pour se vanger des mauvais traittemens qu'il en avoit receus depuis tant d'années qu'il le tenoit dans sa maison, non comme son frere, mais comme un esclave, sans vouloir même l'honnorer de sa table, &

le privant de tout ce qui luy appartenoit. Hé bien (dit le Gouverneur) que voudriez-vous donner à celuy qui vous sauveroit la vie, & qui vous mettroit à mesme temps en possession des biens de vostre deffunt frere? Le jeune homme resta estonné de cette proposition, & se jettant à ses pieds les larmes aux yeux, luy dit, que non seulement il remettroit à celuy là de bon cœur tout ce qu'il pourroit jamais pretendre, mais qu'il se declareroit encore pour le reste de ses jours son esclave, & qu'il le serviroit toûjours en cette qualité. C'est trop, repliqua le Gouverneur, je n'en veux pas tant, je me contenteray bien de moins : Cependant, souvenez-vous de cette promesse ; demeurez dans vostre bonne volonté, & n'apprehendez pas la mort. Cela dit, il le quitta fort consolé, & envoya à même temps querir un Janissaire, dont il vouloit se servir dans son dessein, & en faire le premier personnage de la tragedie. Celuy-cy estant venu, il le tira à quartier, & luy dit en secret, qu'il y avoit un bon coup à faire pour luy, & qu'il pouvoit gagner en une matinée cinq cens écus s'il vouloit, sans rien risquer du sien, qu'au reste il luy en fourniroit les moyens. C'estoit demander à un homme demy mort de soif, s'il vouloit bore, aussi le Janissaire estoit-il dans l'impatience de sçavoir ce qu'il faloit faire pour le service du Gouverneur, auquel il auroit bien obey pour moins. Il luy découvrit le secret en ces termes. Il est question, luy dit-il, de sauver la vie à un tel, que je me trouve obligé de condamner à la mort: mais ne le pouvant faire, que par le moyen d'un tiers, je t'ay choisi pour cét effet entre tous, comme le plus courageux, pour me servir en ce rencontre, & te procurer à même temps une meilleure fortune. Il ne faut qu'un peu de resolution pour venir à bout de cette entreprise, qui sera pour toy glorieuse & lucrative, voicy donc ce que tu as à faire. Demain à midy precisément, ne manque point de te trouver en telle ruë par où doit passer nostre criminel avec les Archers, pour se rendre au lieu du supplice. A son arrivée jette-toy à travers la foule du peuple, & comme si tu estois émeu à compassion de voir mourir un innocent faussement accusé, dis hautement que tu es l'homicide, & que c'est toy qui as fait le coup. Sur cela, on te reconduira devers moy pour estre examiné du fait, & qui que ce soit n'ozeroit passer outre, qu'auparavant je n'aye donné Sentence. Quand tu seras entre mes mains tu ne dois plus rien apprehender, puis que je ne manqueray pas de moyens pour te sauver. Au reste, je t'engage ma parole qu'il ne t'en arrivera aucun mal, & qu'avant deux fois vingt-quatre heures tu toucheras l'argent que je t'ay promis. Le Janissaire fit d'abord quelque difficulté, craignant que le Gouverneur ne le vouluſt surprendre, & ne manquaſt à ſa promeſſe; neanmoins ſur les aſſurances qu'il luy donna, qu'il la luy garderoit inviolablement, il luy promit de faire ce qu'il deſiroit. Le lendemain on condamna le criminel à la mort avec toutes les ceremonies ordinaires, & on le conduiſoit au ſupplice ſans luy rien faire eſperer de cette pretenduë liberté; ce qui l'affligeoit extrémement : en ſorte qu'il croyoit déja que le Gouverneur s'eſtoit mocqué de luy, dans la propoſition qu'il luy avoit faite de le ſauver. Lors qu'il fut arrivé au lieu où le Janiſſaire s'eſtoit poſté, qui eſtoit aſſez proche de celuy du ſupplice, il fut bien eſtonné de le voir fendre la preſſe, & crier à haute voix : Délivrez cét innocent, c'eſt moy qui ſuis le coupable & qui ay commis le crime pour lequel on l'a injuſtement condâné. Le peuple fut fort ſurpris de cette nouveauté, & ravy d'aiſe de voir hors de peril ce jeune homme, dont ils déploroient le malheur, ils couperent incontinent les cordes qui le tenoient lié & garotté, & se saisirent du Janissaire qu'ils conduisirent au Gouverneur, lequel à leur arrivée fit l'ignorant de ce qui se passoit, & durant le recit qu'on luy faisoit de cette histoire paroissoit tout estonné & interdit. Il commanda qu'on luy amenast ce pretendu homicide, qu'il feignit d'abord de regarder avec horreur & admiration, & comme s'il ne l'eust jamais vû; Malheureux, luy dit-il, en presence de l'assemblée, est-il vray que vous avez assassiné le frere de ce pauvre jeune homme? Oüy Seigneur, répondit le Janissaire, sans s'estonner, c'est moy qui l'ay tué, outré que j'estois de douleur & de rage, de voir celuy-cy si mal traitté dans la maison de son frere, qu'un esclave n'eût pas esté pire. Comment as-tu fait cela, repliqua le Gouverneur? Seigneur, j'entray un jour dans son logis, sans estre apperceu de personne, & l'ayant trouvé seul à mon avantage, je luy donné quelques coups de poignard: ensuite dequoy je me sauvé à petit bruit, sans avoir esté vû de qui que ce soit; ce qui a donné sujet aux enfans du deffunt de croire que ce pourroit estre leur oncle, qui auroit fait ce coup en vangeance des outrages qu'il avoit receus de leur pere. C'est assez, dit le Gouverneur, je t'apprendray à faire justice de ton authori-

de l'Empire Ottoman.

té, & à te mesler de ce qui ne te touche pas, prepare toy à en payer la peine, qu'on le mette en lieu d'assurance, en attendant ce que j'en ordonneray. A ces paroles les Huissiers s'en saisirent & le conduisirent dans une prison du Serrail, où il ne fut pas plûtost entré, qu'il y fut regalé de quelques bouteilles de vin & de bonnes viandes, pour le congratuler de son courage, & l'assurer tacitement qu'il n'y avoit rien à craindre pour luy. Sur ces entrefaites on mit en liberté le fratricide, auquel on adjugea tous les biens de son deffunt frere, au prejudice des vrais heritiers, qui en furent privez en punition de leur pretenduë fausse accusation, qui n'estoit que trop veritable. Mais avant que d'en venir à l'execution & de le mettre en possession des richesses de son frere, il falut contenter le Gouverneur, & donner secretement les cinq cens écus promis au Janissaire, pour ses bons & loyaux services. Il n'estoit plus question que de le sauver & le tirer de la prison, où il commençoit à s'ennuyer, quoy qu'on luy promist qu'il en seroit bientost dehors. Le Gouverneur pour s'aquitter de sa parole le fit comparoistre devant luy, avec celuy qu'on avoit mis en liberté, auquel il parla de la sorte : Je vous ay envoyé querir comme la partie de cét homme icy, pour sçavoir de vous, si vous desirez le poursuivre en Justice ou non; dautant que je ne pretés pas me porter sa partie, & estre tout ensemble son Juge, ny le condamner, encore bien qu'il avoüe son crime. Mais vous, poursuivit-il, aurez vous bien le courage de faire mourir celuy auquel vous estes redevable de la vie, de l'honneur & des biens ? Il tombe d'accord avec vous qu'il merite la mort, mais aussi ayant prodigué sa vie pour la vostre, il semble qu'il meriteroit bien que vous le laissassiez vivre ; en mettant à mort vostre frere, il vous a délivré à même temps d'un tyran, s'il vous a causé la crainte, il vous a délivré du mal : en un mot l'action criminelle qu'il a faite, n'étoit qu'en vostre consideration, & pour vanger vos interests, voyez donc ce que vous voulez que j'en fasse. Le jeune Turc qui ne sçavoit que trop bien qui estoit l'auteur du crime, & que tout cecy ne se joüoit qu'à cause de luy, & pour le justifier contre le droit & la Justice, dit au Gouverneur qu'il pardonnoit volontiers au Janissaire, & qu'il n'avoit pas le cœur de voir au gibet celuy qui l'en avoit délivré au peril de sa vie. Et moy, dit le Bacha, je ne suis pas obligé de le condamner sans partie, ny de le nourrir dans un cachot à mes dépens, qu'il aille à la malheure, & qu'il se sauve. Sur cela on luy ouvrit les portes de la prison, d'où il sortit avec cinq cens écus, après en avoir fait gagner au Gouverneur plus de dix mille, & enrichy le meurtrier au prejudice de ses neveux qu'on mit à la porte, & qu'on reduisit à la mendicité. Voila ce que peut l'argent sur l'esprit des Turcs, & ce qu'ils font en sa consideration.

Ils ne sont pas moins enclins à tous les vices de la chair qu'ils le sont au gain, & à accumuler des richesses. Ils commettent en ce genre d'horribles excés ; & tels que les autres Nations auroient de la peine à les croire: & si l'honnesteté me permettoit d'écrire toutes les abominations dont j'ay eu la connoissance, il y en auroit suffisamment pour remplir un gros volume, sans parler des pechez communs & ordinaires: mais pour n'offenser pas les oreilles chastes, & ne souiller point ces lignes, je les passeray sous silence sans en rien particularifer. Or ce qui fait qu'ils s'abandonnent avec plus de liberté à ces infames prostitutions, c'est la créance malheureuse qu'ils ont d'en avoir la remission en se lavant, & l'assurance de n'en recevoir en ce monde aucun chastiment, n'estant pas la coûtume de la Turquie de punir de mort ceux qui seroient convaincus d'avoir commis une sodomie ou une bestialité. On ne fait pas même recherche de ces sortes de crimes qui à leur dire ne font tort à personne : mais si les hommes n'en daignent pas tirer vangeance, Dieu le fait dés à present par certaines maladies honteuses qu'il leur envoye, dont la pluspart sont atteints, & qu'ils se communiquent les uns aux autres, sans pouvoir quasi s'en guerir par les remedes humains : ce qui fait que venant à s'inveterer en eux, elles les rendent inhabiles à la generation, & s'ils ont parfois quelques enfans, ils sont presque tous teigneux & mal sains ; ce qui ne peut s'attribuer qu'aux excez de leurs peres.

Ils croyent facilement quelque chose que ce soit, pour peu de fondement qu'elle ait ou apparence de verité, pourvû que ce ne soit qu'en matiere de Religion : mais si cela concernoit tant soit peu leurs interests, ils s'en défieroient d'abord, encore bien qu'on assurast telle chose par serment, n'étant pas leur coûtume d'ajoûter foy aux promesses ny aux juremens qui leur sont faits, mais seulement à ce qu'ils voyent present & assuré ; ce qui procede de leur mauvaise foy envers les autres qu'ils mesurent à leur aulne, & qu'ils croyent trompeurs & sans fidelité comme eux.

Ils font semblant d'admirer tout, & tâchent de paroistre bons, simples & credules, encore bien qu'ils n'ayent aucune simplicité: aussi ne font-ils ce personnage que pour mieux tróper le monde; ils vous acordent tout en parlant, & répondent toûjours ouy, sans sçavoir le plus souvent ce que vous leur avez dit, ayans continuellement l'esprit occupé à leurs affaires, & à ce qui les touche. De là vient qu'ils paroissent toûjours pensifs, & la teste & les yeux baissez, comme s'ils ruminoient & meditoient quelque chose.

Ils ne font rien que par pur interest & dás l'esperance d'en tirer quelque avantage, ou bien pour éviter un mal dont ils sont menacez: en sorte qu'il ne faut point attendre d'eux aucun service ny courtoisie, n'estant pas l'esprit du Turc d'agir de la sorte, & de servir un amy par principe de generosité, sans avoir égard à recevoir de luy le reciproque.

Encore bien qu'ils soient ignorans au possible, ils n'avoüent cependant jamais leur ignorance, dans les choses qu'ils sont obligez de sçavoir par le dû de leur condition ou de leur charge: en sorte qu'ils ne diront jamais ces paroles, je ne sçay pas, quelque instance qu'on leur puisse faire, & au lieu de répondre à celuy qui les interroge, ils luy demandent à luy-même son sentiment sur la question qu'il leur aura faite, & suivant sa réponse, s'ils voyent qu'il y ait sujet d'y aplaudir, ils disent d'abord que c'estoit là leur opinion & leur sentiment. Ils s'imaginent que toute la science consiste à sçavoir lire, & que ceux qui sont arrivez à ce point de perfection, sont capables de comprendre tous les livres; aussi ont-ils une estime particuliere de ces illustres lettrez, qui pour se faire connoistre des peuples portent ordinairement une grande écritoire de cuivre jaune à leur costé, ou quelque gros livre sous le bras. Ils font les prudes, comme s'ils avoient toute la sagesse du monde dans la teste, ils paroissent mélancoliques, & composent leurs démarches, pour faire croire aux simples que leur rare sçavoir les tient toûjours occupez dans des pensées serieuses, & qu'elle leur cause cette gravité Pharisienne, bienseante aux personnes sçavantes & éclairées.

J'ay vû des aveugles en Turquie qui aprenoient à lire aux autres l'Alcoran qu'ils sçavoient par cœur, aprés leur avoir fait enseigner par un tiers à connoistre les lettres.

S'il y a Nation au monde feconde & abondante en injures, ce sont les Turcs. Ils
font

font des imprecations horribles à tous propos, particulierement sur les défunts, comme de dire, Dieu brûle tes morts, qu'il ne fasse jamais misericorde à tes parens, ta famille puisse-t'elle perir, & ta maison aller en ruine. Mais en cela ils sont si ridicules, qu'ils disent aux animaux les mêmes injures qu'ils diroient à des hommes, & font sur eux toutes les mêmes imprecations, en sorte que batant un chameau, un mulet, ou un asne, ils l'appellent dans la colere, infidele, heretique, canaille de Persien, chetif Juif, maquereau de sa femme, & luy diront une infinité d'autres extravagances qui ne peuvent nullement convenir à un animal, comme, par exemple, que le malheur & l'ire de Dieu tombe sur ta famille, puisse-t'il brûler tes défunts, qu'il ne fasse jamais misericorde au pere de ta foy, &c.

Quoy que les Turcs soient fiers & arrogans, ils ne recherchent pas cependant les honneurs s'ils ne sont lucratifs, & ne se mettent point en peine des plus grandes confusions : en sorte qu'un homme aprés avoir esté condamné, banny du pays, mis au carcan, ou bastonné par la main du boureau, n'en est pas moins estimé des autres, & parlera dans les compagnies avec autant de hardiesse & d'assurance qu'aupa-

G

ravant. Ils font alliance aussi volontiers avec la fille d'un homme pendu ou empalé, qu'avec celle du plus honneste habitant de la ville, pourvû que d'ailleurs elle soit aussi riche & belle que celle-là. Quelques-uns même estiment que c'est un honneur de mourir sur un pal. Il n'y a pas deux ans que quelques Arabes ayans esté condamnez à ce suplice dans Alep, un d'eux qui y resta quelque temps sans expirer, y receut mille loüages de ce qu'il mouroit en homme de cœur sur ce pal, & non pas comme un poltron sur une couche. Courage, luy disoit-on, mon brave, meurt courageusement, considere cette grande multitude de peuple qui admire ta constance & ta fermeté dans les souffrances. Aurois-tu cette gloire de mourir en si grande compagnie, si tu finissois tes jours à la façon des autres sur un lit? O que tu es heureux & fortuné de donner en mourant des preuves de ta generosité, & de terminer ta vie en homme de cœur comme tu l'as commencée. Veritablement ces loüanges ne furent pas aprouvées de tout le monde, n'étant pas l'humeur de tous les Turcs de preferer l'honneur aux souffrances, & de les rechercher pour n'en remporter que du vent & de la fumée, dont ils se soucient fort peu.

Or cette insensibilité qu'ils ont des affrons, infamies & confusions, comme d'avoir esté banny, attaché au carcan, ou battu par la main du boureau, ne procede, ce me semble, que de ce que tels chastimens sont trop frequens en Turquie, & se donnent trop souvent sans sujet aux innocens aussi bien qu'aux coupables, sous pretexte de justice, ou bien pour tirer de l'argent, estant la coûtume de payer au Juge plus ou moins, à proportion des coups de bâton qu'on a receus : en sorte que celuy auquel on en aura donné 200. luy payera le double de celuy qui n'en auroit eu que cent.

Ils sont faineans & paresseux dans l'excez, & haïssent le travail comme la mort. Vous les voyez presque toûjours avec une pippe à la main, le dos contre une muraille, à considerer qui va & qui vient par la ruë ; d'autres passent une partie de la journée dans les lieux où l'on vend le Caffé, qui sont ordinairement plus frequentez que les Mosquées, pour les raisons que nous dirons ailleurs. Enfin s'ils exercent des mestiers, ce n'est que parce que la necessité les y oblige, & pour ne pas mourir de faim.

J'ay vû des gens qui s'imaginoient que les Turcs avoient des visages capables d'épouvanter le monde, & des corps beaucoup plus grands & plus robustes que les nostres, mais je les en desabusay; & leur couleur & leur stature ordinaire est assez semblable à celle des François; & à juger de leur phisionomie, on ne leur donneroit jamais les mauvaises qualitez qu'ils ont; aussi suis-je dans cette pensée qu'elles proviennent plûtost de leur éducation vicieuse, que de leur naturel; qui de soy est assez bon & facile.

Ils ont une aversion tres-grande de la Croix, & ne veulent pas croire que nôtre Seigneur y ait esté attaché, assurant au contraire, que la mort n'a jamais eu d'empire sur luy, & qu'il est encore aujourd'huy vivant au Ciel, où Dieu l'éleva en corps & en ame, au même instant que les persides Juifs le voulurent crucifier, & qu'il leur apparut alors un homme semblable à luy, qu'ils crûrent estre Jesus, & qu'ils crucifierent en sa place.

Les enfans & autres personnes viles font des Croix en terre par les ruës, lors qu'ils voyent venir des Prestres ou Religieux Chrétiens, afin de les obliger à passer par dessus, ou à retourner en arriere.

Ils ont une satisfaction particuliere de s'entretenir des differentes sectes & Religions qui sont au monde, permettans à un chacun de prouver avec de bonnes & valides raisons, sa foy, pourvû qu'il n'improuve pas directement la Mahometane, & qu'il n'en medise pas ; ce qui seroit se condamner au feu. Cette façon de disputer avec les Turcs, bien que retenuë & contrainte, ne laisse pas de reüssir bien souvent à la gloire de Dieu : en sorte qu'aprés de tels entretiens je les ay vûs plusieurs fois pleurer & proferer ces paroles en soûpirant, que leur Religion n'avoit pas grande apparence de verité, qu'elle ne s'étoit establie que par la violence des tourmens, & qu'avec le fer & le feu : au lieu que celle des Chrétiens étoit confirmée par des millions de miracles, qui ont estonné le Ciel & la terre. Voire même plusieurs Turcs touchez interieurement de semblables discours, ont demandé le Baptesme avec instance, & prié qu'on les envoyast en Europe, pour se sauver parmy les Chrétiens. D'où l'on peut juger combien il seroit facile de les attirer à la Foy, s'ils avoient la liberté de se convertir, & si on leur pouvoit sans peril montrer la fausseté de leur Religion, pour laquelle ils n'ont déja pas trop d'estime, à cause qu'ils la voyent divisée en une infinité de sectes, qui se traittent toutes d'heretiques, & ont l'une pour l'autre une haine mortelle.

Article XII.
Des tyrannies que font les Turcs, dites avanies.

Il n'y a rien de plus commun aux Turcs que la tyrannie, la cruauté & la violence : comme l'on peut voir par les choses, que je rapporteray dans cét article, lesquelles se pratiquent tous les jours parmy eux. S'il arrive qu'on ait commis quelque meurtre & qu'on n'en sçache pas l'auteur, ou bien s'il se trouve & qu'il soit insolvable, l'on fait payer deux ou trois mille écus pour le sang du défunt à toute la contrée, ou aux lieux circonvoisins de celuy où l'on a trouvé le cadavre : encore bien qu'ils n'ayent nullement contribué à la mort de cét homme. Le Juge pourroit, s'il vouloit condamner le criminel, & faire payer sang pour sang : mais parce qu'il perdroit son argent & qu'il ne pourroit plus rien exiger de la contrée, s'il le faisoit mourir, il ayme mieux le mettre en liberté, & le laisser sauver adroittement, que de se priver, en faisant la justice, de ce gain injuste.

Si quelqu'un vient à se noyer, ou à tomber de quelque lieu éminent, & qu'il en meure, ou qu'un enfant vienne à se perdre, ou qu'une fille ait esté engrossée par quelque inconnu, ou que l'on trouve un enfant bastard exposé dans la ruë, l'on fait payer à la contrée, où cela est arrivé, deux mille écus, plus ou moins à la discretion du Gouverneur. On a quelquefois tiré des cadavres des sepultures, & aprés leur avoir tranché la teste pour les rendre méconnoissables, on les jettoit à la porte de quelque riche, ou bien au milieu de quatre contrées, pour donner à croire qu'on avoit fait là un meurtre, & leur faire à toutes payer une amende arbitraire, tout de même que si elles avoient commis le crime imaginaire, dont il estoit question.

Ils dérobent encore par fois eux mêmes des enfans, & les cachent durant quelques jours : afin que les parens venans à en faire la recherche, ils puissent en vertu de cette perte lever sur le peuple l'argent qu'ils pretendent leur appartenir : aprés quoy s'ils les laissent aller, & que l'enfant se retrouve, ils ne restituent pas pour cela les deniers qu'ils ont injustement usurpez. Ces cas particuliers sont si ordinaires en Turquie, qu'il faut quasi toûjours avoir la main à la bourse pour payer des avanies : en sorte que le pauvre peuple en est reduit au desespoir. Ils vont quelquefois dans tel excez & sont si frequens, qu'ils sont capables avec les autres tributs & subsides qui se donnent au Grand Seigneur, de ruiner un homme riche en quatre ou cinq ans, & de Marchand qu'il estoit, en faire un simple artisan ou un serviteur de boutique.

Il n'est pas permis à un Chrétien de se deffendre contre un Turc aggresseur, & il n'a que la fuite pour salut : Et en cas qu'il ne le puisse faire, il est obligé de se laisser maltraitter & fouler aux pieds, ou bastonner, sans qu'il puisse lever la main sur luy, autrement on le ruineroit, aprés luy avoir donné deux cens coups de baston à grands tours de bras sous la plante des pieds, à moins qu'il ne se fit Turc. Il luy est neanmoins permis de se plaindre au Juge, du mauvais traittement qu'il a receu du Turc, & de le faire chastier : mais pour reüssir dans son entreprise, & avoir gain de cause, il ne doit produire en jugement pour témoins que des Turcs, les Chrétiens n'étans pas capables (parce qu'ils les tiennent pour infidelles) de témoigner en Justice contre un fidelle & un predestiné, tel qu'ils croyent un Turc, encore bien qu'ils le puissent faire l'un contre l'autre & un Juif contre un Chrétien, & reciproquement celuy-cy contre le Juif.

Les Juges & les Gouverneurs recherchent les fautes passées, qui ont déja esté jugées & chastiées depuis long-temps par leurs predecesseurs, & les examinent de nouveau pour en tirer de l'argent. Et si on leur remontre que cela a esté jugé & terminé depuis plusieurs années, ils répondent: N'as tu pas donné pour ce peché tant d'argent à tel & tel Bacha mes Predecesseurs? Quoy m'estime tu de pire condition qu'eux pour me priver du même droit? apporte moy donc, ajoûte t'il, autant qu'à ceuxlà, & te retire à la bonne heure. Le plus court & le plus expedient c'est de les contenter d'abord, & de s'accorder le mieux que l'on peut avec eux, car plus on les fait attendre, plus il en coûte. Le Bacha du Grand Caire manquant un jour d'argent, fit venir un Juif qui connoissoit le pays depuis longtemps, & luy ordonna de rediger par écrit tous les vieux crimes, qui s'étoient faits depuis trente ans dans cette grande Ville, dont il avoit eu la connoissance. Celuy-cy qui estoit un demon, en fit une liste, dans laquelle il accusoit le tiers & le quart des habitans, qui furent incontinent citez à comparoistre devant le Bacha pour estre examinez de leurs faits, que la negligence de ses predecesseurs, disoit-il, avoit laissé impunis & sans en prendre aucune connoissance. Les plus acorts le pre-

G v

vinrent d'abord pour en estre quittes à meilleur marché, & luy apporterent de bonne grace sans contester ce qu'ils pûrent, avec protestation que s'ils en avoient davantage qu'ils le remettroient volontiers à ses pieds, ne pouvant mieux disposer de leurs biens qu'en les employant à son service. Ceux qui voulurent raisonner avec luy, & murmurer de son procedé, furent emprisonnez, battus cruellement, & payerent le double des autres.

Ils font payer aux Chrétiens & aux Juifs voyageurs dans toutes les Villes par où ils passent, le tribut qu'ils donnent pour avoir la liberté de professer publiquement leur Religion, encore bien qu'ils ne le deussent payer qu'une fois l'an, & dans une seule ville.

Quand on fait quelque present aux Turcs, ils le font passer en coûtume, & comme en obligation : en sorte qu'il faut se resoudre à continuer tous les ans de le donner, si l'on ne veut perdre leurs bonnes graces, & s'exposer à quelque malheur. Les Peres Cordeliers de Jerusalem ayant un jour fait present d'une calotte à un Religieux Mahometan, sans pouvoir s'imaginer que cela deust avoir d'autres consequences ; ce miserable vint l'année suivante à la porte du Convent demander

impudemment qu'on luy donnaſt ſa calotte. On ne ſçavoit d'abord ce qu'il vouloit dire, & on le pria de s'expliquer mieux.
Ne me donnaſtes-vous pas il y a un an, re-
pliqua-t'il, un bonnet ſemblable à celuy
que j'ay ſur la teſte? pourquoy eſt-ce que
vous m'en voulez fruſtrer cette année? Eſt-
ce que je ne ſuis pas auſſi honneſte homme
à preſent que j'eſtois alors? qu'ay-je fait
depuis ce temps-là qui m'en rende indigne? On eut beau luy remontrer qu'on n'a-
voit pas pretendu en luy faiſant ce preſent s'obliger pour toûjours à le donner,
que c'eſtoit un don gratuit fait par pure
charité, & une aumône de la nature des
autres qui laiſſe un chacun dans la liberté
de la continuer ou non, qu'au reſte ils n'a-
voient pas preſentement dequoy le ſatisfaire. Ce fut chanter la Muſique aux oreilles d'un tigre, que d'alleguer des raiſons à
cét homme qui n'en vouloit écouter aucune. Vous ne voulez pas, dit-il, me donner de bon gré ce que vous me devez, hé
bien on vous le fera faire par force, nous
verrons ce que le Juge en ordonnera, je
m'en vais le treuver de ce pas, pour me
plaindre du tort que vous me faites ſans
ſujet. On le laiſſa aller comme un fol, dans
la penſée qu'il ne pourroit rien faire, &
que même on ne l'écouteroit pas dans ſa

demande estant si mal fondée. Estant arrivé au Parquet, il commença son plaidoyé par des plaintes du mépris que les infideles faisoient, disoit-il, des vrais croyans & de leur sainte Religion, en haine de laquelle ils ne se contentoient pas de se moquer d'eux, mais vouloient encore les priver de ce qui leur estoit dû, que pour se prevaloir contre eux & pour pourvoir à ses besoins, il avoit esté contraint de recourir à la Justice pour en avoir raison, & se faire payer d'une calotte qui luy estoit deuë chaque année par des Religieux Chrétiens qui la luy dénioient aujourd'huy, aprés luy avoir donné d'autres fois. Ce fut assez dit à ce Juge mercenaire, il ne demanda point à ce Santon de témoins ny d'obligation pour preuve que cela luy fust dû, il cita d'abord les Religieux à comparoistre par-devant luy, & les ayant fait venir, leur dit en colere, pourquoy est-ce, malheureux, que vous refusez de payer ce que vous devez à ce predestiné ? Ne luy avez vous pas déja donné d'autres fois la même chose? l'auriez vous fait alors, si vous ne luy eussiez esté redevables? peut-estre que la grande affection que vous portez à nostre Religion & aux sectateurs du Prophete vous a fait agir de la sorte, & vous a émeus à faire cette charité à celuy-cy, car vous les aimez fort à ce que j'entens. Sur cela il les condamna, sans les vouloir oüir, à une amende de cinq cens écus, & à donner tous les ans au Santon sa vie durant une piastre pour sa calotte : mais ce qui est de plus étrange, c'est qu'aprés avoir eu deux ou trois ans de suite le present, & voyant que cela est passé en droit & en coûtume, ils le renvoyent bien souvent avec dédain & menaces pour en avoir un meilleur, & ainsi on va toûjours en augmentant, bien loin de pouvoir discontinuer.

J'en ay vû d'aucuns si avides & si incivils, qu'aprés avoir receu gratuitement d'un homme d'honneur quelques curiositez d'Europe, comme montres sonnantes ou autres choses, ils luy demandoient ce que cela pouvoit valoir, & l'obligeoient à force de prieres à leur en dire ingenuëment le prix, & s'ils trouvoient qu'il les estimast plus qu'elles ne valoient en apparence, ils luy disoient tout franchement & sans aucune honte, reprend ta montre & donne m'en ce que tu dis qu'elle vaut.

Les Gouverneurs, Juges & autres grands de la Ville se font donner des presens à leurs festes & à celles des Chrétiens, au lieu de leur rendre alors le reciproque, en sorte qu'ils ressemblent à la scie qui mange toûjours soit qu'elle monte, soit qu'elle descende. Leurs Huissiers viennent aux festes de Pasque & de Noël à la porte des Eglises demander de l'argent aux pauvres Chrétiens, & n'en laissent entrer aucun qu'il ne leur donne deux liards ou un sol. Ils se mettent quelquefois sur les chemins ou aux portes de la Ville, & font payer aux passans le droit du chemin, ou bien ils leur font insulte.

Ils empruntent de l'argent sur des gages qui ne sont point à eux, ou bien s'ils leur appartiennent, ils supposent d'autres personnes qui disent & attestent en presence du Juge avec fausseté qu'ils en sont les proprietaires, & que ce bien là estant à eux & non à celuy qui a emprunté l'argent, il n'a pû estre engagé sans leur consentement; & ainsi ils retirent avec cette astuce diabolique les gages sans payer, & ruinent les familles de ceux qui ont plus de simplicité, & moins de malice qu'eux.

Le Soubachi ou Prevost tient la liste de toutes les putains de la Ville, à chacune desquelles il fait payer tant par mois, en vertu de la permission qu'il leur donne d'exercer cét infame commerce. Si quelqu'une se trouve insuffisante d'y satisfaire & qu'elle ne puisse payer la somme dont elle est convenuë avec le Soubachi, elle tasche de luy procurer en contréchange quelque lippée, en luy faisant prendre quelqu'un chez elle dont il tirera deux ou trois cens écus, plus ou moins, selon ses facultez. Un Bacha s'estant fait donner un jour cette liste malheureuse, & aprés y avoir vû avec estonnement le nombre exorbitant de ces miserables creatures qui s'y trouvoient écrites, il crût que pour son honneur, il estoit obligé d'en faire mourir quelques-unes sous pretexte de Justice: pour cét effet il donna ordre au Soubachi de choisir entre-elles environ une douzaine de celles qui leur estoient inutiles, & qui ne pouvoient plus payer cét infame tribut ; ce qui ayant esté ponctuellement executé, on les mit chacune dans un sac jusqu'au col, autour duquel on en attachoit l'extrémité, & puis on les precipitoit dans les fossez du chasteau qui est le suplice ordinaire qu'ordonnent les Turcs à ces sortes de gens, & qu'ils ne mettent pourtant pas en pratique une fois en cent ans.

Le Bacha tient aussi la liste des voleurs pour tirer de chacun d'eux le tribut dont il est convenu avec eux pour leur permettre le larcin sur les grands chemins, & la licence de dévaliser les Caravannes & autres voyageurs. Il taxe à une certaine somme par an ceux d'entr'eux qui font les moindres captures, & partage par moitié le butin avec les autres qui en font de plus considerables. J'ay vû parmy les Jézides un pauvre garçon disgracié & boiteux, lequel donnoit tous les ans sept écus à l'Aga ou Seigneur de Kellés, pour avoir telle permission; & sur la demande que je luy fis à quoy luy servoit cette permission, & quel avantage il en pouvoit tirer, n'estant pas capable de voler dans l'estat où je le voyois. Il me répondit qu'elle luy estoit non seulement utile, mais encore absolument necessaire, non tant pour le larcin qu'il faisoit, qui ne pouvoit pas estre considerable à raison de son impuissance: mais pour luy sauver la vie & le mettre à couvert de tous les perils: car, dit-il, si je manque de la prendre, & de payer la taxe qu'on a mis sur moy, l'Aga se saisira d'abord de ma personne, & l'on me fera mourir à un gibet sous pretexte de Justice & pour donner à entendre au simple peuple qu'il ne veut pas le larcin, & qu'il chastie ceux qui le commettent: mais (ajoûta-t'il) tant que je payeray le tribut comme les autres, il n'y a aucun sujet d'apprehender pour moy, quelque mal que je puisse faire, autrement l'Aga se feroit tort, & personne ne se fieroit plus à luy.

Il n'y a malice ny inventions dont ils ne se servent pour ruiner les peuples. Les

Gouverneurs changeront quelquefois les poids & les mesures, & les feront ou plus grandes ou plus petites à leur fantaisie, avec deffense à un chacun de se plus servir à l'avenir des precedentes, mais seulement de celles qui seront marquées de leur seau, pour l'application duquel ils se font payer ce qu'il leur plaist : en sorte qu'avec cette adresse, ils leveront facilement six ou sept mille écus sur les pauvres Artizans, Marchands & autres vendeurs. Cette autorité de changer ainsi les poids & mesures, n'appartient proprement qu'au Grand Seigneur ; cependant j'ay vû des Bachas qui l'ont usurpée, & qui se font fait payer pour l'application de leur seau sur lesdits poids & mesures des sommes considerables.

Si la necessité requiert qu'on fasse quelque operation de chirurgie sur un corps, comme par exemple, s'il s'agit de tirer un enfant mort du ventre de sa mere, de couper un bras gangreneux, ou de tirer la pierre, il faut avant que d'en venir à l'execution obtenir la permission du Juge, qui ne se donne pas sans argent : en sorte que si l'on entreprend d'y mettre la main, & que l'infirme vienne à mourir aprés telle operation faite sans permission, on fait payer au Medecin & aux parens du deffunt une grosse amende, tout de mesme que s'ils avoient commis un meurtre volontaire.

Si quelqu'un a esté volé, ou qu'on ait pillé sa maison, le Juge venant à le sçavoir l'oblige à trouver les larrons, & à les luy representer : autrement, il luy fait payer une amende arbitraire, & l'acheve de ruiner. D'où vient que pour se délivrer de ce second malheur pire que le premier, il est obligé de mentir & de protester avec serment qu'il n'a rien perdu, & qu'on ne luy a pris quoy que ce soit : & ainsi bien loin d'avoir la liberté de se plaindre du tort qu'on a receu & de rechercher ce qu'on a perdu, on n'oze pas même parler de cela, ny découvrir son affliction à ses plus confidens, de crainte que la nouvelle en venant aux oreilles du Juge, il ne mette cette famille affligée en plus grande peine, & ne l'oblige à representer les voleurs qu'elle ne connoist pas ; ce qui est un tres-grand abus, & qui donne pleine confiance aux larrons de continuer impunément dans leur vol. Me trouvant un jour dans une maison, où un cas semblable estoit arrivé, & où l'on avoit dérobé les dorures d'une jeune Dame, je les vis tous dans la tristesse contre leur ordinaire ; ce qui m'obligea de leur en demander le sujet, qu'ils eurent de la peine à me dire, quoy que je fusse bien de leurs amis, & qu'ils eussent en moy une confiance particuliere, tant ils avoient peur que cela ne se sceust au dehors, pour les raisons que nous avons alleguées.

Ils jetteront quelquefois le chapeau, ou le turban, ou bien le mouchoir d'un passant dans la cour d'une maison infame pour l'obliger à y entrer, afin de le ramasser; ce qu'il n'aura pas plûtost fait qu'ils fermeront la porte sur luy, & feront venir le Prevost ou quelques Archers, qui aprés s'en estre saisis le conduiront publiquement, & avec des trophées en prison, où ils luy feront payer avant que de l'en délivrer une bonne somme d'argent, comme s'il n'estoit entré dans cette cour qu'à dessein d'y faire du mal.

Si un Chrétien vient à estre excommunié de son Patriarche ou de son Evesque, les Turcs s'en saisissent incontinent & l'emprisonnent sous pretexte qu'il n'obeït pas, disent-ils, à son Superieur, & qu'il n'observe pas sa Loy: & luy font payer pour penitence une amende à leur profit, sans examiner s'il a tort ou non, si le Patriarche avoit un sujet raisonnable de l'excommunier, ou s'il l'a fait par un esprit de vengeance, ou pour une bagatelle, ou bien pour n'avoir pû tirer de luy l'argent qu'il en pretendoit, qui sont les motifs ordinaires de ces ridicules excommunications.

Il est arrivé quelquefois que le Patriarche estant endetté à la Justice Turquesque, & n'ayant pas dequoy aquiter ses dettes, il disoit aux Turcs: si vous voulez estre payé, Messieurs, je ne le sçaurois faire qu'en la maniere qui s'ensuit, qui est d'excommunier les principaux de ma Nation, pour vous donner sujet de les prendre, & de tirer d'eux à discretion ce qu'il vous plaira, Ces infidelles qui ne regardent que leurs interests, & qui veulent estre satisfaits de ce qui leur est dû, à quelque prix & en quelque maniere que ce soit, consentoient avec estonnement à cette action indigne. Ensuite dequoy ce Patriarche heretique fulminoit contre ces pauvres innocens sentence d'excommunication, avec un faux pretexte; ce qui estant sceu des Turcs, qui estoient déja avertis, ils se saisissoient d'eux, les emprisonnoient & les chastioient par la bourse, pour un pretendu peché qu'ils n'avoient jamais commis. C'étoit là la monnoye, disoit-il, avec laquelle il payoit ses dettes, lors qu'il n'en avoit point d'autre.

Si quelqu'un à raison de sa pauvreté est

insolvable, & qu'il ne puisse payer au Grand Seigneur le tribut dit (Soursad) dont il luy est redevable pour sa maison, on fait contribuer pour luy tous ses voisins, afin que le Sultan ne perde rien de ses droits : ou bien l'on battra tant ce pauvre miserable, & on le mettra dans un estat si pitoyable, que faisant compassion à ceux qui le voyent, ils le délivrent & payent pour luy. Et il arrive bien souvent, que le tribut ou la taxe mise sur la maison monte plus haut que ne feroit pas le revenu de ladite maison, si elle estoit donnée à loüage. En ce cas là, il est permis au proprietaire de l'abandonner s'il veut, & de la remettre entre les mains de ceux qui levent le tribut, pour estre loüée par eux à qui bon leur semble, & à qui plus leur en offre. J'ay vû quelquefois qu'ils en loüoient une partie au même proprietaire, lequel en ce rencontre n'étoit plus que locataire, & n'habitoit ce recoin de la maison qu'en payant, comme s'il n'y avoit plus rien.

Les Turcs font la cherté dans l'abondance, pour s'enrichir aux dépens du pauvre peuple. Ceux d'entre-eux qui ont la plûpart des bleds du pays dans leurs greniers, s'accordent ensemble pour corrompre le Juge à force d'argent, & conviennent de luy donner neuf ou dix mille écus, pour luy en faire déterminer le prix à leur mot. Cela fait, ils le vont voir trois ou quatre par maniere de visite, & ne l'entretiennent que de la pretenduë sterilité de cette année, du peu de recolte qu'on a fait, & du peu de grains qu'il y a: en suite dequoy ils obtiennent de luy par le moyen de leurs presens tout ce qu'ils en pretendent au prejudice de la populace, qui seule en patit. Cét excez estant autrefois arrivé à Constantinople par l'avarice d'un Vizir, qui se laissoit aussi corrompre, & qui recevoit des sommes immenses pour l'augmentation du prix du bled; ce qui faisoit fort murmurer le peuple. Le Grand Seigneur qui estoit déja mécontent de ce Ministre, en ayant esté averty le fit mourir, & mit un autre en sa place, qui dés le lendemain changea la disette en abondance, faisant ouvrir par force les greniers, & debiter sur le champ les grains qui y estoient en quantité: en sorte que l'on donnoit pour un sol le pain qui en valoit cinq auparavant.

L'épouvante qu'ils ont donnée par leurs tyrannies est si grande, que personne n'ose paroistre riche, ny faire bastir de superbes maisons, ou avoir de beaux jardins bien entretenus, & des lieux de plaisance à la campagne, ils ne s'appliquent qu'aux choses communes, ordinaires & necessaires à *de l'Empire Ottoman* 167

la vie, negligeant tout ce qu'il y a de curieux, de rare & de magnifique qu'on s'étudie d'avoir en Europe, pour une plus grande satisfaction de la nature & des sens; j'en ay vû même qui n'osoient pas se vestir de drap, quoy qu'ils en eussent le moyen, de crainte qu'on ne les taxast à davantage, dans la pensée qu'ils seroient à leur aise.

Ils inquietent par les ruës les Chrétiens & les Juifs, les obligeant de porter sur leurs épaules dans d'autres contrées éloignées certains fardeaux & autres choses qu'ils y veulent transporter, dont ils ne peuvent s'exemter qu'avec de l'argent; & si quelqu'un leur en donne, ils le laissent aller & s'attaquent à un autre, & ainsi consecutivement. Il arriva un jour qu'un Janissaire acoûtumé à ces sortes de violences n'y trouva pas son compte : car estant un soir yvre, & chargé d'une grande bouteille pleine de vin, il rencontra dans cét estat un Armenien par la ruë qui en alloit acheter ; il l'arresta & l'obligea de la prendre sur ses épaules pour la porter aprés luy, & le suivre pas à pas. Cét Armenien voyant que l'yvrognerie du Janissaire le faisoit trebucher en marchant, & qu'elle luy donnoit moyen de se pouvoir sauver facilement sans estre apperceu, croyant d'ailleurs que cette rencontre fortunée venoit du Ciel, qui luy envoyoit du vin en pur don, au lieu qu'il en alloit chercher pour de l'argent ; il prit l'occasion au poil, & se jetta adroitement dans une porte qu'il ferma tout doucement sur luy, & demeura là dans le silence, laissant continuer le chemin au Janissaire, qui marcha un espace de temps & ne s'aperceut que trop tard de son absence. Se voyant seul il se mit à l'appeller, & à crier à pleine teste, mais personne n'avoit garde de luy répondre ; ce qui l'obligea de retourner sur ses pas en jurant & blasphemant : il repassa sans s'arrester devant la porte où estoit caché l'Armenien, qui se tint toûjours coy sous un degré demy-mort de peur, jusqu'à ce que le Janissaire ennuyé de crier, & desesperé de pouvoir recouvrer sa bouteille, se retira chez luy. Et celuy-cy alla trouver ses compagnons qui l'attendoient avec impatience, ausquels il raconta sa bonne fortune, & l'heureuse rencontre qu'il avoit faite, qui leur donna sujet de se divertir toute la nuit, & de boire à la santé du Janissaire, qui ne pût jamais reconnoistre son homme, quelque perquisition qu'il en pût faire du depuis.

Ils ne permettent point aux Chrétiens de faire la moindre reparation dans leurs Eglises, ny même de blanchir la muraille
qu'à

qu'à force d'argent. Il arriva, il y a quelques années, que les Grecs ayant fait ouvrir secrettement & sans permission deux petites fenestres dans la muraille de leur Eglise, afin de donner plus de jour sur un Autel, ils payerent pour cette faute trois mille écus d'avanie.

S'il arrive que par accident le feu se mette dans une Eglise, & brûle quelque chose, les Turcs venans à le sçavoir font payer une grosse amende à la Nation, comme si on l'avoit fait à dessein. Les Maronites d'Alep furent condamnez à plus de deux mille écus, pour avoir laissé tomber par mégarde sur un Evangile quelques bluettes de feu qui en brûlerent deux ou trois feüillets : on leur faisoit acroire pour les épouventer qu'ils avoient renié leur foy en brûlant leur Evangile, & qu'ainsi ils devoient se faire Mahometans.

Les Bachas font souvent des courses sur les Arabes, sous pretexte de vouloir châtier les voleurs de cette Nation qui devalisent les Caravanes ; & au lieu d'aller contre ceux-là, ils se jettent à l'improviste sur les autres qui ne font point de mal, enlevent leurs Chameaux & leurs Moutons, & quelquefois leurs femmes & leurs enfans, qu'ils vendent indifferemment avec les troupeaux : ensorte qu'ils les re-

H

duisent au desespoir, & à la necessité de n'habiter que la campagne & les deserts, sous certaines tentes ou pavillons, qui ne les garantissent guere des injures de l'air, pour n'estre pas semblables aux nostres, ny si commodes, comme nous verrons dans la suite : en sorte qu'ils veulent un mal mortel aux Turcs, & souhaitent avec autant de passion, que les Chrétiens Orientaux, la destruction de leur Empire. Et pour cét effet, ils assisteroient volontiers & de tout leur pouvoir le Prince qui les tiendroit assiegez, si on leur faisoit esperer un traitement plus humain que celuy des Ottomans qui est terrible.

Article XIII.

De la maniere d'administrer la Justice parmy les Turcs.

LE Juge en Turquie rend luy seul la Justice, & n'a point comme en Europe de Conseillers, desquels il puisse prendre aucunes lumieres, avant que de prononcer la Sentence deffinitivement.

Il n'y a point non plus de Procureurs ny d'Avocats : mais chacun plaide luy-même sa cause en presence du Juge, & allegue devant luy ses raisons, produit ses témoins s'il en a, & fait voir ses obligations ou cedules; aprés quoy on condamne à l'heure même sa partie sans appel, & on luy adjuge le droit. Ceux qui n'ont pas assez de talent pour s'exprimer, font écrire un exposé pour presenter au Juge, dans lequel on luy fait entendre en peu de mots tout le differend, & les raisons qui appuyent les pretensions que l'on a sur la partie adverse. Il y a pour cét effet à la porte du Parquet quantité d'écrivains, qui ne font autre chose que ces exposez ou suppliques, qu'ils appellent arzoüals, & qui gagnent leur vie à cela.

Quand les Bachas sont gens d'authorité & qu'ils ont de l'appuy à la Cour, ils s'attribuent dans leurs Gouvernemens le droit de rendre la Justice au prejudice du Cadi, auquel seul il appartient, en qualité de President: & lors que cela arrive, & qu'un Bacha usurpe cette autorité, le Parquet du Juge reste vuide & sans procés.

Les Cherifs ou Séiédes pour estre parens de Mahomet, ont un Juge particulier pris & élû d'entre-eux, ne pouvans estre châtiez par un qui ne soit pas Cherif comme eux, & cela se fait par le respect qu'on porte au sang du Prophete. Outre ce privilege, ils en ont encore plusieurs autres, à sçavoir d'estre exempts de quantité de tributs, que les autres sujets du Grand Seigneur

H ij

luy payent. De plus, en vertu de leur extraction, ils ont droit de pouvoir lever la main impunément sur le tiers & sur le quart, sans qu'on oze leur rendre le reciproque; ce qui seroit reputé pour un crime de leze-Majesté.

L'on consulte souvent le Mufti, avant que d'avoir recours au Juge, particulierement s'il s'agit d'une affaire qui concerne la foy & les mœurs, dautant qu'il est entre les Turcs le Grand Casuiste, & l'Oracle qui resoud toutes les questions difficiles en matiere de Religion; & souvent il donne ses conclusions sur les differends, avant qu'ils soient jugez par le Cadi ou President.

Quand on parle d'un Chrétien ou d'un Juif dans dans les actes de Justice, on ne le traitte que de pourceau, de chien, d'infidelle; & s'il est mort, l'on dit parlant de luy, l'exterminé du monde tel, le damné tel, dont la demeure est en enfer, &c.

Les supplices qui se donnent ordinairement en Turquie, sont les suivans.

Le premier est le pal, qui n'est que pour les Arabes & les plus insignes voleurs de l'Empire, qui sont obligez de le porter eux-mêmes sur leurs épaules jusqu'au lieu du supplice, qui est pour l'ordinaire hors la Ville sur quelque éminence, joignant le grand chemin, afin qu'ils soient veus de tous les passans.

Le second est le crochet, celuy-cy n'est guere en usage pour estre le plus cruel de tous : cependant, quand ils veulent prolonger les tourmens de quelque criminel opiniastre à ne vouloir point changer de sentiment, ils le tirent en haut avec une poulie, & le laissent tomber tout à coup sur de grands crochets ou crampons de fer élevez à hauteur d'homme de terre, en forme de herse, ausquels il s'atrape, tantost par un pied, d'autrefois par un bras, ou par une cuisse, & demeure ainsi suspendu deux ou trois jours, tant qu'il plaise à Dieu de le retirer de ce môde.

Le 3. est de trancher la teste avec un sabre, sans bander les yeux du patient.

Le 4. est de pendre à un arbre en place publique, ou à une boutique dans la ruë; ces deux-cy s'exercent pour les crimes ordinaires indifferemment à toutes sortes de personnes, tant aux riches qu'aux pauvres, aux Nobles aussi-bien qu'aux Roturiers, & aux Turcs comme aux Chrétiens.

Le 5. est d'étrangler avec une corde dans une chambre, & en secret. Celuy-cy est le supplice des Bachas & autres Grands du païs, dont on ne veut pas répandre le sang par respect.

Le 6. estre pilé dans un grand mortier de pierre. On se contente en Turquie d'avoir ordonné ce supplice, sans le mettre en pratique, encore bien qu'on le dûst donner tous les jours, si on punissoit les crimes pour lesquels il a esté inventé. Il se pratique envers les Juges ou Muftis, lors qu'ils sont convaincus de quelque grande trahison, & de n'avoir pas bien administré leurs Charges.

Le 7. estre brûlé tout vif, est pour ceux qui renient la foy Mahometane, pour suivre une autre Religion, telle qu'elle puisse estre; ce qui se doit entendre de ceux qui sont Turcs de pere en fils, ou qui auroient demeuré un temps notable dans le Mahometisme aprés leur apostasie, & non pas de ceux qui aprés avoir renié le Christianisme viendroient incontinent à s'en repentir, & à rejetter la Loy de Mahomet qu'ils auroient nouvellement professée, ou par force ou par interest, dautant que telles gens ne seroient pas traittez si rigoureusement, & on se contenteroit de les pendre ou décapiter, comme j'ay vû pratiquer plusieurs fois.

Le 8. estre mis dans un sac & precipité dans les fossez. Ce supplice est pour les filles ou femmes de mauvaise vie, que l'on châtie pourtant fort rarement, ainsi que nous avons dit.

Les Turcs ont quelquefois écorché des personnes toutes vives, pour se vanger de leurs ennemis & les épouvanter : mais ce supplice ne s'ordonne que tres-rarement, & que pour des crimes atroces, non plus que de rompre les os des bras & des jambes sur le pavé avec un marteau, & de laisser ainsi le patient jusqu'à ce qu'il meure, par la violence de la douleur & du sang qui le suffoque, sans qu'aucun oze le soulager en cét estat, & luy donner aucun rafraîchissement. Ils condamnerent neanmoins à ce supplice, il y a quelques années, un jeune Grec d'Alep, pour avoir tué dans la colere, & en son corps défendant, un malheureux Séied ou parent de Mahomet qui le maltraittoit sans sujet.

Quand le Bacha ou le Juge a condamné un criminel à la mort, chacun se dispose à servir le bourreau dans l'execution qu'il en doit faire ; c'est à qui garottera le patient, & à qui le conduira au supplice ; ils se tirent la corde qui le tient attaché à l'envy l'un de l'autre, pour s'assurer de luy, & de crainte qu'il n'échappe. C'est un honneur pour eux de l'accompagner jusqu'à la potence, & d'aider à l'empaller. Enfin, ils ne sont non plus touchez de compassion que des tigres envers ces pauvres miserables ; & vous diriez à les voir faire, qu'ils veulent boire leur sang, tant ils sont acharnez. Ceux qui ne peuvent pas assister le bourreau, & mettre la main à l'œuvre avec luy, ne font que les injurier en les conduisant au supplice, & leur reprocher les crimes qu'ils ont commis, avec des imprecations horribles. Quand ils sont élevez sur le pal, ils se moquent d'eux, leur crachent à la face, & les maudissent s'ils sont encore vivans. Et aprés qu'ils sont expirez, les femmes & les enfans leur jettent des pierres, comme si leur passion n'avoit pû s'éteindre dans leur sang, & qu'ils se voulussent encore vanger sur ces cadavres aprés leur mort. Personne n'ozeroit les plaindre, ny parler d'eux avec compassion, de peur d'offenser la Justice, & de donner à croire par là qu'ils ne meritoient pas d'estre ainsi traitez.

Le bourreau estrangle avec la main ceux qui doivent estre pendus, avant que de les élever & attacher à l'arbre; ce qui ne se pratique pas en Europe. Quand il conduit quelqu'un au supplice, il publie à haute voix & avec des cris horribles, le sujet de sa mort, en disant par exemple, voila la recompense qui se donne à ceux qui dérobent, ou qui tuent comme celuy-cy, qui va la recevoir, faisant par là connoistre qu'il a volé ou assassiné.

On écorche quelquefois les testes tranchées & celles des pendus, & aprés les avoir remplies de bourre, on les porte à Constantinople, pour assurer le Grand Seigneur, que ses ordres ont esté executez. J'ay vû un Commissaire de la Porte, qui alloit de Province en Province, pour connoistre & chastier tous les crimes, abus & tyrannies qu'on y avoit commis, & qui dans cét employ avoit tant fait executer de monde, qu'il avoit une valize pleine de peaux seches, des seules testes qu'il avoit fait écorcher.

Quant aux autres chastimens moindres, & dont la mort ne s'en ensuit pas, ce sont les suivans.

Les bastonnades sous la plante des pieds, qui est le plus commun & ordinaire de tous; aussi les Turcs le donnent-ils pour les moindres fautes, en sorte qu'il y en a peu parmy eux qui ne l'ayent experimenté. Quand on veut chastier quelqu'un, deux hommes luy font passer les pieds nuds dans une boucle de corde attachée à un gros baston, & les ayant élevez en haut, en sorte que la teste reste en bas, deux autres frappent dessus à tour de bras, & si fort, qu'on les luy fait enfler & arondir comme des boulles. Le nombre des coups n'est pas déterminé & dépend de la volonté du Juge, qui en fait donner plus ou moins, comme il luy plaist. Durant que l'on frappe, il compte sur un grand chappelet qu'il a toûjours entre les mains, les coups qui se donnent, lesquels monteront quelquefois à 200. d'autres fois ils iront jusqu'à quatre ou cinq cens, selon la qualité du crime de celuy qu'on chastie, ou plûtost selon l'humeur où se trouvera le Gouverneur, qui fait cesser quand il le juge à propos, & qui ne consulte en cela le plus souvent que sa passion. Ce chastiment par honnesteté ne se donne pas aux femmes, en la maniere qu'on le donne aux hommes, de crainte que leurs juppes ne vinssent à se renverser, en élevant leurs pieds en haut. Quand quelqu'une l'a merité, on la fait mettre sur les épaules d'un satellite, & on luy décharge sur les fesses autant de coups de bastons qu'on feroit sous la plante des pieds. Le même se fait aux Janissaires, à raison qu'ils sont piétons du Grand Seigneur, & qu'ils ont besoin de leurs pieds pour marcher.

Lors que quelqu'un a porté faux témoignage en chose de consequence, la Loy du pays luy ordonne le supplice qui s'ensuit. On le monte sur un asne la teste tournée vers la queuë, & après luy avoir noircy la face, & mis sur la teste une pance de mouton pleine de ses excremens, on le conduit en cét estat par toute la Ville, avec des huées horribles, & une confusion épouvantable.

Il y a une autre maniere de chastier ceux qui ont malversé dans leur art, ou vendu à faux poids, moins ignominieuse que la precedente, & plus ordinaire, qu'ils appellent jarrasser. On leur met sur la teste un grand bonnet pointu plein de plomb, pesant plus de soixante livres, & on leur passe dans le col un bois, comme une planche, sur laquelle est la marchandise de mauvais aloy qu'ils ont débitée; & en cét estat le bourreau les conduit par toute la Ville, en publiant à haute voix le sujet pour lequel ils ont merité ce chastiment.

Ils attachent quelquefois par derision en place publique quelque pauvre malheureux par l'oreille, qu'on luy cloüe, aprés l'avoir fait élever sur l'extremité des orteils, afin que venant à se baisser & à relâcher le pied, elle se déchire, & que la playe se fasse plus grande.

Quant à la maniere de donner la question aux criminels, ils en ont une infinité: car outre les bastonnades à diverses reprises, ils ont encore celles-cy, qui sont des plus ordinaires. Ils passent sous les ongles des morceaux de cannes ou roſeaux, qu'ils enfoncent tout le long des doigts, comme des lardoires, juſqu'à l'extremité de la main, avec des douleurs inſupportables. Ou bien, ils mettent & renferment les pieds dans une groſſe piece de bois entaillée, qui oblige de reſter toûjours en même poſture, pour éviter la douleur, à moins qu'on ne vüeille par fois s'appuyer ſur l'os de la jambe; ce qui ne ſe peut faire ſans ſouffrir à même temps un mal tres-ſenſible: en ſorte qu'on ne fait que ſe tourner, tantoſt d'un coſté, tantoſt de l'autre, pour trouver du repos ſans le pouvoir faire.

D'autres frottent le ventre du patient avec de l'huile, & l'eſtendent ainſi au deſſus du feu, juſqu'à ce que la douleur tire de luy la confeſſion qu'ils en pretendent.

Mais la plus cruelle queſtion de toutes & dont on reſte incommodé juſqu'à la mort, eſt de faire manger aux criminels des paſtegues ou melons d'eau, aprés quoy on leur lie la verge afin qu'ils ne puiſſent uriner, & on les tient en cét eſtat violant, qui les fait crever, un eſpace de temps conſiderable, à moins qu'ils n'avoüent ce dont ils ſont accuſez. Un pauvre Chrétien ayant eſté un jour condamné à tort & ſur un simple soupçon à ce genre de suplice, avec des Turcs accusez de larcin, se recommanda avec tant de devotion & de larmes à la sainte Vierge, qu'elle le preserva miraculeusement du mal qu'il devoit souffrir, & fit connoistre à même-temps son innocence: car encore bien que les satellites l'eussent obligé à manger plus qu'aucun autre de ces pastegues, par aversion qu'ils portoient à sa Religion, il ne ressentit cependant aucune douleur ny envie d'uriner, au lieu que les autres pressez par l'excez du mal & reduits au desespoir, confesserent d'abord leur crime, & furent condamnez à la mort, & celuy-cy fut renvoyé absous par le Gouverneur qui estoit dans l'étonnement du prodige arrivé en sa personne, en vûë duquel il le délivra sans autre forme de procés.

Le Cadi ou President prend la dixiéme partie des biens des défunts, tant des Turcs que des Chrétiens & des Juifs. D'abord que quelqu'un est mort, les Huissiers du Juge courent à son logis sceler la porte, afin qu'on n'enleve rien des meubles & de l'argent; & aprés avoir mis dehors tous les domestiques ils ferment & bulent de leur seau toutes les chambres, n'en laissant qu'une ouverte avec quelques coussins, couvertures & matelats, pour le service de la famille dont ils tiennent compte : & retournent quelques jours aprés pour diviser ou partager avec les heritiers la succession tant des meubles que des immeubles, dont ils sont eux-mêmes les estimateurs.

Les Cadis, Muftis & autres gens de robe sont estimez entre les Turcs comme personnes Ecclesiastiques : c'est pourquoy ils ne se vestent pas d'étoffes qui soient toutes pures de soye, comme feroient d'autres personnes moins riches qu'eux : mais bien de celles qui sont mêlées & tissues de soye & de cotton.

On n'avance pour l'ordinaire dans les Charges qui regardent la Justice que des Turcs naturels : mais dans celles qui concernent le gouvernement & la milice, l'on n'y met que des esclaves élevez au Serrail dés leur jeunesse qui sont tous fils de Chrétiens.

ARTICLE XIV.

Des grands abus que les Turcs commettent dans l'administration de la Justice.

IL n'y a plus de Justice en Turquie, ny de chastiment que pour la bourse, & pour les rebelles à l'Estat. Le Juge donne le droit à celuy qui plus luy offre, & condamne l'innocent sans appel : en sorte

de l'Empire Ottoman. 183

que si ce que Mahomet leur a predit est veritable, à sçavoir que leur Royaume doit prendre fin, lors que la Justice n'y sera plus observée, il faut conclure qu'ils sont arrivez au dernier periode, puisque depuis environ 20. ans, ils sont tellement corrompus, qu'il n'y a plus par tout que de l'injustice.

On met tout les jours en liberté les larrons & les homicides avec de l'argent, & on les fait sortir des prisons par la porte dorée, en sorte que l'on ne punira jamais de mort un homme qui sera riche, quelque peché qu'il ait commis & tant énorme qu'il puisse estre: c'est assez pour s'assurer de sa grace qu'il ait dequoy satisfaire à l'avidité des Juges, qui ne manquent pas de beaux pretextes & d'astuces pour mettre le malfaicteur à couvert & le délivrer, particulierement s'il n'a point d'autre crime que d'avoir tué un Chrétien ou un Juif, le sang duquel ne peut jamais estre de même prix & valeur que celuy d'un Turc, estimé d'eux un predestiné. Il arriva, il y a trois ans, qu'un Janissaire assisté de son valet ayant tué un pauvre Armenien de ma connoissance, & volé deux mille écus qui appartenoient à un Juif, aprés avoir été convaincu de ce crime, fut mis en liberté moyennant de l'argent, en la maniere que vous allez entendre, qui sans doute vous donnera de l'horreur & de l'indignation contre la Justice Turquesque. Le Janissaire ayant vû mettre un jour à ce Juif la somme susdite dans son magasin, la tentation le prit d'enlever cét argent, à quelque prix que ce fust, & ne pensoit plus en luy même, qu'aux moyens qu'il devoit tenir pour en venir à bout: le Diable luy suggera celuy-cy comme le plus expedient, qui fut de tuer l'Armenien qui estoit portier du Can, & qui avoit la garde de tous les magasins, aprés quoy il luy seroit facile de prendre & d'enlever sans crainte d'estre apperceu tout ce qu'il voudroit, il ne faloit plus qu'en venir à l'execution : pour cét effet il fit feinte le soir de vouloir souper avec le Portier, & ayant envoyé querir par son valet des vivres & de l'eau de vie, il se mit à table, avec luy, à dessein de l'assassiner, comme il fit sur la fin du repas : mais s'appercevant qu'il y avoit là son fils qui estoit un enfant âgé d'environ dix ans, lequel pourroit s'écrier en voyant poignarder son pere, ils l'envoyerent dehors avec un faux pretexte. A peine fut-il sorti, que le maistre & le valet se ruerent sur ce pauvre homme, qu'ils massacrerent avec des cruautez horribles : en sorte qu'on ne pouvoit mettre deux doigts sur son corps

de l'Empire Ottoman. 185

entre les playes & les bleſſures. Ils luy mirent d'abord pour l'empeſcher de crier, une ſerviette dans la bouche qu'ils luy fendirent juſques aux oreilles, & le pendirent en cét eſtat au deſſus d'un eſcalier : aprés quoy ils enfoncerent la porte du magaſin où eſtoit l'argent du Juif, qu'ils enleverent & s'enfuirent. L'enfant trouva à ſon retour ſon pauvre pere mort & pendu en la maniere que j'ay dite, un ruiſſeau de ſang à ſes pieds. A la vûë de ce ſpectacle il prit l'épouvante & la fuite, de peur qu'on ne le tuaſt encore avec luy ; il ſe jetta dans un autre Can, où ayant rencontré un ſien oncle, il luy raconta ce deſordre en pleurant & demy-mort d'effroy. Celuy-cy acourut incontinent, acompagné de quelques Turcs, au lieu où s'eſtoit fait le meurtre, où ayant trouvé la choſe conformément au raport de l'enfant, il en avertit la Juſtice Turqueſque, qui fut bien aiſe d'aprendre cette nouvelle, & qui ſe réjoüit toûjours de ſemblables accidens, à cauſe du gain & du profit qu'elle en retire. Elle ſe porta ſur le lieu pour faire le procez verbal, & y eſtant arrivé elle y apperceut proche le corps mort une table miſe avec quelque reſte de viande dans des plats & une bouteille ; ce qui donna ſujet de croire qu'on n'avoit commis ce meurtre que dans l'yvresse : elle fit quelques perquisitions pour trouver l'Auteur du crime, non à autre dessein que de le chastier par sa bourse, comme il arriva. Chacun soupçonna d'abord le Janissaire, d'autant plus qu'il avoit déja fait d'autres coups semblables; aucuns d'eux assuroient l'avoir vû entrer sur le soir dans le Can, où cét homme avoit esté assassiné; l'enfant maintenoit qu'il avoit souppé avec son pere, & qu'il les avoit laissé ensemble à table, il n'y avoit qu'un quart-d'heure. Plusieurs autres témoignoient avoir vû passer son valet tout affairé, & chargé de deux sacs d'argent qu'il avoit voulu mettre en dépost chez eux jusqu'au lendemain. Le Cuisinier qui leur avoit vendu la viande ayant esté reconnu à la marque de ses plats, & ensuite interrogé, déposa ne les avoir donné qu'au serviteur d'un tel Janissaire. Toutes ces preuves n'estoient que trop suffisantes pour le faire reconnoistre, aussi decreta t'on prise de corps contre luy, on s'en saisit incontinent & on le mit en prison au Chasteau. Cela fait, on envoya visiter sa maison, où l'on trouva les quatre sacs d'argent qui furent apportez au Mutsalleni qui est le Lieutenant du Bacha, lequel ayant fait venir le Juif, luy demanda combien on luy avoit dérobé, & en quelles especes. Celuy-cy specifia le tout piece par piece, conformément à ce qui se trouva dans les sacs, ausquels le Janissaire n'avoit pas encore touché. Il y avoit, dit-il, tant en or & tant en piastres réales, les sacs estoient de telle étoffe, & les ligatures de telle couleur. Cette déposition battoit en ruine le Janissaire, & estoit contre luy une preuve encore plus convainquante que les precedentes. Mais telle qu'elle pût estre, elle ne servit de rien au pauvre Juif, qui s'attendoit de recouvrer son argent aprés l'avoir si bien specifié, dautant qu'il n'en eut rien, les Juges aimant mieux le retenir pour eux; voila le premier gain qu'ils firent : mais le principal s'esperoit de la part du criminel qui devoit acheter d'eux sa liberté à force d'argent. Pour achever de le convaincre, ils firent mettre son valet à la question, qui avoüa d'abord qu'à la verité il avoit vû prendre cét argent à son Maistre, & qu'il en avoit esté luy-même le porteur au logis : mais qu'il ne luy avoit pas vû assassiner l'Armenien. Aprés cette confession du serviteur, ils firent venir le Janissaire en leur presence, auquel ils parlerent en la maniere qui s'ensuit : Ne pense plus malheureux à nier ce qui est plus vray que le jour, il n'est que trop vray que tu es l'auteur du crime dont l'on t'accuse, les preuves en sont si evidentes, qu'on ne peut plus en douter, aussi ne t'avons nous pas fait comparoistre icy pour t'interroger du fait, & tirer de tes paroles de nouveaux éclaircissemens : puisque nous en avons plus que suffisamment, & ne sommes que trop convaincus. C'est donc pour te dire & signifier seulement que tu merite la mort, non pas tant pour avoir assassiné ce Chrétien, que pour avoir dérobé de nuit, & enfoncé des portes dans un lieu qui est sous la protection du Grand Seigneur : neanmoins parce que ta mort seroit imputée au meurtre que tu as fait, & que l'on croiroit que nous aurions répandu ton sang en vengeance de celuy d'un pourceau que tu as tué, ce qui n'est pas raisonnable, aussi ne sommes nous pas dans le dessein de te condamner, mais de te sauver la vie, pourvû que tu sçache reconnoistre nostre bonne volonté, & le peril où nous nous exposons pour toy, qui merite bien quelque chose. Qui sçait, ajoûtoient-ils, si nous ne serons pas entrepris à ton sujet, pour n'avoir pas fait la Justice, & t'avoir renvoyé absous sans chastiment aprés des crimes si atroces? Considere donc que pour une partie de tes biens, que nous pretendons, nous te rendons l'autre avec l'honneur & la vie, & courons risque de nos personnes. Sur cela ils s'aocorderent ensemble, & le Janissaire consentit à leur donner ce qu'ils luy demandoient, moyennant qu'ils le justifiassent & declarassent innocent du crime dont on l'accusoit, de peur que d'autres Juges, successeurs de ceux-cy, ne luy suscitassent une autre fois le même procez, & ne le missent en peine selon la pratique des Turcs. Il luy promirent de le faire, & de le mettre si bien à couvert, que jamais aucun Juge ny Gouverneur ne le pourroit entreprendre. Pour cét effet ils envoyerent querir le Juif, qu'ils obligerent à force de menaces à retracter sa premiere deposition & à jurer le contraire sur sa Bible, à sçavoir qu'il n'avoit rien perdu, & que le Janissaire ne luy avoit rien pris : Aprés quoy ils passerent un acte, par lequel ils declarerent qu'il avoit esté accusé à faux, & que les témoins s'estoient contredits dans leurs depositions, commettant en cela une double injustice, dautant qu'en justifiant le criminel ils faisoient passer pour faux accusateurs le pauvre Juif & tous les autres qu'on avoit obligez à dire la verité, ausquels ils firent encore dépenser de l'argent pour palier davantage leurs fourberies. Aprés que les Juges corrompus & mercenaires eurent touché la somme, que le Janissaire leur avoit promis, ils luy conseillerent que pour plus grande sureté il appaisast sa partie, en donnant quelque chose aux enfans du défunt qui estoient encore petits & incapables de gagner leur vie. Il y consentit & détermina pour eux cent écus, ne faisant pas reflexion, qu'en cela il donnoit assez à connoistre qu'il estoit l'auteur du meurtre de leur pere. Sur ces entrefaites ils envoyerent querir la veuve du défunt, pour luy en faire la proposition, & luy parlerent en ces termes: Femme, voulez-vous vous desister de la poursuite de ce procez qui ne servira qu'à vous ruiner, & accepter cent écus pour l'entretien de vos enfans, & pour les dédommager de la perte qu'ils ont faite dans la mort de leur pere? car vous seriez fort abusée de croire qu'on fasse jamais mourir un serviteur du Grand Seigneur pour un coquin comme vostre mary, & un predestiné pour un reprouvé, tel qu'il estoit, quand même celuy que vous accusez l'auroit mis à mort; ce qui ne conste pas, & ainsi prenez ce qu'on vous offre par compassion, & ne vous opiniastrez pas davantage, aussi-bien y perdriez-vous vostre peine. Cette pauvre femme confuse & scandalizée de ce qu'on vendoit le sang de son mary à si bon marché, répondit qu'elle aimoit mieux n'en rien recevoir, que de le donner à un si vil prix, qu'ils luy rendissent la Justice, ou bien qu'elle auroit recours à d'autres; ce qui les irrita si fort, qu'au lieu de cent écus qu'ils luy avoient promis, ils descendirent à cinquante, avec menace, que si elle parloit davantage, on ne luy donneroit rien du tout. Elle fut obligée de se taire avec ces malheureux Juges, & de se contenter, de crainte de tout perdre de la derniere somme, qui n'estoit que la moitié de la premiere ; de sorte que les choses en demeurerent là, le procez fut pendu au croc, & le meurtrier mis en liberté, moyennant trois ou quatre mille écus, qu'il fit manger à ces Juges interessez, qui avoient déja profité des deux mille volez dans le magazin du Juif, auquel on ne les restitua pas.

Il arrive quelquefois, que le Juge manquant de pratique fera comparoistre en sa presence des personnes qui n'ont aucun démeslé ensemble, & aprés leur avoir demandé s'ils ne se doivent rien l'un à l'autre, il les oblige de prendre un acte de cela en Justice, afin (dit-il) qu'il n'arrive point entre-eux de debat ny de pretentions à l'avenir ; & puis il se fait payer de sa peine.

C'est assez d'estre accusé en Turquie à droit ou à tort, pour estre chastié, ou du moins condamné à l'amende. Si un homme, par exemple, est emprisonné sur une accusation fausse, & qu'ensuite on vienne à reconnoistre son innocence, on ne laisse pas de luy faire payer une somme d'argent, avant que de le tirer de la prison. Bien davantage, le Juge avoüera quelquefois l'innocence d'un homme, & dira qu'il est faussement accusé. Il maudira ceux qui l'ont trahy & livré entre ses mains, & cependant il ne laissera pas de le ruïner, fondé comme je crois sur cette raison injuste, que quiconque entre dans le Parquet il faut qu'il paye. Qu'ont fait, disent-ils, les poissons tombez dans les rets plus que les autres qui les ont évitez? Sont-ils plus criminels qu'eux? Cependant laisse-t'on pour cela de les manger? hé bien, nous faisons la même chose de ceux qui viennent à nostre Parquet de leur propre mouvement, ou qui y sont conduits par d'autres. Voila comment ils justifient leurs tyrannies.

Quand le Juge a donné une Sentence en faveur d'un particulier, il excite sa partie averse déja condamnée, à intenter une autre fois le procez avec de faux pretextes, en vûë desquels il revoque son premier Arrest, & en donne un autre tout contraire. Il arriva un jour qu'un Marchand François

François ayant pris un cheval à loüage d'un Arabe, à dessein de s'en servir dans un voyage ; le cheval estant venu à mourir, le troisiéme ou quatriéme jour après son départ, le maistre pretendoit d'en estre payé quatre fois plus qu'il ne valoit; & sur le refus qu'en fit le marchand il eut recours au Juge, auquel il se lamenta qu'un infidele luy avoit tué un cheval de deux cens écus qui estoit son gagne-pain, & tout ce qu'il avoit au monde, & que bien loin de le dédommager il le payoit de railleries & se moquoit de luy. Le Juge sans autre examen donna Sentence en faveur de l'Arabe, & condamna le François à luy payer deux cens écus. Dequoy celuy-cy ayant esté averty, il envoya incontinent un truchement au Juge, avec un present de cinq ou six aulnes de satin, le suppliant de luy conserver son droit, & de ne l'obliger pas sur une fausse accusation à payer ce dont il n'estoit pas redevable. A peine le Juge eut-il receu ce present, qu'il fit rappeller l'Arabe, auquel il dit en colere: Qui t'a appris, malheureux, à mentir en Justice ? à abuser de l'autorité de ceux qui sont constituez de Dieu & du Grand Seigneur pour la rendre au public ? Pourquoy m'as-tu dit que ce Franc a tué ton cheval, puis que cela se trouve faux, & que tu ne

I

le peux prouver par aucun témoin digne de foy? Dis-moy, fourbe, luy a-t'il donné quelque coup d'épée, de fusil ou de pistolet, en quelle maniere l'a-t'il tué? Tu ne répons pas? Peut-estre, ajoûtoit-il, que ton cheval estoit immortel, si ce Franc ne l'eût monté, canaille que tu es, retire-toy de ma presence, que je ne te fasse donner deux cens coups de baston pour les deux cens écus que tu pretendois injustement. L'Arabe n'oza plus rien repliquer, de crainte que pis ne luy arrivast, il sortit du Parquet fort affligé, & confus au sujet de cette seconde Sentence, si contraire à la premiere, & le Franc demeura libre moyennant un present de cinq ou six écus.

Le même se pratique encore à Constantinople, au sujet des commandemens qu'on obtient d'eux à la Porte, qu'ils revoquent & en donnent de tous contraires, lors qu'ils en sont requis par d'autres qui leur offrent de l'argent.

Quand le Juge veut délivrer quelque criminel, dont il espere une bonne recompense, il intimide tous les témoins que sa partie adverse produit contre luy; il fait feinte de les arrester prisonniers, pour examiner leur vie par le menu, avant que de recevoir leurs témoignages, qu'ils ne sont pas capables, dit-il, de donner, à moins qu'ils ne soient gens de probité & de bonnes mœurs: ensorte qu'eux voyans cela, ils n'ozent s'exposer, & refusent d'aller témoigner, de peur de tomber eux-mêmes en quelque disgrace. Voila un des moyens dont ils se servent pour favoriser l'injustice, pour mettre à couvert les coupables, & n'estre pas obligez de les châtier.

L'on trouve pour de l'argent en Turquie tant de faux témoins qu'on en veut, lesquels jureront & attesteront en presence du Juge par la verité de l'Alcoran, qu'ils auront vû ou entendu, & qu'ils estoient presens: encore bien que cela soit tres-faux, & qu'ils sçachent eux-mêmes le contraire.

Article XV.

De l'ignorance des Turcs au regard des Arts & des Sciences.

CE n'est pas merveille si les Turcs sont ignorans dans l'excez, puis qu'ils ont en haine les sciences & les défendent comme illicites; pour cette raison, disent-ils, qu'elles rendent l'homme infidelle, & le font douter de tout. Aussi ne veulent-ils point d'Escoles ny d'Academies pour les apprendre: en sorte qu'ordinairement toute leur science consiste à sçavoir lire, & à apprendre quelques termes d'Astrologie, des plus triviaux qu'ils ont toûjours en bouche, pour se faire estimer des simples. Quand ils rencontrent par la ruë quelque Prestre ou Religieux estranger, ils luy demandent d'ordinaire en quel signe du zodiaque le Soleil se trouve, & combien la Lune a de jours; pour donner à croire à ceux qui les regardent qu'ils sont sçavans dans ces matieres. Cependant ils y sont si peu versez, qu'ils ne sçauroient trouver par la supputation le quantiéme de la Lune: d'où vient qu'ils ne s'en rapportent qu'à la veuë, & qu'ainsi ils font bien souvent le premier jour du second, & même du troisiéme, lors particulierement que le temps est couvert de nuages & empêche la Lune de paroistre: ce qui se connoist par leur feste de Ramadan, qui commence quelquefois plûtost d'un jour dans une Ville que dans une autre.

Il ne faut point parler parmy eux de Philosophie, de Theologie, de Mathematiques, ny de Medecine, telle qu'on l'apprend dans les Escoles, il n'y a que quelques Moulas qui en font en profession. Ce qu'ils ont de particulier, & qui les fait un peu paroistre dans l'entretien; ce sont quantité de Proverbes & de Sentences qu'ils sçavent par cœur, & qu'ils appliquent fort bien, en sorte que cela orne beaucoup leurs discours. Ils en disent à tous propos, & sur toutes les sortes de matieres, dont ils sont capables de s'entretenir. Ils abondent particulierement en similitudes & comparaisons, qui clocheroient entre gens sçavans, à raison des disparitez qu'ils y trouveroient, mais qui sont bien receuës parmy eux. Il y en a tres-peu qui sçachent même leurs histoires & les conquestes de leurs Empereurs, si ce n'est confusement, & par oüy dire de pere en fils, quoy qu'il y ait quelques Livres de ces histoires.

Ils méprisent les Arts les plus honnestes, comme la peinture, la sculpture, la graveure en taille douce, la musique & plusieurs autres, & ne s'appliquent qu'aux choses communes & necessaires à la vie, desquelles l'homme ne se peut passer : en sorte qu'on ne trouvera parmy eux aucun Peintre qui en merite le nom ; ceux qui y sont ne sçachans pour toute science faire autre chose que certaines fleurs ou feüillages sur les murailles d'une chambre : mais si grossieres & maussades, qu'on ne les peut voir sans en rire & s'en moquer. Il se rencontre à la verité quelques Chrétiens qui se meslent de copier des Images : mais ils y reüssissent si mal, que leurs tableaux sont plus capables de ruïner la devotion que de l'édifier : aussi la plûpart de ceux qui sont dans les Eglises de Turquie, ont-ils esté apportez d'Europe, à la reserve des Grecs, dont l'orgueil, jointe à l'aversion qu'ils portent aux Francs, refuse de se servir de nos tableaux.

Ils estiment que de faire l'image d'un homme pendant sa vie, est une chose dangereuse & qui avance sa mort. Ayant exposé un jour dans nostre maison les portraits des Grands Seigneurs imprimez dans une carte, avec l'histoire de leurs vies, un amy originaire du pays me conseilla de les retirer, de crainte d'offenser les Turcs, qui n'aiment pas les images, & qui envisagent je ne sçay quoy de fatal en elles.

Ils nous croyent des idolâtres de les tenir dans les Eglises & les maisons, & ils s'imaginent que nous les adorons comme des Divinitez.

Il n'y a point non plus de sculpteurs en pierre ny en bois, qui puissent travailler des statuës, des tabernacles, des tables & mille autres gentillesses, comme en Europe. Toute leur industrie se termine à faire certains lineamens grossiers, quelques moresques ou cadeaux sur les portes & les fenestres.

Les Graveurs en taille douce sur le cuivre, les plus industrieux du monde n'y gagneroient pas leur vie, non plus que les Chapeliers, Emailleurs, Gantiers, Parfumeurs, Perruquiers, Plumassiers, Tonneliers & Charrons, dont les arts sont tout à fait inconnus dans la Turquie. Il n'y a que quelques particuliers qui gravent des cachets & font des ciselures aux guaisnes des coûteaux, sabres & autres choses.

Semblablement il n'y a point d'Imprimerie pour les Livres, lesquels s'écrivent tous à la main, & à la tâche pour de l'argent ; d'où vient qu'ils sont tous remplis de fautes. Ils impriment quantité de toiles de coton, dont ils font des voiles ou rideaux, des mouchoirs, ceintures, & autres choses : mais ils n'y reüssissent pas comme ceux des Indes & de Perse, dont les toiles sont plus fines, les couleurs plus vives & l'impression plus delicate.

Il y a tres-peu d'Armuriers en Turquie qui travaillent à faire des fusils, pistolets & autres armes à feu, à la reserve de quelques Renegats : de sorte que celles qui s'y trouvent ont esté la plûpart aportées d'Europe par les Anglois ou Holandois.

Les Chirurgiens en Turquie sont encore Medecins & Apoticaires ; ils ordonnent & exercent tout ensemble, tant la Pharmacie que la Chirurgie, qui s'aprennent parmy eux avec tout le cours de la Medecine en moins d'un an, lequel finy on peut lever boutique, aprés s'estre presenté au Maistre Juré, qui laisse passer & admet sans examen, moyennant quelque petit present. J'en ay vû qui n'ont jamais fait que six mois d'aprentissage, ny apris quoy que ce soit qu'à saigner, qui cependant sont à present des plus employez de la Ville, parce qu'on apperçoit leur boutique plus grande, bien garnie, avec une rangée de livres qui sont exposez à la vûë de tout le monde, pour faire croire qu'ils sont sçavans & abuser les simples.

Ils saignent à terre comme l'on feroit des chevaux, & ne reçoivent point le sang dans des poislettes pour voir ses qualitez & en quoy il peche. Ils n'observent pas non plus l'urine des malades, pour en tirer des connoissances, & juger par sa couleur ou épaisseur de l'estat de la maladie. Ils n'ordonnent jamais de lavemens, si ce n'est dans quelques lieux maritimes, où le voyant pratiquer aux Francs avec avantage, ils se resolvent d'en faire de même, nonobstant l'aversion naturelle qu'ils ont à ce remede qu'ils estiment honteux.

Les goutes & les fiévres quartes sont tres-rares au Levant, mais en contréchange ils ont des fiévres chaudes & malignes, des doubles tierces & continuës en quantité. Le meilleur remede qu'ils ayent pour s'en guerir c'est la diete, & sur tout l'abstinence de la viande que le Medecin leur défend d'abord, ne leur ordonnant que des alimens legers & rafraichissans.

Ils ont en Turquie cette bonne opinion des Francs qu'ils les croyent de grands Medecins : en sorte que si quelqu'un se vouloit faire passer pour tel parmy eux, il luy seroit facile, pour peu qu'il eust de connoissance des choses les plus communes & ordinaires.

Il y a quantité de femmes Turques, Chrétiennes & Juifves qui exercent la Medecine, qui donnent des potions & des pillules, qui composent elles-mêmes les confections & les onguens, sans qu'on puisse sçavoir où elles ont puisé ces connoissances & cette pratique, si ce n'est qu'elles l'ayent appris le voyant faire à d'autres, ou qu'elles se soient hazardées d'elles mêmes à faire l'experience de leurs remedes sur quelque pauvre malheureux, pour voir quel effet ils produiront, afin de s'en servir ensuite avec plus d'assurance sur les autres.

Il ne se trouve personne entr'eux qui sçache la Musique, ou qui ait jamais apris à joüer de l'Orgue, de l'Epinette, du Luth, de la Harpe, & de mille autres instrumens que l'industrie des Européans a inventez pour la satisfaction de l'homme. Il n'y a que quelques joüeurs de cornemuse, de flûte & de tambour, lesquels se sont obligez de payer tant par mois au Prevost, pour avoir la licence d'exercer leur mestier en la maniere qui s'ensuit.

Ils vont joüer aux portes de tout le monde indifferemment, tant des Turcs que des Chrestiens & des Juifs, sans y estre appellez, sous pretexte que ce sera leur feste, ou qu'ils auront fait des nopces, ou fiancé quelqu'un de la maison, ou que la femme sera acouchée, ou bien que le mary sera retourné d'un long voyage. Ils viennent, dis-je, dans tous ces rencontres pour congratuler la famille & se conjoüir avec elle, mais plûtost pour avoir de l'argent, d'autant qu'ils se font payer bon gré ou malgré de leur peine en vertu de cette permission du Prevost : encore bien qu'ils soient venus d'eux-mêmes & de leur propre mouvement sans avoir esté appellez.

Il y a des femmes qui font le même & encore pire, d'autant que celles-là entrent dans les maisons effrontément, chantent

& dansent en presence de tout le monde, avec des gestes impudiques & lascifs; elles font cela dans toutes les occasions susdites, & payent comme les hommes le tribut au Prevost pour pouvoir exercer ce bel employ.

Les Turcs n'estiment pas les voix douces & delicates, ny les concerts de voix basses & harmonieuses. Il faut pour bien chanter à leur gré crier à pleine teste, & comme au meurtre. Ceux d'entre-eux qui ont entendu les Orgues de Jerusalem en sont ravis, & n'ont point de paroles pour exprimer l'excellence de cét instrument, estimé d'eux incomparablement plus que tous les autres, parce qu'il fait plus de bruit. Je ne doute pas que si on leur mettoit en compromis un Luth touché par le plus habile Maistre de France, avec le son d'une simple Cornemuse qui se fist entendre de bien loin, qu'ils ne donnassent l'avantage à celle-cy, & qu'ils n'en restassent plus charmez que du Luts, tant ils ont l'oüye delicate. Certains Religieux Mahometans joüans un jour avec des flûtes faites de roseaux ou de cannes, ceux qui les écoutoient ravis de cette douce harmonie, me demanderent s'il estoit possible qu'au pays des Francs il y eust de plus beaux & agreables instrumens que ceux-là : cependant ils ne sçavent ce que c'est que d'accorder les quatre parties, & joüent tous sur un même ton.

Les Turcs ne sçavent pas travailler le drap, & ne se vestent que de ceux qu'on apporte d'Europe. Ils font bien certaines étoffes grossieres semblables à du feutre, dont les pauvres se servent, & ceux qui vont dans les Caravanes s'en font parfois des capots pour se couvrir la nuit, & en temps de pluye. Ils font encore d'autres petites étoffes, comme de l'étamine qui sont peu en usage, mais les plus communes sont celles qu'ils appellent, chal, qui sont si mal tissuës, qu'elles paroissent comme un treillis ; les pauvres s'en font des ceintures & des turbans.

Ce n'est pas la coûtume parmy eux de mettre des rubans sur leurs habits ; aussi n'en travaille t'on point en Turquie, non plus que des dentelles, au moins qui aprochent tant soit peu des nostres ; celles que je leur ay vû faire n'ayant guere plus d'un doigt de largeur, & estans si grossieres qu'elles ne meritent pas d'en porter le nom.

La broderie en soye & en or est si commune en Turquie, qu'il y a peu de femmes qui ne la sçachent, & la plûpart d'elles gagnent leur vie à ce mestier : mais leur travail (qui se fait ordinairement sur de la toile) est si grossier, qu'on peut bien dire que la matiere en est beaucoup plus precieuse que l'ouvrage, aussi le donnent-elles à si bon marché, qu'à peine peuvent-elles gagner leur vie en travaillant depuis le matin jusqu'au soir : elles font chaque fleur d'une seule couleur, sans y observer les ombres, ny les autres choses qui concernent les regles de l'art, en sorte que telles fleurs n'aprochent en rien du naturel.

Ils n'entendent pas l'agriculture comme en Europe, & n'en sçavent qu'autant que le requiert la pure necessité. Ils ne prennent point à tasche d'avoir toutes sortes de fruits & de fleurs, se contentans de ceux qui se trouvent sur leurs terres, sans se mettre en peine d'en faire venir d'ailleurs comme il leur seroit facile. Ils ne s'attachent qu'à avoir les choses qui sont de debit, & dont ils peuvent tirer de l'argent, ayans un extreme mépris pour les autres, quelque curieuses & belles qu'elles puissent estre : en sorte que toute leur industrie en fait d'agriculture aboutit à enter quelques greffes, à planter des choux, des laituës & autres herbes communes, & à amblaver leurs terres qui sont tres-fertiles & de grand raport.

Leurs jardins ne sont rien en comparaison des nostres, aussi n'y font-ils aucun ornement, comme en France & en Italie; vous n'y verrez ny allées couvertes tirées au cordeau, ny palissades, ny bordures, ny espalliers, ny compartimens qui divisent les quarrez, ny jets d'eau : en sorte que vous les prendriez pour des champs & des terres labourées, aussi bien ceux des riches, que ceux des pauvres. Les arbres fruitiers & autres y sont plantez pesle meslé, & sans aucun ordre, comme dans une forest. Les fruits, generalement parlant, ne sont pas si amoureux que les nostres, quoy qu'ils deussent (ce semble) l'estre davantage, à raison de la plus grande chaleur qu'ils ont ; & cette insipidité leur vient de la quantité d'eau qu'on donne aux plantes, jointe au chaud qui avance si vîte la production du fruit, que l'arbre n'a pas le temps de digerer & d'assaisonner l'humeur qu'il tire de la terre pour sa nourriture, & qu'il communique au fruit.

ARTICLE XVI.

De certaines coûtumes & façons de faire des Turcs.

LEs femmes ne vont jamais par les ruës que couvertes, à moins que ce ne soit quelque pauvre vieille capable de donner plus d'horreur que d'amour. Quand elles sortent du logis, elles vestent par dessus leurs beaux habits de draps de soye, une grande robe de toile blanche, qui les couvre depuis la teste jusqu'aux pieds : en sorte qu'on n'en peut rien appercevoir que l'extremité. Sur tout leur visage est si bandé & couvert, que celuy de nos Religieuses les plus austeres, ne l'est pas avec tant de rigueur, ne laissant que les yeux libres pour se conduire, & encore mettent-elles dessus une toile tissuë de crin noir, à travers de laquelle elles regardent. Enfin, elles sont si deguisées, que dans cét estat un fils auroit de la peine à reconnoistre sa mere, & un mary sa femme, si ce n'est au marcher, particulierement si elles estoient en compagnie de plusieurs autres.

Elles n'ozent paroistre en presence des hommes, ny s'entretenir avec eux, s'ils ne sont parens. Lors qu'elles sont malades & que le besoin requiert, qu'on leur fasse venir le Medecin, elles se couvrent la face avant qu'il entre dans leur chambre & mettent sur elles un grand voile : en sorte qu'il ne les peut voir ny rien juger par leur visage. Il n'a la liberté que de leur prendre & taster le poux, encore cela se fait-il avec beaucoup de retenuë & de modestie.

Elles ont licence de leurs maris de sortir dehors les Jeudis pour visiter leurs parentes, & aller avec elles aux sepultures qui font tout le circuit de la Ville. C'est là leur rendez-vous & l'unique promenade qu'elles ayent: aussi s'y trouvent-elles quelquefois plus de trente mille, en sorte que la campagne paroist blanche de leurs habits. Elles s'entretiennent là sur les tombes de leurs deffunts, qu'elles sont obligées de pleurer les 20. & trente ans aprés leur mort, pour se conformer à la coûtume du pays qui est telle, & non pas par un vray ressentiment d'amour: puis qu'elles le font toutes indifferemment, aussi-bien celles qui haïssoient à mort le deffunt, que les autres qui en estoient passionnées.

Les femmes Chrétiennes & Juifves vont encore couvertes par les ruës, mais d'une autre maniere que les Turques, dautant qu'elles mettent sur leur teste un voile blanc, qui ne descend que jusqu'aux genoux, en sorte que cette extremité de leurs beaux habits est découverte; ce qui fait qu'elles paroissent plus braves que les Turques, qui ne montrent rien du tout, à raison de cette grande robe blanche qui les couvre depuis la teste jusqu'aux pieds; ce qui leur donne un peu de jalousie contre les Chrétiennes, qu'elles ne traittent en murmurant d'elles que de chiennes, de truyes & d'infidelles, pour se conformer à leurs maris, qui ne qualifient pas autrement les vrais croyans.

Quand les femmes vont en visite chez leurs amies ou parentes, elles n'y restent pas pour une heure ou deux, comme en Europe, elles y demeurent les semaines entieres, dans des festins continuels. Elles menent avec elles non seulement leurs esclaves pour les accompagner, mais encore leurs enfans, jusqu'à ceux qui sont au berceau. Elles ne vont jamais là les mains vuides & sans presens, autrement ce seroit une honte & une indecence notable. Quand elles reçoivent la visite on fait aussi le même à leur égard, & on leur porte quelque chose d'honneste pour les regaler reciproquement, comme des confitures, des fruits, quelques viandes particulieres, qu'elles n'acceptent qu'avec peine, au moins en apparence.

On achete les Esclaves en Turquie plus ou moins, selon leurs bonnes ou mauvaises qualitez, ayant égard à leur beauté, jeunesse, industrie, force & autres talens, de maniere que l'un se vendra trois ou quatre cens écus, au lieu que l'autre n'en portera pas à son Maistre, cent ou même quatre-vingt. On les oblige la plûpart à se faire Mahometans, & ceux dont la constance n'aura pû estre flechie à renier leur foy, par la violence des tourmens, se vendent à des Juifs ou à des Chrétiens.

Les Esclaves viennent presque tous de Russie, de Pologne, de Moscovie, d'Allemagne ou de Georgie. On les amene vendre, comme des moutons, dans des cans ou places publiques, hommes, femmes & enfans. Les Turcs y accourent, comme au marché, pour les considerer & choisir à leur goust. Les Chrétiens n'ozent se commettre avec eux, ny les marchander en leur presence, de crainte de se faire maltraitter. Quand ces pauvres Esclaves les apperçoivent & reconnoissent pour tels à leur turban different de celuy des Turcs, ils leur tendent les bras, & ne pouvans parler ils font le signe de la Croix, leur donnant par là à entendre qu'ils sont Chrétiens comme eux, & qu'ils les prient pour l'amour de Dieu de les délivrer des mains des infidelles, en les prenant à leur service.

Il arrivera quelquefois qu'une pauvre femme qui aura avec soy deux ou trois enfans sera venduë à un Turc, & ses enfans à des Juifs ou à des Chrétiens : Elle sera conduite dans un pays & eux dans un autre, pour ne se revoir jamais plus. Il n'y a cœur qui ne s'attendriffe & qui ne donne des larmes à la veuë de cette feparation fi cruelle, les enfans pouffent des cris pitoyables, fe voyans arrachez du fein de leur pauvre mere. Elle fe jette fur eux à corps perdu, pour leur dire les derniers adieux, ceux-là pleurent & gemiffent, celle-cy fe defefpere & s'arrache les cheveux; ce qui oblige quelquefois ces infideles, quoy que cruels, de les acheter tous enfemble, & fouvent de peur que l'excez de la trifteffe ne les faffe mourir, & qu'ainfi ils ne viennent à perdre par leur mort deux ou trois cens écus.

Il y a tant d'Efclaves dans toutes les Villes de la Turquie, qu'à peine trouvera-t'on une famille tant foit peu confiderable, où il n'y en ait quelqu'un. Les riches en ont pour l'ordinaire trois ou quatre, tant garçons que filles qu'ils marient enfemble, ou à d'autres Turcs, aprés s'en eftre divertis & avoir tiré d'eux quelques années de fervice; ce font eux qui peuplent la Turquie beaucoup plus à proportion, que ne font pas les Turcs naturels, qui multiplient peu, pour les raifons que nous avons dites parlant de leurs mariages; de vray la plûpart des riches font fils ou petits fils d'une Efclave.

Les fils des Efclaves font eftimez auffi

legitimes que ceux de la veritable épouse, & partagent avec eux également à la succession de leur pere: en sorte que les autres n'ont aucun avantage au dessus d'eux que le bien qu'ils heritent de leur mere, qui va pour l'ordinaire à quantité de dorures, d'anneaux, de pierreries, & de meubles que n'ont pas les Esclaves.

Les filles n'ont dans la succession que la moitié de ce qu'ont les mâles, en sorte que 2. filles ne prédront pas plus qu'un garçon. S'il arrive que quelqu'un d'eux vienne à mourir sans hoirs mâles, & qu'il n'ait que des filles, leurs oncles freres du défunt partageront le bien avec elles. Ces sortes de loix & generalement toutes les autres qui ne touchent pas la Foy & la Religion, sont observées aussi bien des Chrétiens Orientaux comme des Turcs.

Un homme absent n'oseroit faire ses recommandations à sa femme ny par lettres ny autrement, à moins qu'il ne vueille passer pour un fol ou un passionné; & s'il est obligé de luy écrire pour quelque necessité de la famille, ou pour luy faire sçavoir de ses nouvelles, l'adresse de la lettre ne se fera pas à elle, mais à son frere, ou à son parent, ou bien à son fils, quoy qu'il fût encore petit; il ne parlera jamais d'elle que par circonlocution & sans la nommer pour luy faire donner ce qui luy fera de besoin & à ses enfans. Semblablement si elle écrit à son mary, elle le fera au nom de son fils, ou de son parent, comme si c'étoit eux qui envoyassent la lettre. Elle se donnera bien de garde d'y faire mettre ses baisemains, & de luy témoigner le desir qu'elle a de le revoir, si ce n'est en general, en luy disant, par exemple, que toute la famille se porte bien, qu'elle se recommande à luy, & prie Dieu qu'il luy donne un heureux retour. Aprés quoy on souscrit en la maniere qui s'ensuit. Si l'absent à un fils qui soit encore dans un âge tendre, on luy teint la main avec du saffran, & on l'imprime dans la lettre pour signature, afin que le pere la voyant se réjouisse & se console.

On ne vend dans les tavernes de Turquie ny pain ny viande, mais seulement du vin & de l'eau de vie, tant aux Turcs qu'aux Chrétiens qui n'y font qu'entrer & sortir depuis le matin jusqu'au soir. On donne pour avoir permission de tenir cabaret vingt-cinq écus par mois au Prevost: en sorte que dans Constantinople, où j'ay oüi dire qu'il y avoit plus de dix mille tavernes, il auroit à ce compte chaque jour neuf ou dix mille écus.

Un Turc ne peut pas estre tavernier, si

ce n'est de caffé, lequel se vend dans des lieux grands & spatieux comme des halles, où pour attirer le peuple en plus grande quantité, on tient des Menétriers, des joüeurs de passe-passe & des conteurs de sornettes qui servent à divertir la compagnie, & à faire passer le temps agreablement.

Tout le monde se raze les cheveux en Turquie, & se laisse croistre la barbe, à la reserve de quelques Janissaires, en sorte que qui feroit le contraire, seroit méprisé & passeroit pour un esclave. Si quelqu'un aprés avoir porté la barbe longue, venoit à se la raser, on le condamneroit à une amande comme s'il avoit commis un crime.

La plûpart des Turcs mangent de l'opion pour s'enyvrer & perdre en ce faisant toutes les pensées mélancoliques ; ils s'y acoûtument petit à petit, afin que de prime abord il ne leur fasse point de mal : leurs Religieux en usent plus frequemment qu'eux, lors particulierement qu'ils doivent assister à leurs ceremonies, où ils font les extatiques & paroissent comme des possedez par les mouvemens violens & agitations extraordinaires de leurs corps qui vont dans l'excez, pour donner à entendre au simple peuple qu'ils sont remplis de l'esprit prophetique de Mahomet

de l'Empire Ottoman. 215

mais cette pratique les jette insensiblement dans une léthargie qui les abrutit & les rend stupides avec le temps.

Il n'y a point d'hospitaux en Turquie pour les malades, & s'il y en a d'ancienne institution, ils ne servent plus aujourd'huy à cét usage.

Il y a certains lieux pour mettre les foux dangereux, & furibonds qui s'apellent Muristan, où ils sont traitez cruellement à coups de bastons & de soufflets, afin qu'ils se fassent sages, disent les Turcs, & qu'ils retournent à leur bon sens. Celuy qui y fait mettre quelqu'un est obligé de payer sa dépense, & de recompenser le Geollier de sa peine.

Il n'y a point en Turquie de Postes ny de Messagers reglez comme en Europe, & l'on n'envoye point de Courrier que quand il se presente quelque necessité; alors tout le monde se sert de cét avantage, & luy donne ses lettres, avec promesse qu'en les rendant à leur adresse il en sera recompensé. On ne se sert point non plus de Carosse à cause de l'inegalité des chemins, & s'il y en avoit dans les Villes, ils n'y pourroient rouler, tant les ruës sont étroites, tortuës & inégales.

Les Turcs n'ont pas peur de la peste, & ne se retirent point des lieux où elle est, bien loin d'abandonner le pays comme nous pour aller respirer ailleurs un meilleur air. Ils visitent aussi franchement ceux qui sont actuellement frapez comme les autres qui n'ont aucun mal, ils les frequentent à l'ordinaire, & conversent aussi familierement avec eux comme si de rien n'estoit. Bien davantage ils boivent, mangent & dorment ensemble comme auparavant : & si leurs pestiferez viennent à mourir, ils vestent incontinent leurs habits, sans même se donner la peine de les exposer à l'air. Ils se moquent de la pratique des Francs qui en semblables occasions se retirent dans des lieux écartez, ou se renferment chez eux, sans vouloir communiquer avec qui que ce soit, afin d'éviter par ce moyen le mal contagieux. Ils les appellent foux & idiots de vouloir changer les decrets de Dieu, & cruels envers leurs parens qu'ils abandonnent dans le besoin.

Les peuples Orientaux tant les Chrétiens que les Turcs, croyent & s'imaginent qu'on peut nuire à une personne & luy prejudicier en la regardant de mauvais œil, d'où vient qu'ils disent en commun proverbe à certains infirmes ou maleficiez (quelqu'un t'a jetté un mauvais regard) aussi pour se preserver de tel accident, ils portent sur eux certains billets, qu'ils appellent

appellent hammaieli, dont nous avons parlé cy-dessus.

Ils souffrent dans leur pays les Chrétiens & les Juifs, en consideration du profit qu'ils en retirent plus que de ceux de leur Religion, & les laissent vivre comme l'on fait les brebis & les abeilles, à cause de leur lait & de leur miel. Ils leur permettent d'avoir des Eglises & des Synagogues dans les lieux où elles sont d'antiquité, mais ils ne leur en laissent point bastir ordinairement de nouvelles : ils leur donnent bien permission de les reparer ou blanchir, moyennant quelque somme d'argent : mais non pas de les agrandir. Et s'il arrive que le feu s'y mette, on ne peut plus les rebastir, à moins que quelque grand personnage ne l'obtienne par son autorité, comme a fait depuis peu Monsieur de Nointel Ambassadeur de France, en faveur des Peres Capucins Missionaires de Constantinople, dont l'Eglise avoit esté brûlée depuis quelques années.

Quand la Lune s'éclipse, quelques Turcs des plus simples font un grand bruit, & frapent comme à un charivary sur des poîles & chauderons, pour épouventer, disent-ils, le dragon qui la veut engloutir. D'autres aussi ignorans que ceux-là, attribuent les tremblemens de terre aux mou-

K

vemens de la teste d'un bœuf monstrueux, qu'ils disent estre l'Atlas, sur les cornes duquel est appuyée cette grande machine.

S'il arrive qu'une femme vienne à mourir en travail d'enfant, avant que d'avoir mis son fruit au monde, ils n'ont garde de l'ouvrir pour retirer l'enfant, quand même ils l'appercevroient se mouvoir encore : au contraire, ils l'achevent de tuer à grands coups de poing, en frappant sur le ventre de la deffunte, & le chargent d'imprecations & d'injures, en luy disant ces belles paroles (meurs petit malheureux, puis que tu as fait mourir ta mere.)

L'exercice des personnes de condition consiste à lancer à grands tours de bras & de toute leur force un gros baston, comme un dard ou un javelot, les uns contre les autres, à dessein de se frapper s'ils peuvent. Ce jeu là s'appelle (dgirit) & se fait ordinairement à cheval, dans une raze campagne, où le Bacha se rend avec toute sa suite, lors qu'il est dans le pays. Soltan Mourad prenoit un singulier plaisir à cét exercice, d'autant plus qu'il y reüssissoit à miracle, & lançoit ce bâton avec une force & dexterité merveilleuse. On montre dans le Chasteau d'Alep le lieu d'où il en jetta un avec tant de vehemence & d'adresse, qu'à peine en croiroit-on l'éloignement, si le peuple n'y eust mis dés lors une marque, qu'on fait voir encore aujourd'huy par curiosité. Aussi estoit-il un des plus robustes de son Empire.

Ils estiment les personnes bien-faites, & ils croyent comme chose impossible, qu'il puisse avoir dans un beau corps une ame basse & vile.

Ils appellent Francs tous ceux indifferemment qui portent le chapeau : aussi-bien les Espagnols, Allemands, Suedois, Polonois, Anglois & Italiens, que les François. Ils donnent encore ce nom à ceux qui obeïssent à nostre saint Pere le Pape, encore bien qu'ils ne portassent pas le chapeau. De sorte que parlant d'un Grec ou d'un Armenien qui se sera fait Catholique, ils diront qu'il s'est fait Franc ; comme si ce nom denotoit une Religion particuliere differente de celle des Chrétiens Orientaux. Pour cette même raison, les Armeniens Catholiques de la Province de Nacchivan en Perse, s'appellent Francs, pour se distinguer des autres qui sont Schismatiques.

Ils ont une estime tres-particuliere des Francs, à raison de leurs belles qualitez. Ils les croyent adroits, industrieux, sçavans & genereux, en un mot, ils sont nez, disent-ils, pour les Arts, les Sciences & les Armes. Quand ils veulent loüer la beauté d'un enfant ou d'une jeune fille, ils les comparent à des Francs, & difent qu'ils leur ressemblent.

Quand quelqu'un se fait Turc, s'il a des enfans au dessous de l'âge de 12. ans, ils sont obligez de le suivre dans son Apostasie; les autres plus âgez ne sont pas tenus à cette Loy, & peuvent perseverer dans le Christianisme : mais il faut qu'ils se presentent au Juge, afin de protester devant luy qu'ils sont Chrétiens, qu'ils veulent vivre & mourir tels, & en tirer un acte; autrement s'ils demeuroient sans rien dire, on prendroit leur silence pour un consentement tacite, & on les obligeroit à se faire Turcs. Quand ils viennent dans le Parquet pour faire cette protestation, & en tirer un acte, le Juge fait feinte de les vouloir maltraitter pour les épouvanter ; ou bien il tâche de les attirer par promesses, & les exhorte par belles paroles d'imiter leur pere, de se tirer de la misere où ils sont, en embrassant la Religion de son pretendu Prophete, qui les mettra, dit-il, à couvert des persecutions que souffrent les Chrétiens, & leur procurera ensuite le Ciel. Quand il voit que ses promesses & ses menaces sont inutiles, & qu'il ne peut rien avancer avec eux, ny les induire à se faire Mahometans, comme leur pere, il leur écrit un acte en la maniere qui s'ensuit: Les reprouvez tels, fils tres-indignes du predestiné tel, ayant refusé de s'annoblir dans la Religion de l'Apostre de Dieu, à l'exemple de leur pere, nous leur accordons à nostre déplaisir & avec un regret sensible, la permission de continuer & perseverer dans l'infidelité des Nazaréens, & declarons que leurs sœurs les truyes telle & telle qui nous ont témoigné la même volonté qu'eux, se peuvent marier à des infideles & à des pourceaux, sans qu'aucun y puisse mettre obstacle, & les en empêcher. En foy dequoy, &c.

Article XVII.

Des façons de faire des Turcs opposées aux nostres.

LEs Turcs font gloire de faire au contraire de nous en tout ce qu'ils peuvent, soit au vivre, soit au vestir, & prennent à tâche que leurs pratiques & manieres d'agir soient differentes de celles des Europeans, avec lesquels ils ne veulent avoir, ce semble, aucune conformité, comme l'on peut voir par ce qui suit.

Ils ne se lavent les mains qu'en sortant

de table, & nous avant que de nous y mettre.

Ils se razent les cheveux & laissent croître leurs barbes, & nous tout au contraire, nous razons la barbe & laissons croistre les cheveux.

Ils se vestent d'habits de couleurs éclatantes, comme de rouge, verd, bleu, violet, & nous n'en prenons ordinairement que d'obscures, à sçavoir de noir ou de gris. Chacun parmy eux aura sur soy quatre ou cinq sortes de couleurs, en sorte que son turban sera blanc, le bonnet rouge, la veste verte, la soutanne grize ou bleuë, les chausses rouges, & les souliers jaunes : au lieu que les Francs n'auront sur eux qu'une seule couleur pour l'ordinaire.

Ils portent leurs chemises par dessus le caneçon, tant les hommes que les femmes, & les Europeans par dessous.

Ils écrivent de la droite à la gauche, & nous de la gauche à la droite.

Ils ne se découvrent jamais par reverence, quand même ils seroient en presence du Grand Seigneur, ou dans la Mosquée : au contraire de nous, qui rendons cét honneur aux personnes de qualité, & à la sainteté des Temples.

Ils ne conduisent jamais par honneur,

ceux dont ils ont receu visite, & les laissent retourner seuls, comme ils sont venus: au lieu qu'en Europe nous pratiquons le contraire.

La place la plus honorable parmy nous, c'est le milieu de la chambre vers la muraille, & chez eux c'est le coin.

Ils mettent dans leurs chambres les tapis sous les pieds & n'ornent que le pavé: au lieu que les Francs tapissent les murailles.

Ils s'asseoient à terre sur des tapis, soit pour manger, soit pour s'entretenir, & y dorment tout de même: au lieu que nous sommes toûjours élevez de terre, tant à table qu'au lit, & dans l'entretien.

Ils ruinent les Villes qu'ils ont conquises, & aprés en avoir tiré tout ce qu'il y avoit de plus beau & de meilleur, ils les laissent perir petit à petit: au lieu que nous autres les fortifions & embellissons de plus en plus, comme places frontieres, pour maintenir l'Estat contre ses ennemis.

Ils ne font point pour l'ordinaire de fenestres à leurs maisons sur la ruë, afin que leurs femmes ne regardent point qui va ou qui vient, & ne les ouvrent que du costé de la cour: en sorte qu'elles ressemblent au dehors à une prison: au lieu que les

Francs les font percer de part & d'autre, & particulierement sur la ruë, pour plus grande commodité.

Ils reverent les Magiciens, Sorciers & Enchanteurs, & les consultent dans toutes leurs affaires & besoins, pour sçavoir, par exemple, si tel guerira de sa maladie, si celuy-là retournera de son voyage, s'il reüssira dans telle entreprise. Si c'est un domestique qui a dérobé telle chose perduë, ou bien un étranger, quel est son nom? &c. Telles gens sont publics en Turquie, chacun sçait leurs maisons, on y va communement, & bien loin de se cacher, ils sont ravis qu'on les connoisse pour tels, afin d'avoir plus de pratique : en sorte qu'ils exercent la Magie publiquement, comme ils feroient un mestier, & ne gagnent leur vie qu'à cela, sans aucune crainte ou apprehension de chastiment : au lieu qu'en Europe, ils seroient punis corporellement, on les auroit en horreur, & ils n'ozeroient jamais se faire connoistre à qui que ce soit pour Magiciens, sans se mettre en danger de perdre la vie.

Ils changent presque tous les ans les Officiers, Juges & Gouverneurs, & ne les laissent pas plus de temps dans leurs Charges, Offices ou Dignitez, bien loin d'en donner la survivance à leurs enfans : au lieu qu'en Europe, on les laisse plusieurs années, & on les rend même hereditaires.

Ils vendent toutes choses au poids, comme le pain, le vin, la chair, le poisson, l'huile, le bois, le charbon, &c. sans avoir presque d'autre égard qu'à la quantité : au contraire des Francs, qui considerent tellement la qualité, qu'on la prefere presque toûjours à la quantité.

Dans nos armées c'est à qui ira le premier à l'attaque contre les ennemis, les plus nobles & genereux recherchent avec passion cét honneur : mais dans celles des Turcs, on met toûjours à l'avant-garde, & on expose au peril les plus viles trouppes, & ceux dont on se veut défaire. Et chacun tâche de n'aller au combat que le plus tard qu'il peut, preferant en cela leur vie à tous les honneurs imaginaires.

Ils ne font leur principal repas que le soir, & passent la journée avec des fruits, du fromage & autres viandes legeres : au lieu que les Francs le font avant midy, & ne mangent pas tant à proportion le soir à leur souper, qu'ils auront fait à dîner.

Autant que l'entrée dans les maisons est permise en Europe, elle est deffenduë en Turquie : en sorte que qui que ce soit n'ozeroit entreprendre d'y entrer, sous quelque pretexte que ce puisse estre, sans la permission du Maistre du logis ; à la reserve du Prestre, du Medecin, des parens & du Compere. Cette coûtume est si inviolable, que le Gouverneur même, ny le Juge ne la peuvent transgresser, que pour remedier à quelque abus notable qu'on en feroit : en sorte que si quelqu'un estoit endetté à un Turc, ou qu'il ne peust payer le tribut ou carage qui se donne pour la Foy, on ne pourroit le tirer par force de sa maison, ny y entrer quand il y a des femmes. J'ay vû plusieurs pauvres Chrétiens, lesquels se servans de cét avantage, passoient les années entieres dans l'enceinte de leurs logis, sans payer le tribut, & travailloient là renfermez à divers mestiers, & faisoient vendre ou débiter par d'autres personnes de confiance leurs ouvrages au dehors.

Ils se recommandent indifferemment aux prieres de tout le monde, tant des Juifs que des Chrétiens : au lieu que nous, bien loin de le faire à leur égard, nous n'acceptons pas même celles des heretiques. Ils obligent durant leurs guerres les Chrétiens Schismatiques du pays, & les Juifs qu'ils haïssent à mort, à prier Dieu conjointement avec eux pour la prosperité des armes du Grand Seigneur : eux ne pouvans pas faire autrement que d'obeïr, au moins quant à l'exterieur, à ce ridicule commandement des Turcs, aufquels venant à refifter ils feroient ruinez de fond en comble, & châtiez feverement comme rebelles au Roy, & ennemis de l'Etat. Ils font malgré eux des prieres publiques dans leurs Synagogues. Les Chrétiens font auffi des Proceffions magnifiques par les ruës voifines de l'Eglife, où affiftent le Patriarche, l'Evefque & les Preftres tous en chappes, & veftus des plus beaux ornemens qu'ils ayent, pour donner par là à connoître aux Mahometans qu'ils demandent à Dieu la confervation de l'Empire Ottoman, & la deftruction de fes ennemis: encore bien que dans le cœur, ils fouhaitent & defirent tout le contraire. Quant aux Turcs ils font à cette même fin leurs prieres par toutes les Villes du Royaume en la maniere qui s'enfuit. Aprés que les ordres ont efté donnez & fignifiez au public, les enfans qui aprennent à lire vont avec leurs Maiftres par les ruës, en chantant certains motets compofez en vers, à chaque verfet defquels les autres répondent comme l'on feroit à des Litanies; le peuple fe rend à quelque Mofquée qu'on leur aura determinée, ou bien ils vont hors la Ville à certains Convents de Religieux

K vj

Mahometans, estimez d'eux des lieux de devotion & de pelerinage. S'il arrive qu'aprés toutes ces prieres ils emportent la victoire, & ayent pris quelque Ville, ils font dans tout l'Empire des festes & réjouïssances publiques qu'ils appellent ziné, c'est à dire ornement, parce qu'alors ils ornent & tapissent les ruës, les boutiques & les portes des camps, où l'on tient quantité de lampes allumées toute la nuit qui se passe à folatrer, à fumer du tabac, à boire du caffé & à courir de contrée en contrée, en criant comme des foux & des desesperez. Chaque mestier est obligé de faire quelque chose de galand pour honorer la feste; aussi s'efforcent-ils à l'envy l'un de l'autre à qui reüssira le mieux, pour témoigner dans cette occasion leur joye, & la part qu'ils prennent dans le bon succez des armes de leur Prince. Ils viennent comme en procession chacun avec la marque de son Art, mais c'est avec tant de desordre, de tumulte & de confusion, que c'est une pitié de les voir. Les Courratiers ou Entremetteurs dans les marchez, dont la plûpart sont Chrétiens, font pour complaire aux Turcs, la chose de toutes la plus odieuse. Ils feignent de vendre les esclaves pris dans cette Ville conquise qui fait le sujet de l'allegresse, & pour cét effet ils conduisent par les ruës une troupe de pauvres gens qu'ils prennent à gage pour faire ce personnage, & qu'ils auront vestus à la franque avec des chapeaux, pour donner à connoistre que ce sont là les Esclaves que le Grand Seigneur y a faits, & qu'ils vendent par ses ordres à tous ceux qui en voudront acheter. Ou bien ils representeront le Gouverneur de la place reduite à leur obeïssance, vestu en coquin, & monté sur un asne la teste tournée vers la queuë de l'animal, & le conduiront en cét estat par la Ville avec des huées & des cris horribles. Ce ziné dure plus ou moins à proportion de la conqueste qu'on aura faite: de sorte que si elle est considerable, il sera de huit jours entiers, sinon l'on se contentera de trois, aprés lesquels on détend toutes les tapisseries & l'on termine la feste. La plûpart des Turcs & autres peuples de leur Empire s'affligent, quand on publie parmy eux les nouvelles de la victoire qu'ils ont remportée sur leurs ennemis, avec ordre d'en faire un ziné; tout au contraire des Europeans qui s'en réjoüissent. Et la raison en est que cette prise couste cher aux Turcs, & que durant les huit jours de feste qui se font, ils sont obligez de débourser quantité d'argent, de payer la poudre des Canons, de faire des presens aux Grands de la Ville, & à celuy qui a apporté la nouvelle, de coucher dehors sur des boutiques, & de ne point travailler; ce qui les incommode si notablement, qu'ils se passeroient fort volontiers de telles allegresses, pour estre trop onereuses.

Ils obligent en semblables rencontres les Ambassadeurs & Consuls des Princes Etrangers confederez avec la Porte & autres, de tendre des tapisseries devant leurs Palais, & de les orner avec quantité de lampes, de miroirs, & de tableaux. Lors qu'ils prirent la Canée en Candie, ils contraignirent à ce devoir injuste le Consul Venitien qui estoit encore resté dans Alep; en sorte qu'il fut obligé de faire comme les autres, & de témoigner à l'exterieur de la joye pour la perte de leur Ville.

Nous portons ordinairement de la compassion aux vaincus, nous les maintenons dans leurs droits, biens & possessions, & l'on ne permet pas qu'aucun d'eux soit mal traité aprés la reduction de la place. Les Turcs tout au contraire sont fiers, insupportables, & insolens dans l'excez aprés avoir remporté la victoire; ils dépoüillent de leurs biens ceux sur lesquels ils ont eu l'avantage, contre la promesse qu'ils leur auront faite : ils les outragent, prennent leurs enfans, & commettent tous les desordres qu'on se peut imaginer : mais quand ils ont esté battus & maltraitez par l'armée des Chrétiens, ils paroissent doux, traitables & humbles envers eux, comme j'ay experimenté plusieurs fois durant les dernieres guerres d'Allemagne & de Candie, jamais je n'ay vû des personnes si civiles & si affables qu'ils estoient alors. Ils saluoient les Chrétiens par les ruës avec un visage riant, ils traitoient familierement avec eux, & leur montroient tous les signes d'amour & de bienveillance, lors particulierement qu'ils recevoient de mauvaises nouvelles : en sorte que ces pauvres gens desiroient que la guerre durasse toûjours : mais d'abord qu'ils eurent l'avantage, ils retournerent à leur premiere fierté. Si bien qu'on les peut comparer au loup, lequel n'ose toucher aux brebis, & paroist doux lors qu'il est enfermé avec elles, quoy qu'il les tuë & étrangle dés qu'il est en liberté. Les Turcs assurément n'insulteroient pas aux Chrétiens Orientaux, s'ils estoient attaquez par quelque Prince Chrétien, & ils se comporteroient bien avec eux d'une autre maniere.

Article XVIII.

De la pretenduë puissance des Turcs.

LA puissance d'un Roy consiste dans ses finances, dans le nombre de ses Soldats, & des Vaisseaux qu'il peut mettre sur mer. Suivant cét ordre nous parlerons premierement des revenus du Grand Seigneur, 2. des forces qu'il peut mettre par terre; & en troisiéme lieu de celles qu'il a aujourd'huy en mer; d'où l'on pourra inferer s'il est riche ou non, puisque ses armées ne peuvent aller au dela de ce que peuvent ses richesses, qui pour cét effet s'appellent les nerfs de la guerre.

Le Grand Seigneur est proprietaire de toutes les terres de son Empire, & en donne la joüissance à qui bon luy semble pour autant de temps qu'il luy plaist, s'en reservant toûjours le domaine: de sorte qu'il en privera quelquefois l'ancien possesseur pour en investir un autre: si bien que les peuples n'ont pas la proprieté de leurs terres, mais seulement l'usufruit. Ils ne laissent pas cependant de se vendre l'un à l'autre les Jardins, champs & autres possessions, comme s'ils en estoient les proprietaires. Or comme les trois quarts des terres du Grand Seigneur sont aujourd'huy en friche, desertes, incultes, & abandonnées, il n'en retire aucun profit, non plus que si elles n'estoient pas à luy : au lieu qu'autrefois elles luy donnoient des sommes immenses, avant que les Bourgs & petites Villes de la campagne qui les cultivoient, fussent détruites tant par les Arabes ennemis des Ottomans, que par les courses des Soldats, & les tyrannies des Gouverneurs. Ses plus grands revenus ne consistent donc pas dans la distribution des Fiefs & des fonds de terre, parce qu'ils se donnent le plus souvent gratis à des favoris, ou bien sont assignez pour la paye des principaux Officiers de guerre, qui en tirent tout ce qu'ils peuvent, & qui les ruinent au lieu d'y edifier quelque chose, pendant le temps qu'ils en sont en possession, se souciant fort peu en quel estat elles soient lors qu'elles viendront en d'autres mains que les leurs : mais ils consistent dans la confiscation des biens & facultez des Bachas & autres Grands du Royaume, qu'il fait presque tous mourir avec de faux pretextes pour s'emparer de leurs richesses.

Ils consistent encore dans la vente des Charges, Dignitez & Offices dont il tire tout ce qu'il peut de ceux qui les achetent; ce qui oblige ceux-cy en contréchange de faire aussi des tyrannies & des injustices horribles pour se rembourser pendant le peu de temps qu'ils sont en charge : en sorte que le pauvre peuple reduit au desespoir ne fait que deserter & courir de pays en pays, au lieu de travailler & de cultiver les terres, sçachant bien que le profit en iroit dans la bourse des tyrans, qui les inquieteroient encore davantage, s'ils les voyoient semer & recueillir, dans la créance qu'ils seroient riches & accommodés.

Il retire encore beaucoup d'argent des tyrannies & concussions qu'il fait exercer par ses Ministres sur toutes sortes de personnes, ausquelles on impose de faux crimes pour prendre de là sujet de confisquer à la Couronne tous leurs biens. Ils vont quelquefois à la campagne dans les Bourgs & Villages, où sous pretexte de chastier quelques coupables ils dépoüillent les pauvres innocens, pillent & enlevent tout ce qu'ils ont ; aprés quoy pour couvrir leurs violences du manteau de Justice, ils se saisissent de deux ou trois pauvres paysans, & les amenent comme en triomphe liez & garottez à la ville, où ils les font pendre en place publique comme des criminels. Il y a quelques années qu'un Bacha d'Alep n'ayant point d'argent pour donner au Grand Seigneur qui luy en demandoit, trouva ce moyen-cy pour en avoir, qui fut de faire une sortie sur les Arabes avec quatre ou cinq cens hommes armez, au sujet, disoit-il, des dégats qu'ils faisoient dans le pays: & au lieu d'aller contre les voleurs il se jetta à l'improviste sur ceux qui nourrissent des troupeaux de chameaux, moutons, & autres bestiaux qu'il enleva tous, & les fit conduire à Alep, où il les vendit à son mot, obligeant les Bouchers de les acheter. Ensuite de quoy pour pallier sa tyrannie, & afin qu'on ne dist pas qu'il n'estoit allé que pour le butin sur les Arabes, il fit prendre un pauvre miserable pasteur qui n'avoit jamais rien fait que garder ses troupeaux. Mais ce qui est remarquable, c'est que les satellites avant que d'executer la Sentence luy ayant demandé s'il n'avoit rien pour se redimer, & s'il ne pourroit pas leur donner deux ou trois écus, afin qu'ils le missent en liberté, voyant qu'il estoit dans l'impossibilité de le faire, ils le pendirent à un meurier vis à vis la porte de la Ville, si bien qu'il mourut faute de deux écus qu'il n'eut pas le moyen de donner.

Les sujets du Grand Seigneur, tant les Turcs que les Chrétiens, luy payent trois sortes de tribut, & au Bacha deux. Le premier de ces trois s'appelle soursad, qui se donne pour la maison. Le second aoüareze, qui ne se devroit payer que dans les grandes necessitez du Royaume, encore bien qu'il se leve tous les ans. Le troisiéme dgéb actchasi, qui est proprement un present qu'on fait au Grand Seigneur, lors qu'il va à l'armée. Les deux autres pour le Bacha s'appellent (tébne & ourdi) le premier se donne pour l'entretien de ses chevaux, le second pour son viatique, lors qu'il va contre les Arabes par ordre de la Porte, ou bien à l'armée. Les deux premiers tributs se donnent proportionément à la qualité de la maison, & selon ce qu'elle est écrite sur le rôle du Grand Seigneur, sans avoir égard si ceux qui l'habitent sont pauvres ou riches. Il y en a qui donnent par an plus de 60. ou 70. écus, & d'autres n'en donnent que dix, encore bien qu'ils soient plus accommodés que ceux-là : mais cette difference vient du taux de la maison, qui est déterminé sur le Registre des comptes, qui se doit toûjours payer également, à moins qu'on ne vueille abandonner la maison, ou la laisser tomber en ruine, auquel cas le Grand Seigneur y perd ses droits. Les autres tributs ne sont que d'un écu chacun, ou un peu plus.

Il est à remarquer, que toutes les maisons, boutiques, jardins & terres appartenantes à la Meque, ne payent aucun tribut, non plus que les Religieux Mahometans, les Janissaires ou Piétons, les Spahi ou Cavaliers, & les Cherifs, soy disans parens de Mahomet; tous lesquels pris ensemble ont le principal & le meilleur de la Turquie; ce qui diminuë beaucoup des droits du Soltan.

Outre les revenus susmentionnez du Grand Seigneur, il a encore plusieurs Provinces qui luy sont tributaires, comme la Mingrellie, la Moldavie, Valachie, Transilvanie & la Republique de Raguze, qui voudroient bien s'exempter de luy payer ce tribut, & secoüer le joug s'ils pouvoient, & que l'occasion s'en presentast.

Mais un des plus liquides & considerables revenus qu'il ait, ce sont les doüanes qu'il tire dans tous ses Ports, & sur les passages des Caravanes à l'occasion du Commerce des Francs, qui fait subsister toute la Turquie, & sans lequel elle se détruiroit d'elle-même: dautant qu'il fait gagner non seulement les Marchands, mais encore tout le menu peuple dont les uns leur vendent la soye, les autres la filent, ceux-cy la teignent, ceux-là l'emballent, la pesent ou la transportent, & d'autres enfin nourrissent les vers à soye. On peut dire le même à proportion du coton, des toiles, des laines & marroquins, & generalement des autres marchandises, en sorte que le Grand Seigneur auroit tres-peu de revenu de ses peuples, au moins en argent, sans le commerce : en effet ils ne le payent qu'avec de la Monnoye venuë d'Europe. Et dans les Provinces éloignées de la mer, où le trafic est rare, le Grand Seigneur & ses Gouverneurs n'y sont point payez de leurs droits en argent, mais seulement en ce qui se recueille dans le pays, comme toile, cotton, soye ou grains, sur lesquels ils prennent ce qui aura esté déterminé. Et si tout son Royaume estoit de même par la suspension du commerce, ce ne seroit pas le moyen d'entretenir ny de soûtenir une guerre, le transport de ces danrées ne se pouvant pas faire comme celuy de l'argent, non plus que la paye des soldats avec ces sortes de Marchandises. Aussi apprehendent-ils furieusement l'interruption du Commerce ; & quand nos Ambassadeurs ou Consuls les menacent de cela, & de se retirer du païs, ils les font plier & condescendre à une partie de ce qu'ils veulent : mais ils sont si rebattus de telles menaces sans effet, qu'ils commencent à s'en moquer. Il seroit tres-à propos d'en venir une fois à l'execution & de donner permission, aprés s'estre retirez, aux Chevaliers de Malthe, & aux Corsaires de ruiner tous leurs ports, où il n'y a ny forts ny Citadelles qui les deffendent; ce seroit le moyen de les rendre sages à l'avenir, d'obtenir d'eux tout ce que l'on desireroit, & de faire signer dans Paris les Capitulations par un Plenipotentiaire envoyé de la Porte, aprés y avoir mis à discretion tout ce qui seroit à nôtre plus grand avantage.

On m'objectera peut-estre, que les Anglois & Venitiens qui y trafiquent, se prevaudroient de nostre absence, & qu'ils porteroient en Turquie ce que nous y portons, & qu'ainsi ils tireroient tout le gain à nostre prejudice. Je réponds à cela, que si les ports du Grand Seigneur estoient ruinez, comme il est tres-facile de le faire, qu'il leur seroit difficile d'y mener leurs marchandises : outre que pour se prevaloir contre tant de Corsaires, qui seroient alors en mer & par necessité, & selon la supposition que je fais, ils seroient obligez d'avoir des Vaisseaux de conserve, qui mangeroient tout le profit qu'ils pourroient faire : & ainsi ils seroient contraints de prendre party ailleurs, où il y auroit moins de peril, comme je leur ay ouy dire à eux-mêmes.

Voila en peu de mots les revenus du

Grand Seigneur, qui ne font plus rien en comparaison de ce qu'ils estoient autrefois, pour les raisons que nous avons dites, & autres que nous dirons dans l'article suivant; & ainsi on ne doit pas compter le nombre de ses Provinces qui ne luy rendent rien ou fort peu, vû même qu'il y en a qui luy dépensent, bien loin de luy apporter du profit, comme Babylone & autres frontieres, dont les garnisons luy coûtent plus à entretenir que ne vaut ce qu'il en retire.

Quant à ses armées, elles sont composées la plûpart de Grecs & autres Chrétiens, pris de jeunesse, & ausquels on a fait renier par force leur Religion, en sorte qu'ils n'obeïssent qu'à la violence, & parce qu'ils ne peuvent s'en dispenser. Autrefois on composoit les Corps des Janissaires des enfans de tributs qu'on prenoit sur les Chrétiens, dont on levoit le quatriéme ou cinquiéme: mais cette coûtume a esté abolie, & le Grand Seigneur ne leve plus ces sortes de tributs que dans la Mingrellie & quelques autres lieux qui ne pouvant le payer en argent, luy donnent des Esclaves en échange; qui se vendent à Constantinople comme les autres, au plus offrant & dernier encherisseur.

La plûpart de ses Soldats se tirent de la Grece.

Grece, de la Romanie & autres pays adjacens, & conquis les derniers, les autres Provinces n'eſtans pas capables de luy donner grand ſecours, à cauſe qu'elles ſont trop éloignées & tres-peu peuplées.

Il y a bien de la difference de la milice moderne des Turcs, d'avec celle qu'ils avoient autrefois, pour les raiſons que nous dirons dans l'article ſuivant.

Les meilleures troupes qu'ils ayent, & celles dont ils tirent plus de ſervice, ſont les petits Tartares qui habitent le Cherſoneze vers la mer noire; leſquels encore bien qu'ils ne ſoient pas à proprement parler ſujets du Turc, mais ſeulement confederez ſont cependant ſi attachez à ſes intereſts, qu'ils ne le ſçauroient eſtre davantage aux leurs propres. Leur Cam ou Prince reçoit ſa confirmation du Grand Seigneur qui tient leur principale Ville, dite Caffa, en oſtage, comme un gage de leur fidelité à ſon ſervice.

Ils doivent, par une convention faite entre-eux, ſucceder à l'Empire des Turcs, en cas que les hoirs maſles vinſſent à manquer dans la famille Ottomane; ce qui n'eſt guere à preſumer : cependant cette eſperance là, quoy que vaine & frivole, les tient auſſi ſoûmis & attachez

L

au Grand Seigneur, comme s'ils eſtoient ſes propres ſujets.

Les Tartares ſe peuvent dire les chaſſeurs des Turcs, à raiſon des courſes continuelles qu'ils font dans les pays circonvoiſins, où ils entrent furtivement & à l'impourviſte, & emportent tout ce qui leur vient au devant, non ſeulement les biens, mais encore les perſonnes, de quelque âge, ſexe & condition qu'elles ſoient, & les viennent vendre en Turquie : en ſorte qu'ils amenent quelquefois des Caravannes entieres de femmes & d'enfans, qu'ils expoſent en vente dans les places publiques, comme des moutons.

Ce ſont des gens faits à la fatigue, & qui vivent quaſi comme des beſtes. Ils mangent la chair des chevaux qui meurent dans le voyage, ſans ſe mettre en peine comment & de quelle maladie ils ſont morts. Ils mettent cette chair ſous la ſelle du cheval, & après qu'elle y eſt reſtée depuis le matin juſqu'au ſoir, ils eſtiment qu'elle eſt cuitte ſuffiſamment, & s'en repaiſſent ſans difficulté.

Le Grand Seigneur n'a point de force en mer qui vaille, encore bien qu'il puiſſe s'y rendre tres-puiſſant, ſi ſes ſujets avoient l'induſtrie de ſe ſervir des commoditez qu'ils ont : dautant qu'ils ne manquent pas de bois & de toutes les choses necessaires pour la fabrique des Vaisseaux. Ils disent communement que Dieu leur a donné le domaine de la terre, & aux Francs celuy de la mer. Leur Empire sera toûjours en peril de se perdre, & la conqueste en sera tres-facile, tant qu'ils seront sans armée navale, capable de se faire le passage libre, & de donner la fuite à leurs ennemis; lesquels peuvent en peu de temps affamer Constantinople, en se tenant proche les Dardanelles à l'embboucheure du Canal, pour empêcher le passage des Navires, qui leur apportent d'Egypte le bled, le ris, & toute leur subsistance, à faute dequoy cette grande Ville ne pourroit pas subsister long-temps avec tant de peuples, & seroit absolument obligée de se rendre, ou de perir de faim, outre qu'on la peut brûler tres-facilement, estant toute fabriquée d'aix & de bois.

Les Turcs connoissent bien en cela, & en d'autres choses leur foiblesse, vû qu'ils disent ouvertement que leur Royaume est parvenu à sa fin, & qu'ils doivent voir bien-tost la destruction de leur pays par les armes invincibles du Roy de France, qu'ils redoutent entre tous les Princes Chrétiens.

L ij

Article XIX.

Des causes qui affoiblissent & diminuent la puissance du Turc.

JE ne sçaurois approuver les grandes loüanges, que certains voyageurs de Turquie donnent dans leurs relations à la puissance Ottomane, qu'ils representent comme la plus formidable qui soit au monde, encore bien qu'elle n'ait rien qui se puisse comparer avec celle de quelques Princes Chrétiens, ny avec ce qu'ils en disent. Ils doivent donc sçavoir qu'elle n'est plus ce qu'elle a esté autrefois, non plus que l'Empire Romain, & qu'ils ne la doivent pas mesurer à ce qu'ils en ont leu dans les Histoires; autrement ils se tromperoiët lourdement; parce que ses forces sont beaucoup diminuées, le Royaume se trouve aujourd'huy dans un miserable estat, les Provinces sont dépeuplées, les Villes desertes, le peuple ruïné, les terres qui estoient autrefois les plus fertiles & delicieuses du monde, sont en friche & abandonnées : d'où vient par consequent, que les revenus du Grand Seigneur sont reduits au quart de ce qu'ils estoient; en un mot, c'est un vaste Empire desolé, qui n'a plus que le nom de puissance, & qu'on pourroit bien comparer à la statuë de Nabuchodonosor, laquelle avoit grande apparence, estoit haute & prodigieuse, mais fragile, en sorte que (comme dit le Prophete Daniel) une petite pierre détachée de la montagne venant à la heurter fut suffisante de la reduire en poudre. Il en est, dis-je, de même de la puissance Ottomane, elle est formidable en apparence, consideré la grande estenduë de ses Estats: mais d'ailleurs, elle n'est rien qu'un corps sans ame, un cahos composé de diverses Nations, opposées l'une à l'autre, plusieurs Royaumes reünis en un seul, mais vuide de peuple. Constantinople, l'Archipel, la Romanie & l'Egypte, comme meilleurs & plus peuplez, se peuvent dire la teste d'or de la statuë, les autres pays circonvoisins, pour estre beaucoup inferieurs aux precedens, en toutes choses, se peuvent comparer à la poitrine & aux bras qui estoient d'argent: mais le reste semblable aux pieds, n'est que terre ingrate, sterile & deserte, de laquelle le Grand Seigneur ne tire aucun avantage, encore bien qu'autrefois elle fût fort peuplée, fertile, abondante & de grand profit à ceux qui la possedoient : c'est pourquoy, on ne doit pas s'imaginer que le Turc puisse tirer aujourd'huy d'une Province le quart d'argent & d'hommes de ce que faisoient ses Predecesseurs. Et si quelques-uns ont écrit, que le Grand Seigneur a tant de Janissaires & de Spahis, &c. dans chaque Province ou Canton ; cela se doit entendre du temps passé, lors qu'elles estoient peuplées, & non pas de l'estat present, du rôle ancien & non pas du moderne. Comment est-il possible que Chypre, par exemple, où à peine se trouvent aujourd'huy cinquante mille ames, de deux millions qui y estoient autrefois, puisse donner au Grand Seigneur la dixiéme partie d'hommes & d'argent de ce qu'il pouvoit fournir avant sa destruction? Où sont à present ces fameuses Villes qui estoient aux siecles passez les merveilles du monde, comme Alexandrie, Cesarée de Palestine, Ptolemaïde, Tyr, Antioche, Sis, Ninive, & tant d'autres qui ne sont plus que des mazures, de tristes débris, & qu'on pourroit ne nommer que des Villages, où demeurent encore quelques pauvres paysans. Côment seront-elles capables aujourd'huy de mettre des Armées sur pied au service du Grand Seigneur? N'allons pas plus loin que la Candie, qui est la derniere terre conquise, & qui estoit une des belles Isles, des plus délicieuses, & peuplées qui fuſſent au monde. Y a-t'il bien preſentement le quart d'habitans, de Bourgs & de Villages qu'il y avoit avant qu'on y miſt le Siege ? Que ſera-ce donc d'icy à vingt ans, ſi elle leur reſte ? Tirez la même conſequence des autres terres, qui n'ont pas le quart des avantages de Chypre & de Candie, jugez quelle eſt leur miſere, & en quel eſtat elles ſont reduites. Mais voyons les raiſons d'où procedent ces ruines de la Turquie, & pourquoy les forces des Ottomans ſont ſi diminuées ?

La premiere eſt le trop frequent changement des Gouverneurs, leſquels durant le peu de temps qu'ils reſtent dans leurs Charges, veulent s'enrichir, ou du moins ſe rembourſer de ce qu'ils auront donné au Grand Seigneur pour l'achat deſdites Charges, & par ainſi ils tyranniſent extraordinairement le peuple. Ils en uſent de même dans les voyages qu'ils font, pour ſe rendre à leurs Gouvernemens auſſi bien que dans le retour ; ils font des inſultes & des violences par le chemin aux pauvres habitans, & commettent contre-eux des hoſtilitez, comme s'ils eſtoient dans un pays conquis. A l'imitation de ceux-cy, les Soldats du Grand Seigneur deſolent les Provinces, vont en troupes, & font des courſes ſur les payſans, dont ils tirent des contributions à discretion, & non contens de cela, ils dérobent encore leurs enfans: de sorte qu'ils les obligent à deserter la campagne, & à s'enfuir dans les forests & les montagnes, où pour se vanger des Turcs, ils en tuent & massacrent tout autant qu'il en passe.

La seconde est la division qui se trouve aujourd'huy entre la milice Turquesque, laquelle est opposée l'une à l'autre, à sçavoir les Janissaires aux Spahis, & les uns & les autres au Grand Seigneur, qu'ils ont tasché plusieurs fois d'assassiner pour mettre en sa place l'un de ses freres; ce qui l'a obligé pour assurer sa vie & les humilier, d'instituer deux nouveaux ordres de Milice qu'ils appellent sarge & sagmens, haïs mortellement des Janissaires, qui se voyans méprisez de ceux-cy & comme supplantez, en sont venus avec eux quelquefois aux mains, avec grande perte de gens de part & d'autre: en sorte qu'ils ne veulent plus se trouver ensemble, de peur de semblables accidens.

La troisiéme est que l'ancienne discipline ne s'observe plus, les Soldats sont mols & effeminez; les troupes composées d'enfans & de canailles qui n'ont jamais manié d'armes, les Janissaires & Spahis, dans lesquels consistoit la force des armées du

Turc, se marient & exercent des mestiers contre l'ancienne coûtume ; ils se dispensent avec de l'argent d'aller à l'armée, & se cachent ou s'enfuyent, lors qu'on publie la guerre : enfin ils l'ont en telle horreur, que pour n'y pas aller ils se sont plusieurs fois soûlevez. L'avarice des Officiers qui ne les payent pas contribuë encore beaucoup à ces desordres. Il y en a plusieurs qui achetent à beaux deniers contans la qualité de Janissaire, non à autre dessein que pour exercer des tyrannies dans le pays, pour se faire craindre du tiers & du quart, pour ne plus payer de tribut, ou pour d'autres motifs d'interest. Et telles gens font ordinairement l'office de Sergens & d'Huissiers, encore bien qu'il y en ait d'autres determinez pour ces sortes d'Offices; ou bien ils procurent d'avoir quelque petit employ à la campagne pour butiner, où ils demandent par grace de garder une porte de Ville, de lever quelque tribut sur les denrées, ou d'autres choses semblables. Il ne leur faut pas parler d'aller à l'armée, cependant ils sont en plus grand nombre que les autres, & sont écrits comme eux sur le rolle des Janissaires : de là vient que ceux-là se trompent bien fort qui se rapportent au catalogue des Janissaires, écrivent que le Grand Seigneur en a un grand nombre, donnant par là à entendre qu'ils vont tous à l'armée; ce qui est tres-faux, comme qui diroit qu'en France il y cinq cens mille Mousquetaires, entendant parler non seulement des vrais Mousquetaires, mais encore de tous les Huissiers, Gabeleurs, Sergens, Recors & autres petits Officiers qui se retrouvent dans toutes les Provinces & qui se donneroient cette qualité, comme ils font en Turquie celle de Janissaire. Il n'y a plus de recompense pour les belles actions, ny pour les services rendus à l'Etat; ce qui refroidit beaucoup le courage des Soldats qui ne veulent pas s'exposer pour rien aux perils; ils sont si ingrats & méconnoissans de tels services rendus à l'Etat, que si un Bacha avoit acrû par sa conduite & par sa generosité l'Empire du tiers, & qu'il vint à donner seulement le moindre sujet de soupçon, on oublieroit en un moment tout le bien qu'il auroit fait, & on le feroit mourir d'abord. Semblablement les Charges ne se donnent plus qu'à des personnes indignes & mercenaires, qui les achetent à force d'argent, au lieu qu'autrefois elles se donnoient pour recompense à ceux qui les meritoient. On faisoit estime en ce temps-là de la vertu, il n'y avoit point comme aujourd'huy d'injustice, de tyrannies & d'oppressions, signe évident de la decadence de l'Empire Ottoman, comme eux-mêmes le confessent.

La quatriéme est, que leurs forces maritimes sont reduites dans un miserable état, ils ont abandonné l'usage des Vaisseaux, & des Galeaces: ils ne fabriquent plus que quelques Galeres si foibles, que quatre des leurs ne seroient pas capables de resister à une des nostres: en sorte qu'ils ont toûjours esté battus & mis en fuite par un petit nombre de Vaisseaux, comme l'on peut voir dans les dernieres guerres de Candie. Il est d'autant plus facile de les vaincre, que la plûpart des Soldats sont Esclaves Francs, qui ne demandent pas mieux que de se délivrer de la chaisne, & qui dans l'occasion au lieu d'aider les Turcs feroient tout le contraire. Leurs Pilotes & Mariniers sont si ignorans, qu'ils n'osent pas perdre la terre de vûë, à la reserve de quelques renegats & ceux de Barbarie: Ils n'ont point de Cartes Maritimes, desquelles un Pilote puisse tirer quelque lumiere pour entreprendre un voyage par mer, aussi ne se hazardent-ils pas d'aller plus loin que de Constantinople en Alexandrie. Les Venitiens avec cinq Galeaces les ont toûjours battus & mis en fuite, & les Maltois ont jetté l'épouvante sur toutes leurs coſtes. Ils firent l'année paſſée une priſe conſiderable ſur eux de treize Vaiſſeaux, ſans qu'ils ozaſſent jamais ſe mettre en défenſe, ny faire feinte de leur reſiſter que par la fuite. Les Corſaires Chrétiens vont impunément dans les Iſles de l'Archipel pour y butiner, faire des Eſclaves, & mille autres hoſtilitez : mais ces deſordres arrivent plus frequemment en Chypre, où ils font des courſes par toute l'Iſle, ſans qu'aucun leur faſſe oppoſition, de ſorte qu'ils entrent dans les maiſons des Turcs, les prennent dans leurs lits, enlevent toutes leurs facultez, & font battre les bleds, tuent les bœufs & les moutons, les ſalent, & font toutes les proviſions du Vaiſſeau, ſans que qui que ce ſoit paroiſſe pour leur donner la chaſſe. Et quand les habitans vont à la forterſſe ſe lamenter & demander ſecours, on leur fait réponſe qu'ils ne ſont pas deputez du Grand Seigneur pour aller combattre des demons, mais pour garder la place, & qu'ils ſe pourvoyent d'ailleurs s'ils veulent. Deux Corſaires eſtans venus un jour au Port de Lérnéca, où il y a une petite forterſſe, la garniſon prit une telle épouvante d'eux, qu'elle abandonna la place, de crainte qu'ils ne la canonnaſſent, elle s'enfuit & la laiſſa à la diſpoſition des Corſaires qui n'avoient pas deſſein de l'aſſieger.

Les troupes auxiliaires des Turcs par mer leur venoient de Tripoly, de Barbarie, de Tunis & d'Alger: mais depuis quelques années ceux d'Alger plus éloignez de la Porte que les autres, ne leur veulent plus donner aucun secours, & ceux-là en feroient de même s'ils voyoient la puissance Ottomane assiegée par une autre plus redoutable qu'elle, telle qu'est sans difficulté celle du Roy; dautant que ce qu'ils en font à present n'est que par crainte, & parce qu'ils ne peuvent pas s'en dispenser, sans s'exposer à une guerre avec le Grand Seigneur qui leur donneroit de la peine, particulierement n'estant point embarassé avec qui que ce soit.

La cinquiéme est la discorde & la haine mortelle qu'il y a entre la Sultane mere du Grand Seigneur & son fils, laquelle donne occasion dans l'Etat à plusieurs divisions, brigues & partis. Beaucoup de Janissaires mécontens ont pris son party, & restent avec elle à Constantinople, où le Grand Seigneur n'est pas entré depuis plus de dix ans, & n'ose y venir de crainte des Janissaires qui ont déja attenté deux ou trois fois sur sa personne: en sorte que l'Empire du Turc est aujourd'huy sans dessus dessous, & comme une Babylone de confusion, où il n'y a ny union ny fidelité, & où un chacun se deffie de son compagnon: cependant on ne doit pas s'étonner s'ils conservent leurs Etats, puis qu'ils ne sont assiegez de personne, & qu'au contraire eux-mêmes font la guerre aux autres, & qui que ce soit à eux. Quand ils voyent les Princes Chrétiens divisez & en combustion l'un avec l'autre, ils ramassent viste quelques troupes & se jettent à l'improviste sur l'un d'eux, comme l'on peut voir dans les dernieres guerres de la Pologne, qu'ils attaquerent durant les troubles du Royaume, & pendant que les Princes contestoient l'élection de leur Roy. D'où l'on peut voir clairement que leur force ne consiste que dans la division des Chrétiens, comme ils confessent eux-mêmes; & s'ils estoient unis autant qu'ils sont divisez, ils perdroient dans une seule campagne toute la Turquie pour estre meilleurs soldats, & trente contre un en comparaison des Ottomans, qui ne s'estiment à leur égard qu'un poil blanc sur un bœuf noir, mais qui ne sont au dire des Chrétiens Orientaux qu'une verruë sur une belle face.

La sixiéme est le peu de conduite du Grand Seigneur, qui ne s'aplique en aucune maniere au Gouvernement de son Etat, & qui met toute son attention à entretenir une prodigieuse quantité de chiens de chasse, avec lesquels il prend ses divertissemens & passe la plûpart du temps, remettant tout le soin de ses affaires & l'administration du Royaume au Visir, qui est un grand Politique & un admirable genie; ce qui fait qu'il est hay & méprisé de son peuple, & particulierement des Bachas ennemis mortels dudit Vizir, à cause qu'il ne les laisse point en repos ny resider dans leurs Gouvernemens, de peur qu'y restant trop ils ne vinssent à s'enrichir & se rebeller; ce qui fait qu'il les oblige d'aller à la guerre, qu'il tasche d'entretenir toûjours avec les uns ou les autres, suivant en cela le conseil que luy en donna son pere à la mort, afin, luy dit-il, de mettre ta vie en assurance, en te defaisant par ce moyen de ceux qu'on pourroit mettre en ta place, ou qui te pourroient supplanter avec le temps.

La septiéme vient de ce que depuis quelques années les Marchands d'Europe qui vont trafiquer en Turquie, & ont enlevé une bonne partie de l'argent qu'il y avoit & ont porté en la place certaines Monoyes fausses, mais belles en apparence, avec lesquelles ils achetoient tout ce qui estoit de plus beau & de meilleur, & changeoient avec d'autres Monnoyes les susdites, qu'ils faisoient passer à plus vil prix que l'ordinaire pour tromper plus facilement les Turcs, qui s'imaginoient gagner à ce change: en sorte qu'aujourd'huy il y a peu d'argent en Turquie & du cuivre en quantité.

La huitiéme est la guerre de Candie, laquelle a consommé toutes les forces de l'Empire Ottoman: de maniere, que si elle eust encore duré six mois, les peuples & la soldatesque reduits au desespoir, se rebelloient contre le Grand Seigneur, & vouloient tuer le Vizir. Et l'on ne trouvoit presque plus de Milice dans le temps qu'elle se rendit qui voulust aller à l'armée: cependant le Turc avoit la paix avec tous ses voisins, & ne faisoit la guerre qu'à cette Republique, qui luy a toûjours tenu teste durant 25. ans, & a pris sur luy des places considerables dans la Dalmatie, comme Clissa & autres.

La neuviéme chose qui contrebalance fort la puissance Ottomane, est le Roy de Perse, qui attend toûjours l'occasion, que les Europeans declarent la guerre au Turc, pour se jetter conjointement avec eux sur luy, & assieger les places qui confinent son Estat. Pour cét effet, le deffunt Roy pere de celuy-cy proposa, il n'y a pas encore dix ans, au Superieur des Capucins d'Ispahan, qui estoit aymé & chery de Sa Majesté, de l'envoyer Ambassadeur vers le Roy tres-Chrétien, pour l'exhorter de sa part à entreprendre cette guerre, avec promesse d'en faire le même de son costé, & de se ruer sur les Turcs qu'ils haïssent à mort, pour raisons d'Estat & de Religion.

Je vous laisse à penser, si dans ce rencontre les Polonois & les Moscovites se tiendroient les bras croisez, & s'ils ne feroient pas leur possible pour retirer ce qu'on a usurpé sur eux : en sorte que je ne fais point de doute que la Turquie se rendroit toute dans une seule campagne, & qu'aprés la prise de Constantinople, qui se peut brûler, ou affamer en peu de jours, tous les Bachas viendroient traitter avec le Conquerant, & soûmettroient sans attendre un siege avec des conditions avantageuses pour eux, les terres dépendantes de leur Gouvernement, ne pouvans pas s'en rendre les Souverains, pour n'avoir dans le pays ny appuy ny parenté; & ainsi je puis bien assurer qu'il n'y auroit à proprement parler qu'un siege pour la reduction de la Turquie : car on ne doit pas la considerer comme un pays dont les peuples soient unis entre-eux, & affectionnez à leur Prince, comme les François ou les Espagnols, qui se feroient mettre en pieces pour leur Monarque : ceux-cy ne demandent que sa ruine & celle de son Empire, pour mettre leur vie & leurs biens à couvert, comme je feray voir dans les articles suivans.

On m'objectera peut-estre, s'ils sont tels que vous dites, d'où vient donc qu'ils empietent toûjours sur les Chrétiens, & qu'ils ne cessent d'agrandir les limites de leur Royaume ? J'ay déja fait voir, qu'ils ne font jamais ces progrez que lors qu'ils voyent les Princes Chrétiens divisez, & que personne n'est en estat de leur resister, ou bien lors que les peuples revoltez les appellent & se donnent à eux, au lieu que je suppose icy qu'ils fussent unis, ou du moins en bonne intelligence, & qu'un chacun d'eux assiegeast les Turcs de son costé, auquel cas tous ceux qui leur obeïssent à present par force, comme les Esclaves, les Chrétiens Orientaux, & tant d'autres peuples mécontens, se souleveroient contre-eux, tourneroient casaque, & se serviroient de l'avantage, pour se vanger des maux qu'ils leur ont fait souffrir.

ARTICLE XX.

De l'opinion qu'ont les Turcs des Princes Chrétiens.

L'Estime qu'ont les Ottomans du Roy Tres-Chrétien est si grande, que le Sultan ne donne qu'à luy seul entre toutes les testes Couronnées la qualité d'Empereur, qu'il refuse même à celuy d'Occidét, se contentant de l'appeller Roy d'Allemagne; aussi son Ambassadeur precede t'il à Constantinople tous ceux des Princes Etrangers, en sorte qu'aucun d'eux n'oseroit luy disputer la preséance. Les Consuls François en font de même dans tous les ports de la Turquie, où ils ont la preéminence, & sont toûjours preferez aux autres, soit pour le marché, soit pour aller rendre les premiers la visite aux Bachas & aux Cadis. Ce n'est pas seulement le Grand Seigneur & ses Gouverneurs qui ont un respect & une estime particuliere pour le Roy de France, mais encore tous les peuples de la Turquie, qui ne s'entretiennent que de luy & de ses victoires, tant dans les places publiques que dans les compagnies, particulierement depuis les dernieres guerres de Holande, & les

Conquestes que Sa Majesté y a faites, qui ont jetté tant d'épouvante dans les esprits qu'ils ne l'appellent plus que le Lion entre les Roys, leur futur Conquerant, & le geant prodigieux qui doit, disent-ils, engloutir comme un œuf toutes les Nations de la terre. Vous diriez que les oyseaux ayent publié par tout sa force, ses grandeurs & sa puissance avec tant d'avantage, que ce qu'ils disent de luy paroist incroyable. Ce qui n'est pas une petite disposition pour l'avenir : ils le font marcher à la teste de plusieurs centaines de milliers d'hommes, & luy donnent des flotes prodigieuses de Vaisseaux ; de maniere que ce que nous publions de la puissance pretenduë des Turcs, n'est rien en comparaison de ce qu'ils disent de celle du Roy : c'est pourquoy je ne doute point, vû la grande opinion qu'ils ont de Sa Majesté, qu'elle ne trouvast une grande facilité à les conquerir, si elle envoyoit une armée un peu considerable, qui seroit assurément aidée des mécontens, des Esclaves & de tous les Chrétiens.

Non seulement les peuples du Levant, prennent plaisir à s'entretenir des Conquestes du Roy, qu'ils taschent d'exagerer à l'envy l'un de l'autre ; mais encore ils témoignent de la joye quand ils aprennent qu'il a eû l'avantage fur fes Ennemis. Ils envifagent dés à prefent fes Victoires comme un acheminement à celles qu'il doit remporter un jour dans la Turquie avec plus de gloire, quoy qu'avec moins d'obftacle. Ils écoutoient il y a deux ans avec un empreffement merveilleux la lecture qu'on faifoit dans Alep des nouvelles qu'on avoit reçuës de France touchant les Conqueftes du Roy dans la Holande, lefquelles avoient efté mifes en Arabe, par un jeune François fort fçavant en cette langue & en la Turquefque, fils de Monfieur de la Croix Interprete de Sa Majefté, qui eftoit pour lors en cette ville-là ; Un chacun en voulut tirer des copies pour en faire part à fes amis dans les autres Villes du Royaume : on les traduifit d'Arabe en Turc & on les difperfa par le Levant, aprés qu'on les eut leuës dans le Serail à haute voix, en prefence de Capelan Bacha, des Grands du pays, & de toute fa Cour, qui eftoient dans l'étonnement d'entendre les progrez merveilleux que firent en fi peu de temps les armes victorieufes de Sa Majefté. Que vous femble, Meffieurs, leur difoit le Bacha, de la force du Roy de France? qu'en penfez-vous? pouvez-vous concevoir qu'on puiffe prendre en moins de deux mois plus de quarante

Villes, Chasteaux & Citadelles, presque inaccessibles, & telles que nous n'en avons pas six dans tout nostre Empire de la force de celles-là. J'ay esté, comme vous sçavés, Sous-Amiral de cette Couronne, & j'ay apris pendant ce temps-là ce que peuvent à peu prés entreprendre les Holandois, avec le nombre prodigieux de Vaisseaux qu'ils mettent en mer : je n'ignore pas non plus leurs richesses capables de soldoyer des années entieres de nombreuses armées; & par consequent je sçay ce qu'ils devroient faire avec le secours qu'ils ont sous main des Allemans & des Espagnols; cependant toutes ces Puissances succombent à celle du Roy de France. Qu'aurions nous à faire, Messieurs, s'il venoit en Turquie avec les troupes qu'il a coduites dãs la Holande? Personne n'oza dire ses sentimens, ny répondre à cette demande du Bacha, de peur de se trop commettre : ils se contenterent de remettre à la conduite de ceux qui les gouvernent, les moyens qu'il y auroit pour y resister, & dirent seulement qu'à la verité le Roy de France estoit un grand Monarque, sans vouloir faire comparaison de sa puissance avec celle des Ottomans, qu'ils estiment sans doute en leur ame beaucoup inferieure; comme en effet elle l'est, si on la considere dans l'estat qu'elle est presentement. Il est vray qu'autrefois elle estoit infiniment plus grande, mais les Empires ont leur decadence, & l'Empire Turc est dans la sienne, aussi-bien que l'Empire Romain, qui n'est plus ce qu'il estoit au temps des Cesars, des Constantins & des Theodoses.

Pour ce qui est de l'Empereur, qu'ils appellent ordinairement Soltan Nemsa, c'est à dire Roy d'Allemagne, ils ont eu assés de fois affaire avec luy, pour sçavoir ce qu'il sçait faire. Ils avoüent pourtant, que si tous ses Princes luy estoient obeissans & s'unissoient avec luy, autant qu'ils en sont divisez, qu'il leur donneroit de la peine, & que bien loin d'usurper ses terres, il s'empareroit des leurs, & se rendroit Maistre de Constantinople, dont la conqueste est reservée, disent-ils, à l'Empereur de France, selon leurs Propheties.

Ils croyent que le Roy d'Espagne a autant ou plus de terre que le Grand Seigneur: mais que son pays ressemble à la Turquie, pour estre peu habité & dépourvû de peuple, comme un corps sans ame, d'où vient qu'ils font peu d'estime de sa puissance: outre que n'ayans aucune communication ny commerce avec les Espagnols, ils ne les connoissent que confusement,

& s'en entretiennent rarement.

Ils estiment les Anglois à raison de leur commerce, & de la quantité de Vaisseaux qu'ils ont sur mer, & qu'ils ne rendent, disent-ils, jamais à leurs ennemis, quelqu'avantage qu'ils puissent avoir sur eux, aymans mieux eux-mêmes se couler à fond, ou mettre le feu aux poudres, par un effet de desespoir, lors qu'ils se voyent reduits à l'extremité, que d'avoir l'affront de s'estre laissé prendre : & ainsi ils ne souhaittent pas leur rencontre sur la mer, dautant qu'il n'y a aucun profit à faire, ny rien à gagner dans leur perte que des coups, tant ils sont opiniastres, & resolus à plûtost perir que de se voir Esclaves des Mahometans.

Les Polonois passent chez les Turcs pour bons soldats, gens faits à la fatigue, & acoûtumez au froid : ils craignent particulierement leur Cavalerie, qu'ils estiment la meilleure & la plus belle qui soit en tout le Christianisme, ils confessent ingenument que si elle eut esté en estat de leur resister, lors qu'ils prirent Camanieck à l'improviste, & durant les troubles de la Pologne, qu'ils ne s'en seroient jamais rendus les maistres, & qu'ils n'auroient pas même pensé à l'attaquer : mais que voyant le peuple divisé, & les Principaux

paux du Royaume oppofez à leur Souverain, dont-ils conteſtoient l'Election, qu'ils ſe ſervirent à leur ordinaire de cette occaſion, ſans laquelle ils n'auroient jamais pû reüſſir dans cette entrepriſe.

Quant à ce qui eſt des autres Royaumes, comme la Suede, Dannemarc, Portugal, &c. ils n'en parlent ny en bien ny en mal, & ne les connoiſſent que confuſément, ſoit parce qu'ils ſont trop éloignez d'eux, ſoit parce qu'ils n'ont aucun commerce enſemble, comme ceux dont nous venons de parler, qui ſont voiſins des Turcs, ou qui ont des Ambaſſadeurs à la Porte, en conſideration de leur Commerce, & pour proteger leurs Marchands, contre les inſultes qu'ils recevroient de ces Infideles s'ils ſe trouvoient ſans Chef & ſans appuy.

Ils aprehendent extrémement le Pape, dans la crainte qu'ils ont, que comme Pere commun de tous les Fideles, il ne vienne à reünir & à ſoûlever contre-eux les Princes Chrétiens, par la diviſion deſquels ils ſe ſont acrus & maintenus juſqu'à preſent: auſſi ne ſouhaitent-ils pas de voir de leur temps la priſe de Rome, dont-ils doivent ſelon leurs Propheties ſe rendre les Maîtres durant quelques jours ſeulement, dautant, diſent-ils, qu'alors tous les Chrétiens voyant leur Chef attaqué, se souleveront contre nous, prendront les armes, & s'enrolleront sous la banniere du Roy de France, qui aprés avoir chassé les Turcs d'Italie, viendra tout droit à Constantinople qu'il subjuguera d'abord; ce qui jettera tant d'effroy & d'épouvante dans tout l'Empire Ottoman, que les Villes & Provinces députeront des Ambassadeurs au Vainqueur pour se soûmettre à luy, sans attendre qu'elles y soient forcées par la rigueur de ses armes, en sorte qu'aucun n'osera s'opposer à sa puissance, ny luy faire obstacle; à la reserve des Arabes qui unis & joints aux Turcs vers la ville de Damas, feront un dernier effort pour empescher ses progrez, mais sans aucun effet, dautant qu'ils seront défaits à plate coûture par l'armée du Conquerant, qui passera, sans aucune resistance, jusqu'aux extremitez de la Turquie, d'où il bannira le nom & la Religion de Mahomet, pour y establir celle du Messie. La Prophetie de saint Nersés Patriarche des Armeniens, ajoûte qu'il arrivera jusqu'à Tauris ville principale du pays des Medes, & la seconde de Perse, & qu'au retour de là, il viendra en Jerusalem, où il fera construire la porte du saint Sepulcre d'or & de perles. Or ce que je viens de rapporter touchant la future défaite des Turcs en Italie, la prise de Constantinople & de toute la Turquie par les armes invincibles du Roy de France, m'a esté plusieurs fois raconté par les Turcs, qui croyent cela comme un Oracle. M'entretenant un jour sur cette matiere avec un Dada ou Superieur de Religieux Mahometans, fort peu de temps avant mon départ du Levant, il m'assuroit que cela devoit bien-tost s'accomplir ; qu'à la verité les Turcs prendroient encore beaucoup de pays, avant que d'en venir là : mais que la division des Princes Chrétiens leur donneroit les moyens d'avancer bien-tost leur ruïne, en agrandissant les limites de leur Empire jusqu'à Rome, où ils ne tarderoient pas sept ou huit ans d'arriver, ou bien toutes leurs pretenduës Propheties estoient fausses. Plaise à Dieu qu'elles le soient pour ce point, & qu'ils n'arrivent pas jusques dans l'Italie, car sans doute ils y feroient de grands desordres, avant qu'on y pûst remedier. Et bien qu'il ne faille pas ajoûter foy à ce que disent les Infidelles touchant les évenemens des choses futures : neanmoins nous pouvons croire que Dieu ne laisse pas de tirer quelquefois la verité de leur bouche, & de leur faire predire les choses à venir, comme l'on voit par l'Ecriture Sainte; & veritablement ce qu'ils disent sur la future conqueste de la Turquie, est fort conforme à ce qu'en a prédit l'Abbé Joachim, saint Nerses & autres, desquels les Propheties ont esté assez averées.

Article XXI.

Des moyens qu'on doit tenir pour subjuguer facilement & en peu de temps la Turquie.

Cette entreprise doit supposer pour principe une Paix generale entre les Princes Chrétiens, ou du moins de la France avec les Estats, qui la confinent: dautant qu'il n'y a pas d'apparence qu'elle entreprenne une guerre dans des pays estrangers, pendant qu'elle l'aura chez soy, ny qu'elle se fasse en même temps tant d'ennemis. Il faut donc, avant que de penser à la conqueste de la Turquie, terminer les differends qui sont entre les Princes d'Europe, ou tout au moins qu'ils suspendent leurs pretensions jusqu'à l'accomplissement de ce grand dessein, dont l'execution est plus facile qu'on ne s'imagine, si l'on considere la division des peuples de l'Empire Ottoman, l'aversion qu'ils portent à la Puissance qui les gouverne, l'antipathie de l'ancienne Milice avec la moderne, les partis qui se sont formez dans l'Estat, la prodigieuse quantité d'Esclaves qu'il y a, lesquels ne respirent que leur liberté, le peu de Vaisseaux du Turc, qui ne consistent qu'en quelques Galeres, le peu d'aptitude aux armes de ses Soldats, qui prennent d'abord l'épouvante, & qui ne peuvent resister aujourd'huy à une poignée de Polonois ; le mauvais estat dans lequel se trouvent ses forteresses presque toutes tombées en ruïne, par la negligence de ses Ministres, & incapables de faire aucune resistance. Le peu d'argent & de finances qu'il a, à cause de la ruïne de ses peuples & de son pays, qui ne luy rend pas la dixiéme partie de ce qu'il faisoit autrefois, & qui seroit encore beaucoup pire, si le commerce venoit à y cesser par une guerre avec ceux qui y trafiquent à present, & qui y portent tout l'argent qui s'y débite. Si l'on considere enfin, que la Turquie n'est pas si éloignée de nous, qu'on ne puisse arriver en trois semaines de Marseille à Constantinople, qui en est la Capitale, de la prise de laquelle dépend l'entiere ruïne de tout le reste, & dont la conqueste est cependant si facile, qu'on la peut reduire par la famine en moins d'un mois, si l'on n'aime mieux en brûler une partie, pour la conserver avec plus d'assurance & moins de difficulté. Malthe & Messine qui se rencontrent sur la route, serviroient dans le besoin de refuge à nos Vaisseaux, qui pourroient encore moüiller l'ancre & faire descente sans aucune difficulté, dans plusieurs petites Isles de l'Archipel, proche l'embouchure des Dardanelles; qui est le seul passage dangereux qu'on rencontre, qui ne doit pas, ce me semble, nous estre plus difficile qu'aux Maltois, qui l'ont souvent franchy sans perte de Vaisseaux, si nous nous servons des mêmes moyens qu'eux, & que nous prenions les mêmes precautions.

Secondement, pour reüssir dans cette entreprise, il faudroit faire en sorte, que l'Empereur fist la guerre au Turc dans la Hongrie, & le Roy de Pologne dans les Provinces qui le confinent, & que tous deux luy donnassent de l'exercice par terre, pendant que le Roy tres-Chrétien assisté de toutes les forces d'Italie, qui le serviroient volontiers dans ce rencontre, le tiendroit assiegé par mer, & battroit en ruine Constantinople & l'Archipel, avec le grand nombre de Vaisseaux qu'il a, accompagnez des Galeres du Pape, du

Grand Duc, de Gennes, de Malthe, & des Galeaces de Venise. Cela estant, je ne fais aucun doute, que le Persien ennemy mortel du Turc, le voyant attaqué par tant & de si puissans ennemis, ne se jettast encore sur luy, pour reprendre les Villes qui luy appartenoient autrefois, & qui confinent à son Estat. Le Moscovite feroit encore le même & se serviroit de l'occasion, pour en profiter. Dieu sçait, si les Grecs & autres Chrétiens de l'Empire Ottoman, qui reviennent au tiers du peuple, se tiendroient les bras croisez dans ce rencontre, & ce qu'ils feroient avec une infinité d'Esclaves, pour procurer leur liberté. Les autres peuples mécontens & tyrannisez par les Turcs, tels que sont les Jezides, Druzes, & Arabes, ne manqueroient jamais pour se vanger d'eux, de se joindre à ceux-cy, & de mettre tout en combustion dans l'interieur de la Turquie, pendant que les dehors en seroient assiegez par tant de Puissances. Les partis qui se sont formez dans l'Estat de la Grande Sultane contre son fils, des Janissaires & Spahis contre le Grand Seigneur, de la Milice moderne contre l'ancienne, des Bachas contre le Vizir, se procureroient alors la ruïne l'un de l'autre, & prendroient pour se destruire le party des ennemis ; en sorte qu'il seroit du Turc comme de la Corneille d'Esope, qui fut dépoüillée tout à coup par les autres oyseaux, des plumes qu'elle leur avoit dérobé. Chacun tout de même tâcheroit d'emporter sur luy un lambeau, & de mettre à nud ce Tyran, qui a envahy & usurpé par des voyes si injustes, tant de Royaumes & de Principautez.

Troisiémement, il faudroit tâcher, pour plus grande precaution, d'engager l'Espagne à donner du secours, ou bien à assieger quelques places dans la Barbarie, de crainte qu'elle ne se prevalust de nostre absence, & qu'elle ne s'en servist à son avantage. Semblablement, il seroit bon d'interesser les Holandois dans cette guerre, en empruntant une partie de leurs Vaisseaux, pour les tenir en bride, & s'asseurer d'eux. Quant à Messieurs les Anglois je les reconnois trop genereux, pour ne se porter pas à l'execution d'un si noble dessein, & je veux croire qu'ils y contribueroient de leur part à la gloire du nom Chrétien, que les Turcs tâchent de détruire & d'aneantir. Au reste, ils trouveroient dans cette sainte guerre leur avantage, par la prise d'Alger & du pays circonvoisin, qui leur seroit facile, & qui vient à leur bien-seance, n'estant pas fort éloigné de Tanger, qui leur appartient.

En quatriéme lieu, il faudroit venir en droiture aux Dardanelles, sans s'arrester à prendre des places sur les Frontieres, afin de jetter tout à coup l'effroy dans l'Empire Ottoman, dont les peuples prennent facilement l'épouvante: dautant que toutes les autres Villes se soûmettroient sans coup ferir, se voyant moins fortes & hors d'esperance de secours, & les Bachas qui sont fils de Chrétiens autrefois pris Esclaves, dont la plûpart n'ont renié leur Religion que par force, viendroient aussi-tost traitter avec le nouveau Conquerant & capituler, sans attendre un siege qu'ils seroient incapables de soûtenir, pour n'avoir ny finances ny appuy, ny naissance, comme seroient les Gouverneurs des Provinces en France & en Espagne.

En cinquiéme lieu, il faudroit traitter d'abord les peuples avec douceur, leur protester qu'on ne vient que pour les délivrer de la servitude, & ne faire main basse que sur ceux qu'on trouveroit armez & sur la deffensive. Sur tout, il faudroit empêcher les insolences ordinaires des Soldats, & leur deffendre sous de rigoureuses peines d'entrer dans les maisons où il y a des femmes, suivans en cela la pratique du pays, qui s'observe si exactement, qu'un

Bacha n'ozeroit l'avoir transgressée. Et si l'on venoit à enfraindre cette coûtume, cela seul seroit capable de faire soûlever tous les peuples contre nous, & d'arrester tous nos progrez.

Sixiémement, il faudroit laisser chacun en possession des conquestes qu'il auroit faites de son costé, ceder à l'Empereur, par exemple, les places qu'il auroit prises dans la Hongrie & ailleurs, au Roy de Pologne celles qu'il auroit subjuguées qui côfineroiēt à son Estat, & aux Venitiēs semblablement ce qu'ils auroient conquis dans la Dalmatie. A moins que ces Puissances ne voulussent ensuite s'accommoder à l'amiable, & faire échange par arbitres de place pour place.

Voila, ce me semble, les moyens les plus assurez qu'on puisse prendre, pour subjuguer l'Empire Ottoman, qui ne peuvent estre censurez.

Voyons maintenant ceux qu'on doit tenir pour le conserver.

Article XXII.

De ce qu'on doit faire pour conserver la Turquie, aprés la conqueste qu'on en aura faite.

Ceux qui ont quelque connoissance de la Turquie, & qui en parlent dans un esprit des-interessé, avoüent ingenument qu'il n'y a rien de si facile que de la subjuguer, pour les raisons cy-dessus alleguées, & supposé qu'elle fût attaquée de la maniere que je viens de rapporter : Mais qu'il est presque impossible de la conserver, dautant, disent-ils, que ce pays là estant trop éloigné du nostre, il y arriveroit de continuelles revoltes, ausquelles il seroit difficile de pourvoir de si loin : de sorte que ces peuples retourneroient incontinent à leur premier estat. J'avoüe, que pour obvier à cét inconvenient, il seroit à propos d'en faire une ou deux Monarchies à part, & d'y mettre pour Rois deux Princes du sang Royal de Bourbon, avec des conditions avantageuses pour la France, comme seroit que nos Vaisseaux ne payeroient point de doüannes dans leurs ports, qu'ils s'obligeroient d'assister dans le besoin Sa Majesté tres-Chrétienne, d'hommes

& d'argent. Que la race Royale venant à manquer, il appartiendroit à Sadite Majesté de pourvoir d'un Successeur, &c. ou bien elle pourroit faire échange d'une des susdites Monarchies conquises, avec les terres de quelque Prince voisin de la France, qu'il luy laisseroit, moyennant qu'on le mist sur le trône & en possession du Sceptre. De plus, le Roy pourroit se reserver quelques Isles pour ses assurances, & la commodité de son commerce, comme la Candie, Cio, &c. Au reste Sa Majesté auroit cét honneur, d'avoir conquis l'Empire Ottoman, qui estoit autrefois la terreur du monde, d'avoir mis par un effet de sa generosité la Couronne sur la teste de deux Monarques, d'avoir sauvé une infinité de peuples, en ramenant au giron de l'Eglise, tant de Royaumes & de Provinces qui s'en estoient separées. En un mot, elle éterniseroit sa memoire par ce grand exploit, qui seroit le sujet de l'admiration des siecles à venir, & celuy des éloges que toutes les langues & les plumes s'efforceroient à l'envy de luy donner.

Supposé donc ce que nous venons de dire touchant la collocation de ces deux Princes Souverains, faite par Sa Majesté, dans les lieux qu'elle jugeroit plus à propos, voicy les moyens avec lesquels ils pourroient se maintenir facilement sans crainte d'aucune revolte.

Le premier seroit de deffendre le port des armes à leurs sujets, jusqu'à ce qu'ils fussent bien établis.

Secondement, il faudroit mettre dans chaque Province pour Gouverneur un François qui taschast de se conformer aux façons de faire de la Turquie : & pour Juge un originaire du pays qui eust la liberté de chastier comme par le passé les coupables, & de faire observer aux peuples dont il connoistroit mieux l'humeur qu'un European, toutes les loix & bonnes coûtumes qui maintiennent la Religion & l'Etat. Quant aux garnisons qui se mettroient dans les places, on pourroit les composer, pour plus grande assurance, de Francs & de Chrétiens Orientaux, qui sans doute seroient plus dans nos interests que nous-mêmes, voyant leur vie assurée avec nous, & craignant de retomber dans le malheur où ils estoient sous la domination du Turc.

Troisiémement, il faudroit prendre à tasche sur toutes choses de fortifier de jour à autre le party des Chrétiens, & de les multiplier en diminuant le nombre des Mahometans : or pour y reüssir efficacement, il n'y auroit qu'à mettre sur les Turcs les mêmes imposts qui estoient par le passé sur les Chrétiens, & en délivrer ceux-cy, qui en vûë de cette exemption resteroient encore plus affectionnez au Roy. Cela ne dureroit pas un an, que la plûpart des Infideles pour se redimer des susdits imposts se feroient baptiser, & prendroient telle Religion qu'on voudroit : mais en se convertissant au Christianisme il les faudroit obliger de se faire Catholiques Romains, & non pas Grecs ou Armeniens, afin de fortifier toûjours de plus en plus nostre party. Aprés quoy on pourroit encore procurer adroitement l'entiere conversion de ceux-cy, je veux dire des Nations Chrétiennes Orientales, & les conformer à nous en tout & par tout; ce qui seroit de la derniere consequence pour le bien de l'Etat, qui n'a jamais rien de si contraire & de si pernicieux que la difference des Religions, laquelle en a souvent causé la ruine totale, en ce qu'elle desunit les peuples en divisant leurs sentimens, & leur a fait prendre souvent les armes contre leur Souverain, pour maintenir une créance contraire à la sienne, comme l'on peut voir par mille exemples.

Or les moyens infaillibles avec lesquels

on peut reüssir dans cette entreprise, & attirer au rit de l'Eglise Romaine les Chrétiens Schismatiques d'Orient, ce sont les suivans.

Premierement, il les faut gagner par amour, en les traitant comme nos freres en Jesus-Christ, & ne mettant point d'abord de difference entre eux & nous, pour preuve dequoy il seroit tres à propos d'ordonner que tous les Chrétiens en general, tant Grecs, Armeniens, Nestoriens, & Suriens que Francs, porteroient pour se distinguer des Infideles le turban rouge ou le chapeau, avec deffense à ceux-là d'en faire de même sur peine de chastiment. Cette conformité de livrées & de couleur avec nous qu'ils tiendroient à honneur, jointe aux mêmes privileges & exemtions dont ils joüiroient, gagneroit si fort leurs cœurs, qu'ils ne voudroient jamais plus entendre parler de difference de Religions, qu'ils considerent dés à present comme la source de tous leurs malheurs : de plus elle produiroit un autre bon effet, en ce qu'elle édifieroit grandement les Turcs qui se sont toûjours scandalisez de cette diversité qu'ils voyent entre les Sectes Chrétiennes, laquelle venant à rester ne pourroit estre qu'un obstacle à leur conversion. Enfin elle affermiroit l'Etat en ce qu'elle nous feroit paroiftre en plus grand nombre, & donneroit de la terreur aux Ennemis, qui verroient tant de Nations reünies en une & porter les mêmes livrées pour marque de la même Créance.

Secondement, il faudroit que toutes les Eglifes fuffent communes à toutes les Sectes, & ne permettre pas qu'on appellaft l'une l'Eglife des Francs, l'autre celle des Grecs ou des Armeniens : il feroit bon neanmoins, pour ne les point effarer, de leur laiffer d'abord celles qu'ils ont, jufqu'à ce que l'on fuft en eftat de les obliger par la force à n'en avoir point de particulieres, & les inviter cependant à venir dire la Meffe chez nous, & la celebrer reciproquement chez eux, pour les acoûtumer petit à petit, & entretenir avec eux une bonne intelligence. Sur tout, il faudroit recommander à leurs Patriarches & Evefques, dont la plûpart font aujourd'huy dans les fentimens de l'Eglife Romaine, de prefcher inceffamment l'obeïffance à noftre faint Pere le Pape, & l'union de tous les Fideles fous un même Chef Vicaire de Jefus-Chrift en terre. Ils ne trouveroient pas de difficulté de le faire alors, puis qu'aucuns d'eux le font bien dés à prefent qu'ils font fous la domination du Turc, nonobftant que cela leur puiffe prejudicier : mais en cas que quelqu'un refusast, il n'y auroit qu'à le menacer de mettre un autre en sa place, que l'on prendroit de sa Nation plus zelé que luy, & plus conforme à nos volontez. On pourroit encore engager par interest les Ecclesiastiques à faire tout ce que l'on voudroit en leur assignant sur le revenu des Mosquées quelque pension annuelle, avec promesse qu'elle leur sera continuée tout autant de temps qu'ils adhereront aux sentimens de l'Eglise, & aux intentions du Prince.

Troisiémement, un des principaux moyens pour bannir cette diversité de rits & de Religions si prejudiciables à l'Etat, seroit de deffendre tres-expressément aux Maistres d'Ecoles d'enseigner plus à lire en Armenien ou Caldeen, & en Siriaque, mais seulement en Arabe & en Turc, qui sont les langues du pays, & en Franc pour ceux qui auroient la volonté de l'aprendre.

Quatriémement, il ne faudroit plus à l'avenir promouvoir à la Prestrise que ceux qui promettroient de vivre dans le celibat, ausquels on donneroit une pension annuelle; ce qui feroit que plusieurs Grecs, Armeniens, Nestoriens & autres viendroient à nos Colleges pour y estre instruits, & ensuite promus aux Ordres afin de posseder ces Benefices, & cela même serviroit encore pour attirer leurs parens & plusieurs autres à la foy Catholique. Il seroit bon cependant de laisser les Prêtres mariez en l'estat qu'on les trouveroit, leur permettant de faire leurs fonctions ordinaires de Sacerdoce sans les inquieter, n'exigeant d'eux autre chose, de crainte de les aigrir, que l'obeïssance au Pape, qui disposeroit merveilleusement les peuples à cette uniformité totale qui se feroit dans la suite, en se servant des moyens cy-dessus alleguez.

On me dira peut-estre, pourquoy changer leur Rit s'il est bon? contentons nous de les faire Catholiques, & de retrancher les erreurs qu'ils pourroient avoir en matiere de Foy, puisque cela seul suffit, sans les obliger aux Observances & Ceremonies de l'Eglise Romaine. Je répons à cela, qu'encore bien qu'ils fussent Catholiques, on devroit neanmoins prendre à tasche de changer leur Rit, & de leur faire prendre le nostre, à cause des consequences malheureuses qui s'ensuivent de cette diversité d'Observances, & du scandale qu'elle donne aux personnes simples & incapables, qui ne sçauroient concevoir comment les Professeurs d'une même Religion & des Concitoyens peuvent estre si differens entr'eux, que les uns jeûnent, lors que les autres font bonne chere, que ceux-cy solemnisent des Festes, pendant que ceux-là travaillent, qu'une Secte Chrétienne fasse abstinence le Mercredy, l'autre le Samedy, qu'elle Officie en une langue, celle-là en une autre, qu'elle ait enfin mille pratiques particulieres que l'autre n'aye pas. Ajoûtez à cela que cette difference de Rit des Nations Chrétiennes cause entre-elles, non seulement de l'aversion & du mépris, mais encore du schisme, en sorte qu'elles se traitent l'une l'autre comme heretiques, & se considerent comme étrangeres, fussent-elles de la même Ville & habitantes dans un même corps de logis, d'où l'on peut juger combien cela est dangereux, & si l'on ne doit pas l'exterminer, comme un acheminement à l'heresie, & un sujet de divisions pernicieuses à l'Eglise & à l'Etat. Au reste nostre Rit & nos coûtumes valent bien les leurs: & puis qu'ils les peuvent suivre sans interesser leurs consciences, comme ils l'avoüent eux-mêmes, quelle difficulté auroient-ils donc de se conformer à nous en cela, vû qu'en ce faisant ils obvieroient aux maux que cette diversité de Rit peut causer, & s'uniroient encore plus étroitement à la veritable Religion qui est celle de l'Eglise Romaine?

Si tant est que toutes ces raisons ne ga[gnassent rien sur leur esprit pour les in[duire à cette conformité avec nous, il n'[auroit pour les y obliger qu'à imposer su[ceux qui se rendroient opiniastres, la moy[tié du tribut que payeroient les Turcs : c[seroit-là le moyen le plus asseuré & effica[ce pour venir à bout d'eux, & les rend[souples à tout ce que l'on voudroit : e[sorte que si l'on venoit à l'executer ave[resolution de continuer cette taxe ou im[post, ils se soûmettroient tous pour [certain, & ainsi l'on verroit dans peu d[temps l'Eglise Orientale conforme à cell[d'Occident, non seulement quant à l[Doctrine, mais encore quant au Rit, & [aux pratiques de la Religion; & cela d[pendroit entierement du zele & de la fe[veur, avec laquelle les Juges & Gouve[neurs se porteroient pour les interests d[Dieu & du Prince.

ARTICLE XXIII.

Des principaux Ports de Turquie, d[marchandises qu'on y porte, & d[celles qu'on en raporte.

LE commerce de la Turquie n'est plu[rien en comparaison de ce qu'il esto[

autrefois, soit à cause qu'elle est ruinée
par les tyrannies, concussions & avanies
qui s'exercent avec excez sur les peuples
depuis quelques années, soit à cause du
nouveau trafic des Indes qui attire de ce
costé-là plusieurs Persiens, lesquels aiment mieux porter à Sourat leurs Mar-
handises, que de les conduire en Turquie, où il faut payer quantité de doüanes, outre les risques qu'ils courent d'estre
devalisez en chemin par les Arabes.

Les Ports plus fameux de la Turquie
sont Smirne, Constantinople, Seïde ou
Sidon, Alexandrie qui est celuy du Grand
Caire, Alep, Tripoly de Syrie, Chypre,
& les trois Villes de Barbarie, à sçavoir
Alger, Tunis & Tripoly; les autres Ports
ne sont pas considerables, comme saint
Jhan d'Acre, Barut, Japha ou Joppé, &
quelques autres qu'il y a dans l'Archipel,
la Caramanie & la mer noire.

Les Nations qui trafiquent dans les
susdits Ports, sont les François, Anglois,
Venitiens, Holandois, & Genois qui se
sont établis depuis peu à Constantinople
& à Smirne. Tous ceux qui n'ont point
d'Ambassadeur à la Porte, comme les Espagnols, Portugais, & autres peuples, de
quelque Royaume qu'ils puissent estre,
quand même ils seroient Ennemis des

Ottomans, peuvent venir librement trafiquer en Turquie, pourvû qu'ils arborent sur leur Vaisseau l'Etendart du Roy Tres-Chrestien, & qu'ils y viennent sous ses auspices.

Les Ambassadeurs & Consuls François ont dans tous les Ports des Eglises publiques, où se fait l'Office Divin, avec autant de liberté qu'en Europe, sans crainte d'insulte ou d'avanie de la part des Turcs. On ne sçauroit dire le bien qui se peut faire pour l'avancement de la Religion Chrétienne & Catholique dans la plûpart de tous ces lieux, lors qu'il y a des Consuls zelez de l'honneur de Dieu & du salut des ames, qui veulent concourir avec ceux qui travaillent à leur conversion, & les maintenir par leur autorité, comme faisoit dans Alep, il y a quelques années, Monsieur Picquet, qui a honoré cette Charge au de là de ce que l'on peut penser, en ce qu'il se faisoit craindre & aymer dans tout le pays, tant des Turcs que des Schismatiques, qui n'ozoient rien entreprendre contre luy & sa Nation, le connoissans homme d'esprit & resolu à deffendre les interests de sa Religion & de son Roy.

Quant aux Marchandises que les François portent d'ordinaire en Turquie, ce sont les suivantes ; les draps de laine, le papier, la cocheville, le brefil ou bois d'inde, quelques quinquailleries & de l'argent.

Les Anglois y apportent outre le plomb & l'eſtain, qui nous ſont deffendus, quantité de draps de Londre de toutes ſortes de prix & de couleurs, à la reſerve du noir, jaune & gris, que les Turcs ne veſtent jamais, & qu'ils ont en horreur, autant qu'ils ayment le rouge, le verd, le bleu & le violet. Ils donnent la plûpart de leurs eſtoffes à grand marché, auſſi ne ſe ſauvent-ils que ſur la quantité.

Les Venitiens y portent de tres-belles eſtoffes de ſoye & de laine, dont ils n'ont pas à preſent le débit, comme ils avoient autrefois, à cauſe qu'elles ſont trop cheres pour les Turcs, que l'on peut dire reduits à l'extreme pauvreté, à l'égard de ce qu'ils eſtoient, il n'y a que trente ou quarante ans, en ſorte que tres-peu de perſonnes en achetent, ſi ce n'eſt pour faire des habits de nopces, ou pour preſenter à un Bacha. Le commun du peuple ſe veſt des draps de Londre, qui ſont beaux en apparence, mais de peu de durée, & qui ſe donnent à bon marché. Quant aux eſtoffes de ſoye, elles ſe travaillent dans le pays, en quantité & de toutes ſortes; ſi bien que le gain que font aujourd'huy les Venitiens ſur leurs draps de soye & de laine, est fort peu considerable, comme ils l'avoüent eux-mêmes, & ne seroit pas capable de fournir à la moitié des dépenses qu'ils font, dequoy ils ont esté fort surpris depuis leur retour en Turquie, aprés la reddition de la Candie. Ce qu'ils débitent donc plus ordinairement, ce sont quantité de menuës Marchandises, comme des verres, lampes & autres vases de cristal, des perles & pierreries fausses, des lunettes, des glaces de miroir, du verre ordinaire de toutes les couleurs, pour servir aux fenestres, des chappelets & brasselets de même matiere, des cousteaux, ciseaux, des pulverins & du papier, des statuës ou figures de cire, des couleurs pour la peinture, & une infinité d'autres merceries jusqu'à de l'Oripeau. Leur gain ne consiste pas tant dans la vente de telles Marchandises, que dans l'achat qu'ils font avec leurs sequins de Venise, de celles qu'ils prennent en Turquie, & qu'ils revendent par aprés au double dans l'Italie ou ailleurs.

Les marchandises du Levant qui se transportent en Europe sont pour l'ordinaire la soye, le coton en fil & en bourre, les toiles de lin & de coton, les cuirs de chévre tous preparez, & teints en rouge, jaune & violet, dits vulgairement marroquins,

quins ou cordoüans, les laines ordinaires qui sont fort longues & grossieres, & celle de chevrettes qu'ils appellent Teftigue, qui est tres-fine & plus douce que la soye; les noix de gale, les pistaches, quelques drogues que les Caravanes apportent de Perse & d'autres qui se prennent sur le pays, les cendres pour faire le savon; des toiles teintes, d'autres imprimées, dites vulgairement chites, beaucoup moins fines que celles de Perse & des Indes; la cire jaune, & quelques teintures : On pourroit encore y prendre du bled & du ris en quantité avec d'autres vivres qu'on auroit à bon marché, particulierement en Chypre, en Egypte, & dans la Syrie, où il y a des grains suffisamment pour entretenir durant les années entieres des Arées tres-nombreuses, qui y vivroient bondamment, & qui y auroient, à la reserve du vin, toutes les commoditez qu'elles pourroient desirer en Europe, encore ne seroient-elles pas privées de cette liqueur que la premiere année, dautant qu'il y a en Turquie quantité de vignes qui se multiplient tous les jours, mais les raisins se consomment en la maniere qui suit. Ils en font seicher une partie comme des panses, qu'ils mangent toute l'année avec du pain, & dont ils tirent de l'eau

N

de vie à l'alambic, après les avoir fait tremper dans l'eau un espace de temps, jusqu'à ce qu'elles commencent à s'aigrir. De l'autre partie ils font du raisiné ou vin cuit, en consistance de miel, qu'ils mettent dans des peaux de bouc, & qu'ils vendent sur les boutiques au peuple, qui en use d'ordinaire à ses repas, & qui le mange comme du beure sur du pain. Si on estoit les Maistres du pays, à qui tiendroit il de faire du vin de ces raisins, au lieu d[e] les consommer à un autre usage?

On s'imagine que dans la Turquie l'ai[r] y est tres-mauvais pour les estrangers, & qu'il leur est presque impossible d'y habiter, à cause des chaleurs qui y sont beaucoup plus grandes qu'en Europe, & qu[e] par consequent les armées ne pourroien[t] pas y subsister, quand même elles au[-] roient d'ailleurs tout ce qui leur feroit [de] besoin. Je réponds à cela, qu'il faut fa[i]re distinction des lieux : dautant que l[a] Turquie n'est pas par tout de même, il [y] en a d'aussi temperez que la Provence [&] l'Italie, comme seroit Constantinople, l[a] Grece & la Romanie ; d'autres plus froid[s] comme ceux qui confinent l'Empire d'O[c]cident, la Pologne & la Georgie, d'au[-] tres enfin plus chauds : mais aussi on y [a] cét avantage, que l'air y est plus sain pou[r] l'ordinaire, les zephirs y soufflent presque toûjours, particulierement la nuit, on y couche six mois l'année dehors, sans ressentir aucune incommodité : dautant qu'il n'y a ny rosée ny serain, comme en Europe. J'avouë qu'il y a quelques lieux particuliers mal sains, comme Alexandrette, Antioche, le Payas, & l'Arneca en Chypre ; ce qui procede en partie du peu d'habitations qu'il y a, & de certaines eaux croupies, que les Turcs n'ont pas le soin de faire écouler.

J'ay encore oüy dire, que ce qui y cause la mort & les maladies frequentes de quelques Marchands d'Europe qui y resident pour trafiquer, n'est pas tant l'intemperie de l'air, que le peu de regime qu'ils gardent dans leur maniere de vivre, & que l'excez du vin qui y est tres-violent, avec la quantité de viandes & de gibier qui y sont à vil prix, joint aux ardeurs du Soleil ausquelles ils s'exposent trop imprudemment, allans à la chasse tout le jour, en fait plus mourir que ce mauvais air ; ce que l'experience fait journellement connoistre, puis que ceux qui y vivent avec plus de reserve, de frugalité & de circonspection, y passent plusieurs années sans estre malades, comme je l'ay moy-même vû & remarqué.

Article XXIV.

De la maniere de voyager en Turquie.

LA Turquie est un des plus difficiles pays du monde pour les voyageurs, non tant à raison de l'aspreté des chemins qui sont assez commodes dans la plûpart des lieux, qu'au sujet des perils qu'il y a de la part des voleurs qui y sont frequens & des tyrannies qu'on y exerce, sur tout envers les Etrangers, qu'on traite plus severement que les naturels du pays, lors particulierement qu'il est question de payer certains tributs & doüannes au Grand Seigneur, dautant qu'alors on estime leurs marchandises le double de ce qu'elles valent, pour en exiger deux fois plus qu'ils ne devroient donner.

Ajoûtez à ces sujets de crainte & de fâcherie la misere & la necessité où l'on est reduit de porter avec soy le pain, l'eau & les autres choses necessaires pour le vivre, qu'on ne trouve pas bien souvent sur sa route, ce qui cause un furieux embaras & une incommodité tres-notable.

De plus, on n'y a pas les belles commoditez qui se trouvent en Europe & ailleurs tant par terre que par eau, comme seroient les Carosses, les Coches, Postes, Messagers, Bateaux, Cabanes, &c. Toutes ces sortes de voitures sont inconnuës en Turquie, où l'on ne se sert pas même de chariots pour le transport des marchandises, qui se chargent sur des Chameaux, ny pour d'autres usages. Je n'y ay remarqué en onze ans de sejour que j'y ay fait, que deux ou trois brancars ou litieres fort simples, dans lesquelles se faisoient porter des personnes de condition malades, & incapables d'aller à cheval, qui est la voye ordinaire dont se servent toutes sortes de gens indifferemment, à la reserve des pauvres qui vont sur des Chameaux ou sur des asnes, qu'on leur louë à meilleur marché.

Mais ce qui est de plus insupportable aux Etrangers qui voyagent en ce miserable pays-là, c'est de coucher dehors à la campagne, & par tout où l'on se trouve, quelque temps qu'il fasse, soit Hyver, soit Eté. On ne rencontre jamais de cabarets sur les chemins pour se rafraichir, ny de maisons pour se retirer. Il y a neanmoins en certains lieux, particulierement sur la route de Constantinople, des Caravanceras, qui sont des lieux publics destinez pour la retraite des passans, & le rendez-vous des Caravanes ; mais ailleurs ils sont tres-rares: en sorte que je n'en ay vû qu'un seul depuis Alep jusqu'en Jerusalem, où nous mismes trois semaines à nous rendre. Or ces Caravanceras sont bastis comme des Cloistres de Religieux, autour desquels sont des écuries & magasins, ceux-cy pour mettre les marchandises, & celles-là pour y loger les hommes & les chevaux, mulets & chameaux, qui n'y ont point d'appartement different, n'y ayant entre-eux aucune separation, & estant tous sous le même toit. L'avantage qu'on a au regard de ces animaux, c'est qu'on est un peu plus élevé qu'eux & placé sur un parapet ou eminence de quatre ou cinq pieds de hauteur, au bas de laquelle sont les chevaux. On estend sur cette elevation des tapis & couvertures pour s'asseoir & se reposer, il y a là quantité de petites cheminées ou foyers, pour la commodité des voyageurs qui veulent se chauffer, ou faire cuire quelque chose. J'ay vû des Caravanceras où l'on donne à manger à tous ceux qui abordent, soit Turcs, soit Chrétiens, en sorte que d'abord qu'on apperçoit venir une Caravane, on tuë suivant la quantité des personnes quatre ou cinq moutons qu'on fait cuire avec du ris, & dont l'on fait la distribution à tous ceux qui en veulent, de quelque condition qu'ils soient, pauvres ou riches ; ces charitez ont esté fondées par des grands Seigneurs, ou par des Visirs, qui auront legué en mourant un fond suffisant pour fournir à cette dépense, & la continuer à perpetuité, & ce en reconnoissance de quelque grace qu'ils auront receuë du Ciel, ou bien pour obtenir de Dieu en veuë de ce bienfait le pardon de leurs offences.

Quand ces sortes d'auberges manquent qui sont tres-rares dans la Turquie, on est obligé de prendre son logis à l'enseigne de la Lune, & en raze campagne, où l'on est exposé à toutes les injures de l'air, à la pluye, à la neige, & aux vents, à moins qu'on n'ait quelque pavillon pour s'en guarantir ; ce qui n'est pas ordinaire à beaucoup de personnes, à cause de la dépense qu'il faut faire d'un cheval pour le porter.

Il est à remarquer qu'en Esté les Caravanes vont toute la nuit & reposent le jour, à raison des chaleurs qui sont insupportables, & qui ostent la force & le courage de pouvoir marcher. L'Hyver tout au contraire, elles vont le jour & s'arrestent la nuit : en sorte qu'il y a plus de plaisir & d'avantage de voyager en Turquie l'Hyver que l'Eté, parce qu'au moins on a pour lors la satisfaction de voir le pays : au lieu qu'en Eté on en est privé par l'obscurité de la nuit, durant laquelle on continuë sa route; outre que ceux qui n'ont point de pavillons grillent l'Eté aux ardeurs du Soleil, dans le lieu où se campe la Caravane, & ainsi ne prennent aucun repos, ny durant la nuit, parce que l'on marche, ny durant le jour, à cause des chaleurs excessives dont ils ne se peuvent mettre à couvert.

Ce seroit une folie d'avoir la pensée de pouvoir voyager seul en Turquie, comme l'on feroit en ces pays-cy, quelques armes que l'on portast; & si cette tentation avoit pris à un homme, il seroit bientost devalisé par les Arabes qui le mettroient à nud, & luy enleveroient selon leur coûtume jusqu'à sa chemise; c'est pourquoy pour éviter ce danger là, on est obligé d'attendre qu'il se forme quelque compagnie de deux ou trois cens Marchands, avec lesquels on s'associe, & c'est ce que l'on appelle aller en Caravane.

On a coûtume avant que de partir, de faire ses provisions pour le voyage, de biscuit, de ris & autre chose, & de convenir avec un voiturier ou muletier du prix qu'on luy doit donner, pour estre conduit à cheval jusqu'au lieu où l'on pretend se rendre, avec cette condition qu'il aura soin de nourrir les chevaux ou mulets, &

de les traiter, sans qu'on soit obligé de s'en mettre en peine. Il touche d'ordinaire une partie de l'argent qu'on luy a promis, & l'autre quand on est arrivé au terme, ou au lieu où l'on pretend aller. Il n'est pas à propos de luy avancer d'abord le tout, de crainte qu'il n'en abuse, & que n'esperant plus rien, il ne vienne à fausser sa parole, & à traitter à sa mode celuy qui auroit esté si simple, que de se tant confier en luy ; il vaut bien mieux ne le payer qu'à la fin du voyage, pour le tenir dans la sujettion & le respect par l'esperance du salaire.

Aprés qu'on a fait tous les preparatifs que dessus, pour se mettre en chemin, l'on se rend à un lieu déterminé hors la Ville, où toute la Caravanne s'assemble. L'on passe-là une partie de la nuit, aprés quoy l'on fait le signal du départ, & aussi tost chacun monte à cheval, ou sur un chameau, d'où l'on ne descend que vers le soir, lors qu'on se veut camper. L'on n'est pas plûtost arrivé au giste, que l'on se met en devoir d'allumer du feu & de faire la cuisine, qui ne consiste qu'à faire cuire du ris avec un peu d'huile ou de beure. L'on se sert pour cét effet, faute de bois, qui est rare, des crottes de chameaux restées des precedentes Caravannes & dessechées au Soleil, & on les amasse avec beaucoup de soin : cette matiere est assez susceptible du feu, & suffisante pour cuire ce que l'on veut. Durant le jour, on ne se sustante que de biscuit & de quelques fruits secs qu'on mange sur le cheval, en chemin faisant.

On doit prendre garde de ne pas s'éloigner du gros de la Caravanne, de peur des Arabes, qui se ruent sur ceux qui s'en écartent, & de ne se pas tenir non plus à la queuë, sur laquelle ils se jettent quelquefois à l'improviste, sçachans bien que ceux qui sont passez les premiers, ne retourneront pas en arriere pour deffendre les autres, qui seront attaquez. Il faut encore avoir l'œil ouvert sur tout ce que l'on a, le mettre la nuit proche de soy, si l'on ne veut qu'il soit dérobé par ceux même de la Caravanne, qui sont quelquefois plus grands voleurs que les estrangers, quelque mine qu'ils fassent : aussi chacun se défiet'il de son compagnon, & le consider comme un larron, dans la connoissance qu'ils ont les uns & les autres de leur mauvaise conscience, qui ne fait aucun scrupule de dérober quand l'occasion s'e presente.

Quand j'ay dit qu'il n'y avoit point en Turquie de Cabannes ny de Batteaux sur les rivieres, pour aller d'une Ville à une autre, j'entends parler de Vaisseaux faits à nostre façon : dautant que les Turcs ont sur l'Euphrate & sur le Tigre certaines machines ridicules qu'ils appellent Kélec, faites avec quantité de peaux de chevres enflées & liées les unes aux autres, sur lesquelles ils estendent des bois, qui par ce moyen nagent sur l'eau, & leur servent de Batteaux, mais avec tant d'incommoditez & de perils, que c'est bien s'hazarder que de s'y commettre : dautant que ces peaux de bouc venant à se destacher ou à se crever; ce qui n'arrive que trop souvent par la rencontre de certains écüeils, cette machine panche toute d'un costé, & fait renverser avec elle tout ce qu'il y a dessus: en sorte que pour la remettre, il faut que tous les passagers descendent dans le fleuve, pour ayder les Bateliers, & la tirer avec eux de l'eau, où elle est demy enfoncée, ou bien lors qu'elle est arrestée sur des bancs de sable; ce qui ne se fait pas tout à coup, & sans beaucoup de peine.

Voila la façon de voyager en Turquie, soit par terre, soit par eau, qui est tres-incommode & perilleuse, & qui cependant ne fait pas moins dépenser que si on alloit en France en carrosse, & qu'on fust bien couché, & nourry à table d'hoste, dautant qu'en France un Cavalier fera plus de chemin en huit jours, qu'il ne fera avec une Caravanne de Turquie en quarante, & ainsi outre qu'il dépensera moins, il ira encore plus à son aise, & se rendra plus promptement : au lieu qu'en Turquie, il vivroit miserablement en la maniere que nous avons dite, coucheroit dehors, auroit mille mesaises, seroit exposé à cent perils, dépenseroit davantage, & arriveroit plus tard.

Article XXV.

Des principaux Officiers de l'Empire Ottoman.

Quoy que les membres du corps ayent tous une même fin, à sçavoir de s'employer à son service & à sa conservation, si n'ont-ils pas cependant les mêmes fonctions ; il en est de même des Officiers d'un Royaume, dont les uns sont employez aux affaires qui regardent l'Etat & le Gouvernement ; les autres à celles qui concernent la Justice & la Police, d'aucuns à la Milice, d'autres enfin aux Finances ou à la Cour du Prince ; dont ils composeront la suite ou le train ; suivant cét ordre nous parlerons succinctement de chacun d'eux en particulier.

Le Grand Vizir est le premier Ministre d'Etat, qui seul le gouverne sans autres Conseillers, que ceux qu'il luy plaist admettre, & qu'il peut semblablement rejetter quand bon luy semble. Il donne à sa discretion, quoy qu'au nom du Soltan, les Gouvernemens des Provinces & autres emplois du Royaume, & en prive tout de même avec des pretextes vrais ou faux ceux qu'il juge à propos, à la reserve des plus considerables qu'il n'ose deposer sans en conferer auparavant avec le Grand Seigneur, auquel il persuade tout ce qu'il veut & l'y fait consentir : en sorte qu'il est tout puissant, & qu'il peut faire tout ce que bon luy semble.

Le Caimacam est le Substitut du Vizir, qui fait dans son absence une partie de ce qu'il feroit, estant present; quand il se presente quelque affaire épineuse & d'importance qui semble outrepasser ses pouvoirs & les bornes de sa Commission, il en donne avis à son Maistre pour sçavoir sur cela son sentiment.

Il y a dans le Royaume sept Bachas principaux qui portent la qualité de Vizirs ou Vicerois, mais qui ne se mélent d'autre chose que du Gouvernement de leurs Provinces, qui estoient autrefois des Royaumes, tels que sont Babylone, le grand Caire, Bude, Diarbeker, &c.

Béglerbég sont les Gouverneurs ordinaires des Provinces, dits vulgairement Bachas, lesquels sont si absolus dans le lieu de leur Jurisdiction, qu'ils y prennent presque autant d'autorité que le Grand Seigneur sur la vie, & sur les biens des particuliers, ce qui cause la ruine des Provinces.

Mutsallem est le Lieutenant du Bacha, & celuy qui occupe sa place en son absence.

Kehia est l'homme d'affaire du Bacha, sa seconde personne ou son Lieutenant, avec cette différence du Mutsallem, que le Kehia acompagne toûjours le Bacha, donne Audiance de sa part, & termine les differends, encore bien qu'il soit present; au lieu que le Mutsallem ne fait cela que lors que le Bacha est absent de son Gouvernement.

Beg & Sandgeac sont de petits Gouverneurs subalternes aux Bachas & relevans d'eux en quelque façon, encore bien qu'ils tiennent immediatement du Grand Seigneur leur jurisdiction & le gouvernement des Cantons où ils ont esté constituez.

Les Officiers de Milice sont les suivans.

Sarascar ou Generalissime de l'armée

qui est pour l'ordinaire le Grand Vizir, ou quelque Bacha des principaux du Royaume.

L'Aga des Spahis est le General de la Cavalerie.

L'Aga des Janissaires qui est ce que nous appellons en France Colonel de l'Infanterie.

Le Capitan Bacha ou Amiral qui commande tant aux Vaisseaux qu'aux Galeres.

Le Cadi Ascar ou Grand Prevost des armées.

Le Topidgibachi ou Maistre de l'Artillerie.

Le Bulucbachi est un chef d'Escadre.

Le Bairacdar qui est le Porte-Cornette ou Enseigne.

Ceux qui administrent la Justice sont,

Le Cadi ou President qui juge, comme dit est, seul, sans Conseil & sans appel.

Le Mufti ou Interprete de la Loy, lequel donne ses Conclusions par écrit sur toutes les matieres qui la concernent, suivant lesquelles le Juge se regle bien souvent par un respect qu'il porte à ce pretendu oracle, dont le parquet est toûjours plein de gens qui viennent le consulter, pour sçavoir de luy dans le doute s'ils ont droit ou tort, s'ils peuvent licitement pretendre telle chose ou non, afin de faire donner ensuite le jugement au Cadi en leur faveur ; ce qui leur sera facile moyennant quelque somme d'argent, jointe à la resolution du Mufti semblablement obtenuë. Cét Office est de belle autorité, & l'on défere tant à celuy qui l'exerce, qu'on n'a pas ozé jusqu'à present, bien que ce fust l'intention du Grand Seigneur, faire main basse sur les Arabes, & les détruire entierement sans la permission du Mufti de Constantinople qui l'a toûjours refusée comme chose illicite. Fondé sur ce qu'ils sont, dit-il, fideles & vrays croyans, encore bien qu'ils soient voleurs.

Le Nakib el-cheraf ou Juge de ceux qui se disent parents de Mahomet, appellez Seiedes.

Le Divan Affendi ou le Juge, que le Bacha tient toûjours avec soy pour decider les differends & procez qui sont de son ressort, & dont il doit prendre la connoissance.

Le Soubachi ou Prevost qui a pouvoir de se saisir de tous ceux qu'il trouve actuellement en faute, de les emprisonner, & de tirer d'eux une somme d'argent pour sa peine.

Ceux qui ont le maniement des affaires sont

Le Caznadar Bachi ou grand Tresorier.

de l'Empire Ottoman.

Le Daftardar ou Surintendant des Finances.

Le Mehaffal ou Receveur general d'une Province.

Le Goumroucchi ou Fermier des Doüannes du Grand Seigneur.

Le Caradgi, ou celuy qui leve sur les Chrétiens & les Juifs le tribut qu'ils donnent au Sultan, pour avoir la liberté de professer dans son Royaume une Religion differente de la Mahometane.

Le Chahbandar ou celuy qui Juge de la bonté des Marchandises, & autres choses concernantes le commerce.

Ceux qui assistent à la Cour du Grand Seigneur sont.

Le Silahtar ou Porte épée du Soltan.

L'Aga ou Chef des Eunuques Noirs, est celuy qui a l'Intendance de toutes les Mosquées, & la Garde des femmes du Grand Seigneur.

L'Aga ou Chef des Eunuques Blancs, a le soin des Oglans ou Pages, & de quelques autres serviteurs du Serrail.

Le Bestandgi Bacha est Surintendant des jardins du Grand Seigneur.

Les Capigi ou Portiers du Serrail s'envoyent à des Commissions dans les Provinces, soit pour signifier quelque chose d'importance aux Bachas, soit pour décapiter quelque personne de marque, ou pour quelqu'autre semblable employ.

Les Tchaoüches ou Huissiers se députent aussi quelquefois vers des Princes estrangers, ou pour accompagner des Ambassadeurs, &c. ils portent à la main un grand baston d'argent, en forme de bequille, pour marque de leur Office.

Outre les susdits Officiers de la Cour, il y en a plusieurs autres dont j'obmets les noms, pour finir ce que j'avois à dire des Turcs, & passer aux Arabes, qui feront la matiere du Chapitre suivant.

CHAPITRE II.

Des Arabes.

LEs Arabes vrais descendans de Mahomet, sont en beaucoup plus grand nombre dans la Turquie qu'aucune autre Nation, à la reserve des Turcs, qu'ils haïssent à mort, pour les raisons que nous avons dites cy-dessus, ausquelles nous ajoûterons les suivantes, à sçavoir que les Turcs ne donnent pour l'ordinaire le supplice du pal, le plus cruel & infame de tous, qu'aux seuls Arabes, pour marque du mépris & de la haine qu'ils leur portent. De plus, ils ne les employent que dans les Offices les plus vils & abjets de la maison, comme à traitter les chevaux, à porter du bois & de l'eau à la cuisine, à balayer, laver les utensiles, &c.

Leur habit est beaucoup different de celuy des Turcs, tant des hommes que des femmes, encore bien qu'ils professent la même Religion qu'eux, aussi sont-ils issus de l'Arabie deserte, où l'on a une sorte de vestement particulier, qu'ils veulent conserver inviolablement, & à perpetuité pour marque de leur extraction. Ils naissent bruns & bazanez, sans même en exempter ceux qui habitent depuis plusieurs siecles, des climats fort temperez, où le reste du peuple est aussi blanc qu'on pourroit estre en France. Enfin, la couleur de leur visage, jointe à la forme de leurs habits extravagans, fait qu'ils ont un grand raport avec les Boësmes, & qu'ils paroissent même plus ridicules qu'eux ; ce qui les rend odieux & méprisables à toutes les autres Nations. Aussi ne se marient-ils jamais qu'entre-eux, & ne font alliance avec personne, quelque riche qu'elle puisse estre, si elle n'est de leur secte. J'ay oüy dire, qu'un jeune Turc de condition s'étant un jour amouraché d'une fille Arabe, & sa passion luy ayant fait prendre la resolution de l'épouser, elle ne voulut jamais y consentir, ny acquiescer à la proposition qu'on luy en fit, qu'à condition que ce jeune homme iroit mandier son pain de porte en porte par la Ville, où il estoit connu d'un chacun, afin (disoit-elle) qu'il n'eust pas un jour sujet de luy reprocher la bassesse de sa condition, à se vanter de ses richesses, & à la mépriser, après avoir mis luy même en pratique ce qu'il auroit pû reprendre en elle.

Ils ne parlent point d'autre langue que l'Arabe: mais elle est si differente de la vulgaire, qu'on a de la peine à les entendre, aussi ne se plaist-on guere dans leur entretien, qui est d'ailleurs assez ingrat & desagreable.

Ils n'ont pour armes offensives que la lance qu'ils dardent avec une dexterité merveilleuse, & qu'ils ramassent sans descendre de cheval, & pour deffensives que la bonté de leurs chevaux, lesquels ont cét avantage au respect des autres, qu'ils passent les deux ou trois jours sans boire & sans manger, & à courir comme des cerfs par les deserts; ce qui fait qu'ils se vendent d'ordinaire quatre ou cinq cens écus, & quelquefois davantage: mais avant que d'arester le marché, & de donner le prix dont on est convenu, l'on prend en presence du Juge attestation de leur race, & l'on fait verifier par des témoins irreprochables & dignes de foy, que tel cheval, qui est en vente, est fils d'un tel cheval & d'une telle cavale. L'on recherche son origine & son extraction à peu prés, & sans comparaison, comme l'on feroit celle de la noblesse en Europe; ce qui ne se pratique pas à l'égard des hommes en Turquie, où l'on ignore entierement les qualitez de Gentilhomme, de Noble, &c. & où l'on n'a égard qu'aux richesses de la personne, seules capables de l'avancer aux premieres Charges du Royaume, & de luy faire épouser la sœur du Grand Seigneur, fust-il un simple Esclave, ou un homme de la lie du peuple, & issu de la plus vile famille du pays.

Les Arabes sont les plus grands voleurs de l'Empire, & ceux qui dévalisent ordinairement les Caravannes; ce qu'ils font, non tant par necessité, & pour se pourvoir de leurs besoins dans l'extreme pauvreté, où les Turcs leurs mortels ennemis les ont reduits, comme pour se vanger d'eux, & les ruiner s'ils pouvoient en contre-change. Ajoûtez à cela, que la plûpart des Arabes n'estiment pas, que le larcin soit un peché, fondez sur ce raisonnement, que les biens de ce monde, disent-ils, ont esté créez de Dieu, pour tous & en commun, & non pas pour les particuliers, autrement Dieu seroit partial; ce qui ne se peut dire de luy sans blaspheme: d'où il s'ensuit, que ces biens ne doivent pas toûjours rester en même main, mais passer successivement de l'une à l'autre, ou bien ils ne seroient pas communs selon l'intention du Createur, ne servant qu'à des particuliers: & ainsi bien loin de croire qu'ils pechent en dérobant, ils s'imaginent tout au contraire, qu'ils se conforment en cela à la volonté de Dieu, & qu'ils executent ses ordres, aussi ne s'abstiennent-ils du larcin, que dans la crainte qu'ils ont du pal, & d'estre pris des Turcs.

Il est quelquefois arrivé, qu'aprés avoir dérobé quelque pauvre malheureux, ils l'invitoient à dîner avec eux, le menoient sous leurs tentes, où ils le regaloient avec des laitages, & ce qu'ils pouvoient avoir, ils le consoloient pendant le repas, & l'exhortoient à prendre son mal en patience, dans l'esperance qu'ils luy donnoient, que Dieu le recompenseroit d'ailleurs, & luy feroit naistre quelque occasion, dans laquelle il s'enrichiroit plus en un moment qu'ils ne l'avoient appauvry. Qui sçait, luy disoient-ils, si au partir d'icy tu ne rencontreras pas en chemin faisant, quelqu'un, qui sera moins fort que toy, & mieux pourvû que tu n'estois ? Sur lequel tu te recompenseras au double de ce que tu as perdu avec nous. Va donc à la bonne heure, & espere en Dieu. Ils le congedioient avec ces paroles, aprés l'avoir mis nud comme la main, & dans un estat qu'il ne se pouvoit pas même défendre des mouches, bien loin d'attaquer des hommes armez, & de les devalizer.

Il y a des Arabes dont l'on se sert pour porter les lettres d'une Ville à l'autre, & ceux-là pour l'ordinaire sont mariez en trois ou quatre lieux differens, dans ceux particulierement où ils ont de coûtume d'aller & de faire leurs messages : ils auront, par exemple, une de leurs femmes en Babylone, l'autre à Ninive, la troisiéme à Alep, & la quatriéme à Damas, de sorte qu'en quelque ville qu'ils aillent des quatre susdites, ils y trouvent toûjours leurs familles, & ne sont pas obligez, comme d'autres étrangers, de loger ailleurs que chez eux; ce qui leur est, disentils, une grande commodité. Cette pratique leur est d'autant plus facile, que les femmes Arabes se donnent à tres-bon marché, particulierement dans Alep, où l'un de ces messagers de ma connoissance nommé Baracat, en prit une qui ne luy coûta que dix écus, encore bien qu'il en euſt d'autres à Babylone & ailleurs.

Ceux qui habitent ſous des tentes & pavillons, ou qui demeurent dans les Villes au ſervice des perſonnes riches, prennent encore pour l'ordinaire deux ou trois femmes, leſquelles travaillent plus que le mary, & luy gagnent bien ſouvent ſa vie, à faire des chauſſons de laine ou de coton, à receler les choſes dérobées & les revendre, particulierement la ſoye, à nourrir les vers qui la font, à élever quantité de poules dont elles vendent les œufs, ou à ſervir de chambriere dans quelque maiſon particuliere.

On ſe ſert ordinairement des femmes Arabes pour venir pleurer aux obſeques des morts, elles ſe prennent à l'oüage pour aſſiſter à leurs funerailles, & acompagner le corps du défunt juſqu'à la ſepulture; ce qu'elles font en criant à pleine teſte, & en ſe battant la face & la poitrine, comme ſi elles ſe vouloient tuer de regret & de déplaiſir, bien qu'elles n'en ayent aucun, & qu'elles ne faſſent cela que par pure hypocriſie, & en veuë de la recompenſe qu'elles en eſperent; auſſi ne pretend t'on pas en les faiſant venir tirer de leurs yeux de veritables larmes: mais ſeulement de ſatisfaire à la coûtume du du pays qui est telle, & de rendre plus celebre par leur presence la pompe funebre, qui, selon eux, n'a qu'autant d'éclat qu'elle est acompagnée de ces cris forcez, & de ces battemens de poitrine.

Les femmes Arabes vont seules en Turquie, la face découverte par les rues, en quoy il n'y a pas beaucoup d'inconvenient, vû qu'elles sont plus capables de causer de l'horreur que de l'amour, & d'épouvanter un homme, que de captiver son cœur, à cause de la noirceur de leur visage, de la lividité de leurs levres, qu'elles se piquent avec deux aiguilles tres-subtiles liées ensemble, pour y mettre une couleur bleuë ou livide, & de l'indecence de leur habit plus ridicule, que celuy des Boësnes.

CHAPITRE III.

Des Courdes.

LA plûpart des Courdes habitent comme les Arabes sous de pavillons, & ont une langue particuliere, voisine de la Persienne, qu'on pourroit aprendre dans le besoin avec le Dictionaire & la Grammaire qu'en ont dressé les Peres Capucins, qui l'ont aprise dans leur frequenta-tion, & qui me l'ont fait voir.

Ils n'ont point d'armes à feu, & ne se servent que de l'arc, de la fonde & du coutelas.

Ils sont ennemis des Turcs, non seulement à cause du tort qu'ils en reçoivent: mais encore à cause de leur Religion, qui aproche de celle des Persiens, estimez Heretiques par les Ottomans.

Ils sont en quantité dans la Mesopotamie, la Syrie & le Courdestan. Le plus considerable de leurs Princes fait sa residence à deux ou trois journées de Ninive, d'où il fait venir souvent les Capucins qui y ont une Mission, & les oblige de rester à la Cour un mois ou deux.

Ils croyent faire un sacrifice à Dieu de tuer un Iezide, & s'estiment heureux aprés la mort, si durant leur vie ils peuvent assassiner quelqu'un d'eux pour se faire un suaire de sa chemise, trempée & teinte dans son sang, cependant ils ont la même langue & le même nom que les Iezides, qui s'appellent semblablement Courdes: mais ils different d'eux en matiere de Religion & dans leur façon de se vestir, comme nous verrons cy-aprés, d'où naist l'aversion mortelle qu'ils ont reciproquement les uns contre les autres.

Leurs exercices sont de nourrir des troupeaux, de cultiver les terres, & quelquefois encore de voler; ce qui ne leur est pas neanmoins si ordinaire qu'aux Arabes, qui en font mestier & marchandise.

Ils vont vestus comme les paysans Turcs, & paroissent semblables à eux quant à l'exterieur: aussi ne les persecute-t'on pas tant, à cause que les autres Nations qui affectent & recherchent cette difference des habits, ainsi que font les Iezides, les Arabes & les Juifs.

CHAPITRE IV.

Des Turcmans.

ENcore bien que les Turcmans soient peu & en petit nombre, ils se rendent cependant redoutables par leur valeur dans les lieux où ils se trouvent, toutefois ils ne sont que pasteurs & gens adonnez à la vie champestre. Ils n'aiment ny les Turcs ny les Arabes, à cause des tyrannies que les premiers exercent sur eux, & des persecutions qu'ils reçoivent des autres, avec lesquels ils viennent souvent aux mains.

Ils habitent sous des pavillons couverts

de feutre, & faits en rond comme des tours, differens en cela de ceux des Arabes qui sont longs & ouverts de tous côtez : ils changent souvent de demeure à cause de leurs troupeaux, & ne font que tourner çà & là comme des villes mouvantes. Ils vont quelquefois deux ou trois cens familles ensemble, pour s'assûrer contre les Arabes leurs ennemis, & conduisent avec eux de si nombreuses troupes de chameaux, de chévres & de moutons, que la terre en paroist couverte plus de deux lieuës durant, aussi passent-ils pour les plus riches pasteurs de l'Empire Ottoman. Ils ont quelques armes à feu, bien qu'ils ne se servent ordinairement que de l'arc.

Leur langue est la Turquesque, un peu corrompuë & differente de la vulgaire.

Ils ont entre-eux une certaine jurisdiction ou Gouvernement particulier, indépendant de celuy du Bacha, qui n'a rien à voir sur leur Nation, laquelle est regie & gouvernée par un Aga, ou Seigneur pris de leur secte, qui paye tous les ans au Grand Seigneur le tribut dont ils sont convenus avec luy.

Ils sont si laborieux & amateurs du travail, qu'on ne les voit jamais oisifs, mais toûjours occupez à faire quelque chose, tant les hommes que les femmes. Ils y employent même le temps qu'ils sont sur leurs chameaux, & travaillent, en chemin faisant, à divers exercices, soit à filer, soit à moudre ou concasser des lentilles, du bled & autres grains, avec certains petits moulins à bras, de la grandeur de celuy dont on fait la moutarde, qu'ils chargent sur le dos de ces animaux, aux deux côtez desquels ils mettent deux sacs, dont l'un est plein de ce qu'ils veulent moudre, & l'autre reçoit ce qui est moulu & concassé à mesure qu'il sort du moulin.

On dit que ce sont eux qui ont mis les premiers la Couronne sur la teste des Ottomans, par l'assistance qu'ils leur donnerent autrefois, moyennant laquelle ils firent tant de progrez en si peu de temps, aussi sont-ils venus avec eux de la Perse où ils estoient pasteurs, comme ils sont encore aujourd'huy : en quoy il paroist que les Turcs n'ont guere esté reconnoissans de ce bienfait en leur endroit.

Pour ce qui est de la Religion, ils ne sont pas capables d'y admettre des differences, ne sçachans pas même en quoy elle consiste, & se rapportans à ce qu'en disent les Turcs, ausquels ils se conforment plus qu'aucune autre Nation de l'Empire, non seulement quant à la croyance, mais encore quant au langage & à la façon de se vestir.

CHAPITRE V.

Des Iezides.

LEs Iezides ne sont ny Turcs ny Chrétiens, encore bien qu'ils soient plus affectionnez à la Religion du Messie qu'à celle du faux Prophete Mahomet.

Ils appellent par amour les Chrétiens leurs Comperes, & portent une aversion mortelle aux Turcs plus qu'à aucune autre Nation ; ce qu'ils font paroistre, en ce que, lors qu'ils maudissent quelque animal dans la colere, ils ne l'appellent que Musulman, c'est à dire Turc.

Ils font gloire de boire du vin, & de manger de la chair de porc, si abhorrée des Turcs & des Juifs, qu'ils se laisseroient plûtost mourir de faim que d'en gouter.

Ils évitent autant qu'ils peuvent la circoncision, & ne la reçoivent qu'autant qu'ils y sont contraints par les Turcs de vive force, & par la violence des tourmens.

Il n'est pas possible de les induire par la

raison, non plus que par les supplices, à maudire le Diable : en sorte que quelques-uns d'eux se sont laissez écorcher tout vifs, plûtost que de le faire : Et voicy les raisons qu'ils alleguent pour cela, à sçavoir, que nous ne pouvons pas en conscience maudire les Creatures; ce droit n'appartenant qu'à Dieu seul, qui en est l'auteur, & que nous n'avons aucun commandement ny precepte dans l'Ecriture, de faire des imprecations sur le Diable, & qu'ainsi nous ne sommes pas obligez, encore bien qu'il soit rebelle & desobeissant à Dieu, de l'injurier, comme font à tout propos les Chrétiens & les Turcs : non plus que nous ne serions pas obligez de maudire à tout moment un premier Ministre d'Estat, qui seroit déchû des graces de son Prince: tant s'en faut, que la charité nous oblige à faire le contraire, & à luy souhaiter du bien. Qui sçait, ajoûtent-ils, si le Diable ne fera pas quelque jour sa paix, & s'il ne se reconciliera point avec Dieu ? Il semble que nous le devons esperer de sa misericorde, & si cela arrive, pensez-vous qu'il ne se ressente pas alors de tant d'injures, que vous aurez vomy contre-luy durant le temps de sa disgrace? Mais supposons même qu'il reste tel qu'il est à present, & que vous veniez pour vos crimes à tomber entre ses mains aprés la mort ; ce sera encore pis pour vous, dautant qu'il se vangera au double de toutes ces invectives, & qu'il déchargera sur vous toute sa rage, & ainsi de quelque costé que tourne la chance, soit qu'il se reconcilie avec Dieu, ou non, vous ne pouvez remporter, disent-ils, aucun avantage de toutes ces maledictions.

Voila le sentiment des plus capables d'entre-eux ; car quant aux autres, ils ne prononcent pas même le nom du Diable, & ne parlent de luy que par circonlocution, en l'appellant, l'Ange Paon, ou celuy que vous sçavez, celuy que les ignorans maudissent, &c. Me trouvant un jour avec eux à saint Simeon Stilite, où je les avois priay de me conduire, pour satisfaire à la curiosité & à la devotion que j'avois depuis long-temps, de voir ce beau Convent, où demeuroient autrefois cinq cens Religieux ; l'un d'eux m'ayant fait remarquer une fente dans le Rocher de la Montagne, au bas de laquelle estoit autrefois une Ville de la grandeur de Blois, dont nous considerions les ruïnes, me demanda si je sçavois l'origine de cette fente, & pourquoy elle s'estoit faite en cét endroit : Surquoy luy ayant répondu que non, il me raconta qu'un Iezide estant un jour pourſuivy par des infidelles, qui vouloient l'obliger à maudire l'Ange Paon, & à proferer contre luy des blaſphemes, la pierre s'entre-ouvrit pour le mettre à couvert de la perſecution de ſes ennemis, & le Rocher luy fit place dans ſon ſein, prodige qui eſtonna ſi fort ces incredules, qu'ils ſe convertirent à l'heure même, reconnurent leur faute, & demanderent pardon à celuy qu'ils vouloient mettre à mort; lequel eſtant reſorty de cette Cellule miraculeuſe, le Rocher ſe rejoignit, & retourna en ſon premier eſtat : en ſorte qu'il ne reſta plus rien que cette fente, pour marque perpetuelle de ce miracle. Je n'ozay pas le contredire ouvertement, ny rire de cette fable en preſence de ſes compagnons, de peur de les choquer & de paſſer pour un heretique ; d'autant plus qu'alors je dépendois entierement d'eux, je me contentay ſeulement de demander à ce prêcheur comment s'appelloit cét Ange Paon, en conſideration duquel eſtoit arrivé ce grand prodige, pour voir s'il diroit ſon nom, mais il me fut impoſſible de luy faire proferer ce mot de Diable, autrement que par circonlocution, de quelque biais que je le peuſſe prendre.

Leurs habits ne ſont ordinairement que de deux couleurs, noir & blanc, ſi bien qu'on les distingue en appellant les uns les noirs & les autres les blancs. Les noirs sont estimez des autres, comme les Religieux de la secte, encore bien qu'ils soient mariez, & que même aucuns d'eux ayent deux femmes. Ils se font appeller pauvres par les blancs, bien qu'ils fussent riches, aussi la qualité de pauvres est-elle honorable parmy eux, quoy qu'ils haïssent extrémement la pauvreté.

Les blancs sont semblables aux Turcs quant à l'exterieur, & ne se peuvent reconnoistre pour Iezides sinon à leur chemise, laquelle n'est pas fenduë au collet comme les autres, & n'a qu'une ouverture ronde capable de recevoir & de passer la teste; ce qui est mysterieux entre-eux, & se fait, disent-ils, en memoire d'un cercle d'or & de lumiere descendu du Ciel dans le col de leur grand Saint Chec Adi, aprés un jeûne qu'il fit de quarante jours.

Ils ont tous, tant les blancs que les noirs, la même foy & croyance : ils font des vœux & pelerinages à la façon des Turcs & des Chrétiens. Ils n'ont point de temples pour prier Dieu, & n'entrent jamais dans les Mosquées, si ce n'est par curiosité pour voir comme elles sont faites; ce qu'ils feroient sans doute plus volontiers & pour une meilleure fin au regard des Eglises des Chrétiens, s'il leur estoit permis, & qu'ils le peussent faire sans peril d'avanie & d'estre maltraitez par les Turcs.

Ils estiment que c'est un peché de se tailler ou couper tant soit peu la barbe : de sorte qu'ils se la laissent croistre si longue sur les levres, que les moustaches leur couvrent la bouche & entrent dedans. Ils haïssent & tiennent pour heretiques ceux qui pratiquent le contraire, & qui se la coupent pour plus grande commodité ou bienseance.

Ils n'ont durant tout le cours de l'année ny jeûnes ny abstinences, ny heures determinées pour la priere, ny aucune feste ou solemnité : de sorte que toute leur Religion consiste seulement à ne maudire point le diable, à se donner de garde de ne pas même proferer son nom, à porter un habit qui ait quelque difference de celuy des autres, à aprendre par cœur certains Cantiques spirituels à l'honneur de Jesus-Christ, de sa sainte Mere, de Moïse, de Zacharie, & quelquefois du faux Prophete Mahomet, qu'ils aprennent à l'envy l'un de l'autre, plûtost par vanité que par aucun autre motif, & pour les chanter sur la guitare dans les festins, aux visites qu'ils se rendent, & dans d'autres occasions.

Ils n'ont ny livres ny lecture, comme les

O vij

Turcs ; ce qui fait qu'ils vivent dans une profonde ignorance, & qu'on leur fait acroire facilement tout ce que l'on veut.

Ils croyent à l'aveugle & sans sçavoir, à la Bible, à l'Evangile, & quelques-uns d'eux à l'Alcoran, & disent communément que ces trois livres sont descendus du Ciel.

Ils font leurs prieres la face tournée vers le Levant comme les Chrétiens, & contre la pratique des Turcs qui regardent le midy.

Quand le Soleil commence à paroistre, aux premiers rayons qu'il lance dans leurs pavillons, ils se levent tous sur pied par reverence, joignent les mains, & adorent Dieu en sa presence ; laquelle pratique a donné sujet de croire à plusieurs, qu'ils estoient Idolatres & qu'ils adoroient cét Astre, comme premier principe & auteur des creatures, ce qui n'est pas veritable.

Ils croyent plusieurs miracles de Nostre Seigneur, lesquels ne se trouvent ny ne furent jamais dans l'Evangile, comme qu'il ait parlé dés le jour de sa naissance, qu'il ait ressuscité un homme mort depuis mille ans pour délivrer sa sainte Mere des fausses calomnies des hommes, & leur prouver qu'elle l'avoit conçu sans aucune operation d'homme, & par le seul souffle de Dieu, & qu'ainsi il n'avoit point de Pere sur la terre.

Ils peuvent repudier leurs femmes pour se faire Superieurs des noirs, ou bien hermites, & non pour d'autres motifs.

Le mary achete son épouse deux cens écus, qui est entre-eux le prix ordinaire des femmes, de quelque condition & qualité qu'elles puissent estre, pauvres ou riches, belles ou difformes, & les deux cens écus restent au beau-pere, lequel n'est pas obligé de donner la moindre chose à son gendre pour sa fille, & s'il le fait ce sera par un effet de pure liberalité. Cette ridicule pratique est cause que les femmes sont méprisées de leurs maris & traitées comme des Esclaves.

Ils épousent pour l'ordinaire leurs cousines germaines ou filles de leurs oncles, à dessein de les avoir de luy à meilleur marché, ou bien ils s'accordent avec quelqu'un, & font un échange de sœur pour sœur sans débourser de l'argent, & concluent à même-temps deux nopces. Cette coûtume de donner sa sœur à son beaufrere, n'est pas illicite entr'eux, non plus qu'en Europe, bien qu'elle le soit chez les Sectes Chrêtiennes Orientales, qui croiroient commettre en cela un grand peché, & qui ne permettent pas même aux deux freres d'épouser les deux cousines germaines ou les deux parentes.

Si quelque femme ou fille est prise en adultere, ou convaincuë d'estre tombée dans quelque peché honteux, son pere, son frere ou son mary la tuë, & fait payer son sang à celuy qui en a abusé, duquel il exige le prix de trois femmes, à sçavoir six cens écus, autrement sa peau paye pour luy, en cas qu'il fust pauvre & insuffisant de satisfaire à cette somme. Si le mary de l'adultere ou son parent ne la tuë pas, les Turcs l'obligent à leur payer une bonne amende : mais s'il les tuë tous deux, à sçavoir la femme & son rufien, il n'en est rien du tout, & l'on ne fait contre luy aucun acte ny poursuite en Justice. Tous ceux qui entrent dans la maison de celuy qui a tué sa femme ou sa fille au sujet de son peché, donnent un coup d'épée ou de coûteau dans le corps mort, s'il est encore present, en detestation de son crime, & pour approuver par cette action barbare la fausse justice de l'homicide.

Ils sont amateurs du vin dans l'excez, & le boivent non seulement par inclination qu'ils y ont, mais encore en dépit des Turcs, qui le deffendent. Ils le qualifient quelquefois de l'auguste nom de sang de Jesus-Christ : & lors que dans les festins l'un d'eux presente la tasse pleine de vin à un autre, avec ces paroles, prend le Calice du Sang de Christ, celuy qui la reçoit fût-il Superieur, baise la main de celuy qui l'offre, & tous les assistans se levent par respect, croisent les bras, & s'inclinent profondement jusqu'à ce qu'il ait bû, après quoy chacun se remet dans sa place. Cette ceremonie (que je leur ay vû faire souvent en la maniere que je viens de rapporter,) jointe à plusieurs autres pratiques qu'ils ont conformes à celles des Chrétiens, donnent sujet de croire qu'ils pourroient estre issus ou des Ariens, ou de quelqu'autre Secte heretique, qui s'est ainsi corrompuë & abastardie par succession de temps, ou du moins qu'ils auroient contracté avec ces Schismatiques une si estroite amitié & union contre les Turcs leurs ennemis, qu'ils les auroient receus à leur Communion, comme les Lutheriens ont fait les Calvinistes : bien qu'il y eust entre eux une tres grande difference.

Ils portent la tasse à la bouche avec les deux mains, & estiment que c'est une legereté notable de faire autrement & de pratiquer le contraire.

Leur salutation consiste à se baiser l'un à l'autre la manche de leur habit, s'ils sont vestus de noir : mais s'ils sont blancs, ils se saluent à la façon ordinaire du pays. Si les deux especes viennent à se rencontrer, c'est à dire les noirs avec les blancs, il n'y a que les premiers qui reçoivent cét honneur, & ausquels les blancs baisent l'habit, sans que les autres leur rendent le reciproque, à cause qu'ils ne sont pas Religieux comme eux.

Ils conservent comme des reliques les vieilles pieces de leurs habits noirs, bien loin de les jetter ou de les brûler, & si par inadvertance il en tomboit à terre quelque morceau ou filament, ils le relevent aussi tost, le baisent par respect, & se le mettent sur la teste & sur les yeux. Cela fait, ils le serrent soigneusement, en sorte qu'avec le temps ils font des Magazins de haillons & de vieilles pieces ; & afin de ne les point perdre, ils les cousent au lieu de laine & de coton dans des coussins ; ce qui leur engendre une grande quantité de poux & de vermine.

Leur serment solemnel est de jurer par la vertu de leur habit noir ; & par la teste de ceux qui ont l'honneur de le porter. Ils ne qualifient pas leurs habits noirs du nom des autres, encore bien qu'ils ne soient differents d'eux, que quant à la couleur: ils se servent de termes plus amphatiques & honorables, pour en exprimer l'excellence, en sorte que parlant de la chemise, par exemple, d'un vestu de noir, ils ne l'appelleront pas du nom commun, mais ils la nommeront autrement, comme qui diroit une aube, ils ne diront pas son manteau, mais sa chappe, son turban, mais sa Thiarre, sa Mitre, ou son Diadême : Cependant, la plûpart d'eux ne sont que Pasteurs, & leur plus noble exercice est de garder les chevres dans les Montagnes.

Or ce grand honneur qu'ils rendent à leurs habits, est fondé sur la croyance qu'ils ont, qu'il est semblable quant à la forme à celuy d'Iezide ou de Jesus-Christ, que plusieurs d'entre-eux croyent estre le même, quoy que diversement appellé : ou du moins, ils s'imaginent que tous deux estoient de même sentiment, & s'accordoient en fait de Religion ; ce qui n'est pas une petite disposition pour leur future conversion.

Quand quelqu'un a dessein d'estre receu à la compagnie des noirs, autrement dits pauvres, il est obligé avant que de prendre l'habit de servir le Superieur quelques jours durant, lesquels expirez, il le revest en la maniere qui s'ensuit. Il se dépoüille entierement de ses habits, & ne reserve rien sur soy qu'un linge, pour couvrir sa nudité: dans cét estat deux autres le prennent par les oreilles & le conduisent vers le Superieur, lequel tient entre ses mains la tunique noire, dont il le doit revestir; quand il est arrivé à ses pieds, il la luy presente avec ces paroles: Entre dans le feu, & sçache que dorénavant tu és Disciple d'Iezide, & qu'en cette qualité tu dois souffrir les injures, les opprobres & les persecutions des hommes pour l'amour de Dieu. Cét habit, ajoûte-t'il, te rendra odieux à toutes les Nations, mais agreable à la Divine Majesté. Aprés telles & semblables paroles, il luy endosse cette tunique, pendant que les assistans font quelques prieres pour luy, lesquelles finies, le Superieur embrasse le Novice, & baise la manche de son habit: la compagnie en fait de même successivement, & luy semblablement rend le réciproque à tous ceux qui sont vestus de noir, mais non pas aux blancs, qui ne sont estimez que seculiers en comparaison des autres. Depuis ce moment là, on commence de l'appeller Cutchac, c'est à dire, Clerc ou Disciple. Aprés la ceremonie, tous ceux qui y ont assisté vont à la maison du Novice, lequel leur fait un festin, auquel sont receus indifferemment toute sorte de gens qui se presentent, aussi-bien les estrangers & inconnus, que les parens & amis.

Il n'est pas permis à un vestu de noir d'égorger un mouton, ny de tuer une poule ou quelque autre animal, mais bien de les manger. Quand il s'agit d'oster la vie à un bœuf, à une chévre ou à un agneau, il faut faire venir quelqu'un qui ne soit pas revestu de l'habit d'Iezide pour faire cette execution. La plûpart d'eux sont si scrupuleux qu'ils se gardent en cheminant de mettre les pieds sur les fourmis & autres insectes, voire même il y en a d'aucuns qui font conscience de tuer les poux & les puces de leurs illustres habits, se contentans de les jetter à quartier, comme je l'ay plusieurs fois remarqué, sans oser soüiller leurs mains dans ce sang innocent : d'où vient qu'ils sont ordinairement plus chargez de cette marchandise que de perles. Quand on les reprend de cette compassion ridicule envers les animaux qui ne sont créez de Dieu que pour le service de l'homme, ils vous payent de ces raisons : Voudriez-vous, disent-ils, si vous estiez en leur place, c'est à dire, animaux comme eux, estre traitez des hommes de la sorte? Qui sçait si leur ame n'a pas animé autrefois un corps humain, & si au jour de la Resurrection ils ne demanderont pas à

Dieu vangeance contre nous de leur sang répandu sans raison, & pour une legere satisfaction?

S'il arrive que dans une compagnie quelqu'un d'eux ait eu querelle & contestation avec un autre, & qu'il vienne à se reconnoistre comme le plus coupable, il est obligé pour obtenir le pardon de sa faute de faire ce qui suit. Il se leve en presence de tous, se couvre la face de ses mains comme par confusion, croise un pied sur l'autre, & s'incline profondément la face vers la terre, devant le plus honorable de la compagnie, auquel il dit sa coulpe, & s'accuse de la faute qu'il a commise; après quoy il luy fait en peu de mots une charitable correction, dit sur sa teste quelques prieres, l'envoye embrasser son compagnon, & baiser la main de tous les assistans qui sont vestus de noir.

Si aprés telles querelles ou debats ils viennent trouver le Superieur à son logis pour faire leur paix, & se reconcilier en sa presence; il s'informe d'abord d'eux du sujet de leur contestation, & leur fait raconter par le menu & en détail tous leurs griefs, afin de mieux connoistre qui a droit ou qui a tort. Cela fait on observe toutes les ceremonies que nous venons de raporter, on écoute l'agresseur, on luy fait une douce correction & les prieres acoûtumées sur sa teste, & aprés la reconciliation faite, & les embrassades mutuelles, le Superieur luy impose une penitence à son profit & de la compagnie, comme seroit de faire un festin aux assistans pour l'expiation de son peché, de payer deux barils de vin, de sacrifier un mouton, &c. lesquelles ridicules penitences se reçoivent avec beaucoup d'humilité & de devotion exterieure, & s'acomplissent en beuvant à qui mieux mieux.

Ils habitent sous des pavillons noirs tissus de poil de chévre, entourez de roseaux & d'épines liées ensemble; ils sont en long ou en quarré, differens en cela de ceux des Turcmans, dont la forme est ronde comme une tour. Ils se retirent l'Hyver dans les montagnes, & descendent l'Eté dans les plaines & en rase campagne.

Ils vont atroupez comme les Arabes & Turcmans pour plus grande seureté, & disposent leurs pavillons en rond, de maniere qu'il reste au milieu d'eux comme une grande place d'armes, dans laquelle ils mettent leurs troupeaux comme à couvert des larrons & des loups, qui n'osent pas s'en aprocher, & qui ne le peuvent sans estre aperçus de ceux qui sont sous les tentes qu'il leur faut necessairement traverser pour enlever ce qu'ils pretendroient.

Ils enterrent leurs morts sans aucune ceremonie ou pompe funebre, en quelque lieu qu'ils se trouvent, comme ils feroient le cadavre d'un chien mort. Quelques-uns d'eux se font inhumer dans certains lieux de devotion, où l'on va quelquefois en pelerinage, & à ceux-là, qui sont pour l'ordinaire les plus riches, on fait quelque chose de particulier plus qu'aux autres; on chante en mettant leurs corps en terre quelque Cantique à l'honneur de Jesus-Christ & de la sainte Vierge, ou d'Iezide ou bien de Moïse sur la guitare, avec laquelle l'un d'eux marie sa voix, un peu mieux & plus agreablement que ne font les Turcs, dont les crieries à pleine teste ne s'acordent nullement avec cét instrument à deux cordes, fort commun & ordinaire en Turquie, où les bergers même se mélent d'en joüer.

Il ne leur est pas permis de pleurer à la mort d'un vestu de noir, les larmes sont deffenduës dans ce rencontre, comme illicites, & l'on blâmeroit leur tristesse, comme un crime énorme. Il faut qu'ils se réjoüissent malgré eux, & qu'ils passent ce jour là comme une feste, dans les jeux & les festins, à baller & à danser; ce qui se fait, pour congratuler, disent-ils, le deffunt de son entrée dans le Ciel.

Ils sont environ deux cens mille ames en Turquie & en Perse, y comprenant les blancs & les noirs, qui ont tous une même Religion, en veuë de laquelle ils s'ayment passionement les uns & les autres, & se tiennent fort unis.

Ce sont des gens robustes, infatigables & qui se passent de peu.

Ils n'ont point d'autres armes que l'Arc, le Sabre à la Turquesque, & la Fonde, de laquelle ils se servent avec une dexterité merveilleuse, & d'une maniere qu'on ne pourroit quasi le croire sans l'avoir vû.

Les Peres Capucins ont pratiqué & frequenté cette Nation durant sept mois, & en ont passé trois avec eux dans les montagnes, travestis, vivans comme eux, & à leurs depens. Ils avoient apris leur langue, dans laquelle ils les catechisoient avec un fruit merveilleux, de sorte qu'ils baptiserent les deux principaux de la secte, ausquels ils imposerent les noms de Pierre & Paul avec treize autres. Les susdits Peres estoient demandez de toutes parts par ces pauvres gens pour estre instruits dans la Foy & baptisez ; ce qui sans doute ce seroit fait, & cette Mission s'alloit continuant de mieux en mieux à la gloire de Dieu & au salut de ces ames abandonnées, sans les obstacles qui y furent mis de la part des hommes.

Lesdits Iezides promettoient aux Capucins d'armer dans le besoin trente mille hommes au service de Sa Majesté Tres-Chrétienne, qu'ils ne qualifioient plus que de nostre Prince & de Roy de nos cœurs, & pour lequel ils offroient à Dieu des prieres publiques, qui sont pour l'ordinaire precedées par certaines dansés ou branles, qu'ils font avec une gravité Espagnole & une cadence assez agreable, au son des flûtes & des tambours de basque. Il leur tarde de voir les armées Chrétiennes dans le Levant. Quel feu n'allumerions nous pas, disent-ils, dans l'interieur de la Turquie, cependant que les dehors en seroient assiegez par nostre futur Roy? Leurs Superieurs vouloient à toute reste aller à Rome rendre leurs obeyssances à nostre saint Pere le Pape, si on ne les eut empesché, dans la crainte que cela venant à se sçavoir des Turcs, on ne les entreprist à leur retour comme apostats de leur Religion, & rebelles à l'Etat.

CHAPITRE

CHAPITRE VI.

Des Druses.

Les Druses se disent freres des François pour estre issus d'eux & venus de France dans la Palestine, sous le commandement de Monsieur de Dreux leur Capitaine, du nom duquel ils furent ainsi appellez, lors que Godefroy de Boüillon conquit Jerusalem, & se rendit maistre de la Terre Sainte, où ils se marierent de ce temps-là y ayant esté laissez pour la garde du pays, en sorte qu'après la prise qui en fut faite sur les Chrétiens par les Sarasins, leurs enfans ou descendans y resterent, en consideration de leurs familles & des habitudes qu'ils avoient sur les lieux, & y ont toûjours demeuré jusqu'à present sans aucun exercice de Religion : dautant qu'ils n'ont ny Eglises ny Mosquées pour y prier Dieu, & n'entrent jamais dans aucun Temple. Les Turcs les obligent cependant de se conformer à eux quant à l'habit, & les contraignent de paroistre Mahometans, au moins à l'exterieur ; ce qu'ils font purement pour éviter leurs persecutions plûtost que pour estre tels, vû qu'ils ont

P

pour eux une haine mortelle, & voudroient eſtre en eſtat de les pouvoir détruire.

Ils ſont grands guerriers, & ſe rendent formidables aux Ottomans, encore bien qu'ils ſoient en petit nombre.

Ils ont un amour & une affection particuliere pour les Maronites leurs Compatriotes, avec leſquels ils ont traitté pluſieurs fois, & concerté pour livrer le pays entre les mains du Roy de France, qu'ils eſtiment, ayment & honorent entre tous les Princes Chrétiens, ſe conſiderans comme ſes anciens ſujets & iſſus de ſon Royaume.

Les Capucins Miſſionaires de Tripoli, Baruc & Sidon, en ont baptiſé quelques-uns, & vont parmy eux ſans apprehenſion, bien que d'autres ne l'oſaſſent faire avec la même liberté.

Ils promettent de ſe faire Chrétiens & de retourner à la Religion de leurs peres, ſi-toſt qu'ils verront venir les François dans la Terre Sainte, pour la conqueſte de leur pays, & s'excuſent de le pouvoir faire à preſent, dans la crainte qu'ils ont des ſupplices.

Ils font des choſes horribles dans la pratique, plus pour contredire & déplaire aux Turcs, que par aucune ſatisfaction qu'ils ayent.

Ils parlent Turc & Arabe, & se servent d'armes à feu, comme les Francs.

Ils ne font pas difficulté d'avoir accointance charnelle avec leurs plus proches parentes, & en viennent même dans tel excez d'abomination, qu'un pere ne fera aucune conscience de connoistre incestueusement sa propre fille, non plus qu'il feroit au regard de sa femme; & ils se fondent sur cette impertinente raison, qu'ils alleguent pour excuse, qu'il est bien juste, disent-ils, que celuy qui a planté un arbre ou une vigne, en puisse manger le fruit.

CHAPITRE VII.

Des Iuifs.

LEs Juifs se trouvent en quantité dans la plûpart des Villes du Grand Seigneur: encore bien qu'ils y soient hais dans l'excez, & tyrannisez autant qu'on peut se l'imaginer; aussi d'autres moins fins & rusez qu'eux, ne pourroient-ils y subsister parmy tant de persecutions: mais ils se servent si bien de leur esprit, & sont si adroits qu'ils se rendent necessaires à tous: de sorte qu'il ne se trouvera pas une famille considerable entre les Turcs &

les Marchands estrangers, qui n'ait un Juif à son service, soit pour estimer les Marchandises, & en connoistre la bonté, soit pour servir d'Interprete, ou pour donner avis de tout ce qui se passe. Il n'y a tromperie dont ils ne se servent, pour découvrir celles que les autres font d'ordinaire dans les Doüannes, & dans les Caravannes, pour éviter de payer le tribut qu'on pretend d'eux : aussi passent ils pour les plus grands fourbes de tout l'Empire du Turc ; ce qui fait que ceux qui n'en ont point affaire, les abhorrent comme la mort: cependant, ils sçavent s'introduire par tout, & se glisser dans toutes les familles, qu'ils desolent & ruinent par leurs usures, échanges, faux raports, & mille autres méchancetez, qui sont si bien tramées, qu'on ne les peut reconnoistre qu'aprés qu'elles sont faites.

Leurs mestiers & employs ordinaires sont d'estre Banquiers, de changer les Monnoyes, les rogner ou falsifier, prêter à usure, filer l'or avec la soye, achetter les choses vieilles & les revendre comme neuves, aprés les avoir racommodées, servir dans les doüannes & dans les marchez, comme Entremetteurs, estre Medecins, Droguistes & Interpretes.

Il y en a de deux sortes, à sçavoir le

naturels ou originaires du pays, & les estrangers, ainsi dits, parce que leurs ancestres sont venus d'Espagne ou de Portugal. Les premiers portent le turban, comme les Chrétiens, meslé de diverses couleurs : en sorte qu'on ne peut les reconnoistre d'avec eux, que par leurs souliers, lesquels sont noirs ou violets, & ceux des Chrétiens rouges ou jaunes.

Les seconds portent une coëffure ridicule, semblable à la forme d'un chappeau d'Espagnol, sans aucuns rebords. Ceuxcy ont leurs sepultures separées des autres, & ne conviennent pas avec eux en certains articles de leur Religion. Les uns & les autres sont abhorrez des Turcs plus qu'aucune autre Nation : cependant, ils les preferent en quelque maniere aux Iezides, lesquels (au dire des Ottomans) doivent estre les asnes ou montures, qui porteront les Juifs en Enfer, au jour du Jugement. Tels & semblables discours, bien qu'injurieux, leur sont beaucoup plus supportables que les avanies, injustices & tyrannies presque continuelles qu'on leur fait, qui les ont reduits au desespoir : de sorte qu'ils aymeroient mieux incomparablement estre sous la domination des Francs, qu'ils experimentent beaucoup plus douce & plus humaine en Italie, dans l'Empire

& la Pologne, que de se voir toûjours reduits comme des esclaves, sous le joug tyrannique des Ottomans, les plus cruels de tous les peuples.

Il est à remarquer, que quand un Juif se fait Turc, on l'oblige avant que de faire profession de la Loy Mahometane, de recevoir celle du Messie, de croire qu'il est venu, & d'admettre son Evangile, comme un Livre descendu du Ciel, & envoyé de Dieu aux hommes.

Je ne daigne pas rapporter icy toutes les superstitions des Juifs, qui vont à l'infiny, & qui se multiplient encore tous les jours, aussi-bien que leurs erreurs : car sans parler des ceremonies legales dont ils ne peuvent plus observer, disent-ils, qu'une partie, parce que les principales ne se doivent faire que dans le Temple de Salomon en Jerusalem, ils ont tant de sottes pratiques, que les Idolâtres des Indes n'en ont pas de plus ridicules, ny en plus grande quantité. Entre les autres, ils en ont deux qui plaisent fort aux Turcs ; l'une leur sert de divertissement, dautant qu'elle consiste à baller & à danser, comme à des nopces sur les sepultures de leurs deffunts ; & l'autre tourne à leur profit, en ce qu'elle les oblige de ne point manger quelque viande que ce soit, lors qu'ils y remarquent certaines taches ou signes, au sujet desquels ils les estiment immondes : en sorte que si aprés avoir tué un mouton, ou quelqu'autre animal, telles marques y paroissent, ils le revendent aux Turcs à tres-vil prix, & leur donnent pour le quart de ce qu'ils l'auront acheté, plûtost que de le manger ; ce qui seroit reputé entre-eux un grand peché. Et afin que ce malheur pretendu ne leur arrive pas par ignorance, ils ne tuent pas eux-mêmes les animaux, de crainte de se tromper : mais ils ont dans chaque contrée quatre ou cinq hommes, plus ou moins, suivant le besoin, qui sont gens experts & choisis dans toute la Nation, pour leur oster la vie, & observer exactement si les animaux n'ont point ces signes qui les rendent immondes, & l'usage de leur chair illicite aux vrais croyans, tels qu'ils s'estiment estre.

SECONDE PARTIE.

DES NATIONS CHRESTIENNES de l'Empire Ottoman, à sçavoir des Grecs, Armeniens, Suriens, Nestoriens, Maronites, Cophtes, & Solaires ou Chamsi.

Prelude de ce qui est commun aux Sectes Chrétiennes.

AVANT que de parler de chaque Nation en particulier, il est à propos de rapporter icy les coûtumes & autres choses qui leur sont communes à toutes en general, & ce sont les suivantes.

Les Chrétiens Orientaux sont dans une si grande ignorance, que la plûpart d'eux s'imaginent qu'un chacun se peut sauver dans sa Religion, telle qu'elle puisse estre, Catholique ou Heretique, pourvû qu'il croye à Jesus-Christ, & qu'il fasse de bonnes œuvres ; ce qui n'est pas un petit obstacle à leur conversion : dautant qu'en se rangeant au giron de l'Eglise Romaine, ils n'estiment pas pour cela prendre une meilleure voye que la leur : outre qu'en ce faisant, ils se rendent ennemis de leur Nation, & se mettent en peril d'estre entrepris comme Apostats par les Turcs, qui ne cherchent qu'un pretexte pour les ruïner & les dépoüiller de leurs biens.

Ils se confirment dans cette opinion erronée, sçavoir est (que toutes les Religions Chrétiennes sont bonnes) avec une fausse supposition qu'ils font, qui est, que chaque Nation Chrétienne a eu, disent-ils, son Apostre particulier, duquel elle a receu des Canons, un Rit, & des Constitutions differentes de celles des autres sectes, qu'elle est obligée d'observer, comme aussi d'obeïr au Patriarche de la Nation successeur de leur Apostre, & non pas au Pape, qui est successeur de S. Pierre & Patriarche des Latins : de sorte que ceux qui viennent à quitter leur foy, pour en suivre une autre, comme celle des Romains, encore bien qu'elle soit bonne, ne seront pas reconnus, ny par leur Apostre, ny par aucun autre, pour vrais & legitimes enfans : mais seront rejettez de tous, pour n'avoir pas esté fermes & stables dans leur Religion, jeûnans avec les Armeniens, par exemple, & professans la mesme chose que les Latins, qui different d'eux en plusieurs points.

P v

Cette ridicule doctrine leur est souvent preschée dans les Eglises par leurs Evesques & Docteurs, pour les maintenir par ce moyen dans la desunion & hors des sentimens de l'Eglise Romaine. Ils la confirment par l'exemple des douze Tribus d'Israël, qui estoient à leur dire la figure des douze Nations Chrétiennes, chacune desquelles vivoit à sa façon, & ne communiquoit en rien avec les autres, n'estant pas mesme permis aux peuples d'une Tribu de se marier avec ceux d'une autre, ny de boire à d'autre fontaine que la sienne propre, encore bien qu'ils fussent tous peuple de Dieu & vrays croyans : doù il s'ensuit, concluent-ils, que les sectes Chrétiennes figurées par celles-là, en doivent faire de mesme à proportion, & demeurer fermes chacune dans ses pratiques & sentimens, qui encore bien que differens n'empeschent pas pour cela, qu'elles ne soient toutes également peuple de Dieu, & les oüailles de Jesus-Christ, qui se plaist à en avoir de toutes les couleurs, & à estre servi par des gens de differentes livrées. Ne sçavez-vous pas bien, ajoûtent-ils, que dans le corps humain tous les membres ne sont pas de même qualité ny espece, & n'ont pas les mêmes fonctions, aussi en va t'il de même dans le corps mystique de l'Eglise composée de douze Nations qui ont Jesus-Christ pour Chef, toutes lesquelles ne peuvent pas estre non plus le col, les bras, & la poitrine : mais il faut qu'il y en ait qui fassent l'office des pieds : cependant s'ensuit-il de là, que les autres membres plus nobles doivent mépriser ceux-cy, ou entreprendre de changer leur nature s'ils en estoient capables, puis qu'en cela ils feroient un monstre? Faites-en donc de même à nostre égard, disent-ils aux Catholiques, qui disputent contre-eux, laissez-nous tels que nous sommes & que Dieu nous a faits, ne fussions nous que les pieds du corps mystique de l'Eglise, cela nous suffit, sans ambitionner davantage.

Je ne sçaurois obmettre icy les plaisantes réponses que j'ay ouy faire quelquefois par leurs Antagonistes à ces sortes de comparaisons grossieres & absurdes. A Dieu ne plaise, leur repliquoient-ils, que vous fussiez les pieds de l'Eglise, car nous serions bien mal montez, puisque vous ne pouvez estre que des membres pourris & gangreneux, qui ne servent de rien qu'à corrompre le reste du corps & à l'infecter. Vous estes les oüailles de Jesus-Christ, dites vous, aussi bien que nous, je vous l'acorde, puisque le Baptesme vous a comstituez tels : mais voſtre hereſie vous rend des oüailles impures & indignes de leur Paſteur, tant qu'elles demeurent en cét eſtat, & qui ne ſont bonnes qu'à donner en proye aux corbeaux & aux chiens infernaux. Gueriſſez-vous donc premierement de cette lepre de vos erreurs, & puis venez conferer avec nous : car bien loin de vous conteſter alors ce que vous pretendez maintenant, nous vous acorderons que vous eſtes & du corps de Jeſus-Chriſt & de ſon troupeau, en la maniere que nous le ſommes, par le bonheur de noſtre naiſſance, & par la grace de celuy qui vous appelle encore tous les jours à la connoiſſance de la verité, que vous avez quittée, laquelle ne pouvant pas eſtre contraire à ſoy même, ne peut eſtre par conſequent dans deux Religions differentes & oppoſées, telles que ſont la voſtre & la noſtre: d'où il s'enſuit neceſſairement que l'une eſt veritable & l'autre fauſſe, & qu'ainſi on ne peut pas ſe ſauver en toutes deux indifferemment, comme vous aſſurez, quelques bonnes œuvres que l'on y faſſe ; autrement Dieu aprouveroit en mémetemps le menſonge & la verité, & ces deux voyes ſi contraires conduiroient également au Ciel; ce qui implique contradiction.

Je me doute bien que vous me direz que les choses controversées entre vous & nous, ne sont qu'accidentelles, & que vous ne differez en rien d'avec nous quant à l'essentiel qui consiste seulement à croire en Jesus-Christ ; & qu'ainsi on peut se sauver dans vostre Religion, aussi bien que dans la nostre. A cela je vous répons, que les Peres de l'Eglise avoient donc grand tort de fulminer des anathemes contre les Heretiques, puis qu'ils croyoient en Jesus-Christ, ce qui suffit pour estre sauvé selon vous. Ils n'avoient guere affaire d'assembler des Conciles, de se donner tant de peine à refuter leurs erreurs, veu que suivant vostre doctrine ils ne pouvoient mettre d'obstacle à leur salut. Que ne laissoient-ils donc le monde en repos, sans estre la cause de tant de guerres & de massacres arrivez au sujet de leurs contentions? Pourquoy entreprenoient-ils avec tant d'ardeur Nestor, Entiches, & Dioscore, dont vous suivez encore aujourd'huy les dogmes? Ceux-là ne croyoient-ils pas à Jesus-Christ ? peut-estre que les Peres ne sçavoient pas encore qu'on se pût sauver aussi bien dans une Religion Heretique que dans une Catholique, ou plûtost ils ignoroient cette belle Theologie. O ! que n'y avoit-il alors dans les Conciles quelque sçavant Arménien ou Grec, ou Nestorien comme vous, pour la leur enseigner & persuader fortement ce que vous dites, que ne laissoient-ils un chacun vivre à sa mode, & croire à discretion tout ce que son caprice luy dicteroit, pourvû qu'il crût en Jesus-Christ, tout l'Univers seroit à present en paix, & l'on auroit terminé dés lors toutes les querelles, arresté le cours des Controverses qui nous tiennent toûjours divisez, & nous rendent ennemis les uns des autres ; nous serions maintenant tous un cœur & une ame à l'exemple des premiers Chrétiens, bien que differens en doctrine ; nous prierions Dieu tous tant que nous sommes, à sçavoir les Latins, Grecs, Armeniens, Jacobites, Nestoriens, Cophtes, Lutheriens, & Calvinistes dans les mêmes Temples, comme font presentement les Turcs, les Arabes, les Persiens & les Courdes, pour se maintenir dans l'amour & l'union, encore bien que d'ailleurs ils ne conviennent pas en certains articles de la Religion Mahometane. Que ne les imitons-nous pour conserver cette charité aimable sur toutes choses ? que ne permet-on à un chacun d'admettre & de rejetter tout ce qu'il jugera à propos ? pourvû qu'il croye en Jesus-Christ, & qu'il fasse de bonnes œuvres,

de l'Empire Ottoman. 351

puisque selon vous cela seul suffit.

O gens, poursuivent-ils, dignes de risée & de larmes plutost que de réponses, dites-moy, je vous prie, la Foy de Jesus-Christ qui est une, comme dit saint Paul, peut-elle estre contraire à soy même, telles que sont ces propositions controversées entre vous & nous? Le Fils de Marie est Dieu, & il ne l'est pas, il a deux natures, & il n'en a qu'une. Le Pape est Chef de l'Eglise, & il ne l'est pas. Il y a un Purgatoire & il n'y en a pas, lesquelles choses sont essentielles & necessaires à salut, & non pas accidentelles, comme vous prétendez : & ainsi ne vous trompez pas, en croyant qu'on se puisse sauver en rejettant l'affirmative de ces propositions aussi bien qu'en l'admettant. Vous devez estre de necessité ou chauds ou froids, c'est à dire, ou Catholiques ou Heretiques: car si vous estes tiedes & douteux entre l'une & l'autre Religion, tels que sont ceux qui les croyent toutes bonnes indifferemment, vous serez odieux & à Dieu & aux hommes. Ne ressemblez pas à un certain poisson des Indes qui vole avec les oiseaux, nage avec les poissons, & rampe avec les insectes, qui pour cet effet est hay & persecuté de tous les autres animaux. Si donc vous vous élevez dans l'air avec les Catholiques, ne nagez point entre deux eaux comme les Heretiques, & ne rampez pas sur la terre avec les Infidelles, car par ce moyen vous ne gagnerez rien que l'indignation de Dieu & des hommes, vostre perte & vostre damnation. Ne donnez donc plus le droit à deux Religions contraires, autrement vous n'en aurez aucune, puisque la Foy & l'Eglise n'est qu'une, hors laquelle il n'y a point de salut.

Voila à peu prés les réponses naïves avec lesquelles on satisfait à leurs objections, & aux comparaisons niaises dont ils se servent contre les Catholiques, & pour se flater dans leur heresie.

Personne ne peut estre consacré Evesque ou Patriarche, qu'auparavant il n'ait esté Religieux, & si pour quelques raisons on estoit obligé d'élever à cette Dignité un seculier, on luy donneroit l'habit monastique avant que de luy conferer l'Ordre, & on l'oblige aprés sa promotion de le porter toûjours, & d'aller vestu en Religieux jusqu'à la mort : en sorte qu'ils ne different en rien des autres, que lors qu'ils ont la mitre sur la teste, & qu'ils sont dans leurs habits Pontificaux.

Les Prestres de l'Eglise Orientale sont tous mariez, tant les Catholiques, tels que sont les Maronites, dont le Patriarche &

toute la Nation obeït à noſtre ſaint Pere le Pape, que les Heretiques, comme ſont les Grecs, Armeniens, Neſtoriens, & autres ſectes, dont nous parlerons dans la ſuite.

On ne les ordonne Diacres ny Preſtres qu'aprés qu'ils ſont mariez, à moins qu'ils ne vouluſſent pour toûjours profeſſer la vie monaſtique.

S'il arrive que la Preſtreſſe vienne à mourir la premiere, le Preſtre reſté veuf par ſa mort, eſt obligé de ſe faire Religieux, ou bien de ne plus entendre les Confeſſions des femmes, particulierement s'il eſtoit Armenien ; pour cette raiſon, diſent-il, qu'il n'a plus comme auparavant de remede contre les tentations. Semblablement ſi le Preſtre meurt le premier, ils ne permettent pas à la veuve de ſe remarier, & l'oblige de paſſer ſa vie dans le celibat, comme ſi elle en avoit fait vœu.

Les ſeculiers ne peuvent ſe remarier plus de deux fois, bien qu'ils fuſſent encore jeunes, & qu'ils n'euſſent vécu dans le mariage que quatre ou cinq ans avec leurs deux femmes priſes conſecutivement. Si un Armenien venoit à tranſgreſſer ce precepte, & à le violer en prenant une troiſiéme femme, les Preſtres le declareroient bornig, c'eſt à dire fornicateur, & ne luy adminiſtreroient point les Sacremens, ſur tout la Communion, tant qu'il vivroit en cét estat. Et pour le rendre capable de la recevoir avant que de mourir, ils l'obligent de repudier sa femme, & de la declarer pour sa sœur en presence de témoins: ensuite dequoy ils le communient. S'il vient à mourir aprés cette belle ceremonie, on en fait une autre plus ridicule, qui est de faire sortir son corps hors du logis, non par la porte, selon la coûtume, mais par une fenestre ou par le toict de la maison, comme qui voudroit signifier par là qu'il a fait un trou à la Lune en transgressant ce Statut.

Un chacun avant que de se marier fait élection d'un Compere, lequel doit estre parain de tous les enfans qu'il aura à l'avenir, & les tenir sur les fonds. Ce Compere a permission d'entrer au logis quand bon luy semble, & pleine liberté de parler seul, & de s'entretenir avec l'épouse, ne plus ne moins que feroit son propre pere ou son frere, sans qu'aucun s'en puisse scandalizer, ou y trouver à redire, la coûtume du pays estant telle. Il assiste aux nopces en cette qualité, comme le principal & plus considerable de tous, son office dans cette rencontre est d'assister toûjours proche l'époux, de luy servir des viandes à table, de faire les ceremonies aux allans & venans, comme s'il estoit le Maistre du logis.

Les parens & alliez du Compere ne peuvent faire alliance avec ceux de l'époux, jusqu'au huitiéme degré, qui à leur façon de compter revient à nostre quatriéme; ce qui les gesne étrangement: aussi pour obvier à cét inconvénient, & pour estre plus libres, ils ne prennent qu'un parain pour tous les enfans: autrement ils ne pourroient plus trouver personne dans leur Nation, au moins qui leur fust sortable, avec laquelle ils se peussent marier licitement & sans dispense.

Ils ne permettent pas aux filles & aux jeunes mariées d'aller à l'Eglise, que trois ou quatre fois l'année: de sorte qu'elles passent la plus grande partie de leur vie sans Messes & sans Predications: & ainsi elles ne commencent à connoistre & à servir Dieu que dans la vieillesse. Et la raison qu'ils apportent de cette malheureuse coûtume est, que ce seroit une honte, disent-ils, & une marque de peu de pudeur, si elles venoient si souvent à l'Eglise, qu'elles scandaliseroient le peuple, & qu'on diroit d'elles qu'elles n'y viendroient que pour estre veuës, pour y faire parade de leur beauté, & estre bien-tost mariées. Cependant, ils n'estiment pas

(tant ils font abufez,) que ce foit une honte pour elles d'aller au bain, aux nopces, & en vifite chez les parentes & amies, quoy qu'elles y paroiffent découvertes & dans leurs beaux atours: au lieu que dans l'Eglife elles font voilées, & ne peuvent eftre veuës de qui que ce foit, que des autres femmes, lefquelles font feparées des hommes, par une baluftrade qui divife l'Eglife en deux, & qui fait une feparation entre ceux de l'un & de l'autre fexe. Le même à proportion fe pratique dans les Mofquées des Turcs, où elles vont fort rarement: de forte qu'une femme, de quelque qualité ou condition qu'elle puiffe eftre, ne fe meflera jamais parmy les hommes.

Ce feroit une honte & une indecence notable entre-eux, fi des perfonnes mariées parlant l'un de l'autre, ou s'appellant, fe difoient mon mary, ma femme. Ils fe feroient moquer d'eux & donneroient fujet de rire à ceux qui les entendroient. Auffi ne fe fervent ils pas de ces termes non plus que les Turcs, ils difent la mere de mon fils ou de ma fille, c'eft à dire, ma femme; le pere de mes enfans, c'eft à dire, mon mary: & s'ils n'ont point d'enfans, ils s'appellent par leur propre nom, Pierre, Jeanne, &c.

Toutes les sectes Chrétiennes Orientales, à la reserve des Maronites, croyent fermement à cette pretenduë lumiere miraculeuse, qui (à leur dire) sort visiblement du Sepulcre de nostre Seigneur en Jerusalem le jour du Samedy Saint ; en consideration de laquelle il y vient tous les ans à la Feste de Pasque, quatre ou cinq mille pelerins de divers pays & Regions, même des extremitez de la Turquie, de la Perse & de la Georgie : dans l'esperance qu'ils ont d'y voir des yeux corporels, ce prodige si renommé dans tout l'Orient, qu'on leur publie tout autrement qu'il n'est, pour leur faire naistre l'envie d'aller en Jerusalem. En effet, on leur fait acroire que des globes de lumiere rejalliffent du Saint Sepulcre, comme des feux, avec tant d'impetuosité & en si grande abondance, qu'ils remplissent en un moment toute l'Eglise, & allument les lampes & les cierges qui y sont en quantité, sans toutefois endommager les personnes qui viennent là par devotion. On voit, disent-ils, à même temps voler à travers ces feux une Colombe blanche, comme la neige, & on entend gronder des tonneres avec un vent impetueux, semblable à celuy qui arriva autrefois le jour de la Pentecoste, lors que le S. Esprit descendit sur les Apostres. Cependant, tout ce beau narré n'est qu'une pure imposture inventée à plaisir: aussi n'ay-je rien vû de tout cela; quoy que je me sois trouvé present à la ceremonie qui s'en fait, avec un desordre & une confusion épouvantable. Bien loin d'y voir ces merveilles, on n'y apperçoit rien autre chose que quatre gros flambeaux allumez entre les mains du Patriarche Grec, dont il en distribuë un à sa Nation, l'autre aux Armeniens, le troisiéme aux Jacobites, & le quatriéme aux Cophtes, aprés les avoir allumez avec un fusil dans la petite Cellule du saint Sepulcre, où il se renferme luy seul, afin que personne ne voye sa fourberie & sa tromperie.

Le droit d'entrer dans le Sepulcre de Nostre Seigneur, & d'en tirer au dehors cette lumiere artificielle plûtost que miraculeuse, appartenoit autrefois aux Cophtes & Abyssins, lesquels se dépoüilloient de leurs habits avant que d'y entrer, & ne se reservoient qu'un simple caneçon, pour faire acroire au peuple qu'ils n'avoiët point sur eux de feu ny dequoy en faire. Mais par malheur il arriva que l'un d'eux ayant attaché à sa cuisse une petite boëte de cuivre dans laquelle estoit allumee la méche, dont ils devoient se servir: elle s'échauffa tellement durant la Procession qu'ils font trois fois en dansant autour du saint Sepulcre, que la douleur qu'il en ressentoit luy faisoit faire des saults & des bonds extraordinaires, que les assistans attribuoient à un excez de devotion, en sorte pourtant que ne pouvant plus se contenir, considetant d'ailleurs qu'il y avoit encore un tour à faire, & que ses compagnons qui ne ressentoient rien de son mal, ne s'en pressoient pas davantage, il éclata en presence de tout le monde, rompit avec empressement ce qui tenoit la boëte attachée, & découvrit toute la fourbe en bonne compagnie, à la confusion de ces pauvres schismatiques. Ce que voyant les Grecs plus sensibles que les Abyssins aux affrons, ils obtinrent à force d'argent un commandement à la Porte en faveur de leur Patriarche, par lequel il luy fut permis d'entrer luy seul dans le saint Sepulcre, & d'en tirer le jour ou la lumiere, afin qu'à l'avenir il n'arrivast plus une semblable confusion aux sectes Chrétiennes. Cependant ce changement ne leur a guere mieux reüssi qu'aux precedens, ayant esté du depuis confondus aussi bien qu'eux pour le même sujet: dautant que le Bacha de Jerusalem qui estoit un Chrétien renié, voulant s'asurer il y a quelques années de la verité du fait, & sçavoir au vray si ce qui se disoit de cette lumiere, avoit quelque fondement ou non, envoya querir un Samedy Saint le Patriarche des Grecs, & l'ayant fait venir en sa presence, luy tint ce discours. Je t'ay appellé icy pour te faire une proposition, & sçavoir de toy si tu veux te commettre & faire pact avec moy, teste pour teste au sujet de cette pretenduë lumiere que vous autres Chrétiens dites devoir aujourd'huy sortir vers le soir du Sepulcre du Grand Prophete Jesus. Je serois bien aise d'estre convaincu de cette verité, & de voir à vûë d'œil ce que l'on en publie par tout avec tant d'assurance; au moins aurois-tu cét avantage de m'attirer par ce moyen à la Religion des Chrétiens, ce qui ne leur seroit pas un petit honneur: veux-tu donc que nous nous acordions de la sorte, à sçavoir que je seray obligé de me faire Chrétien, & par consequent de m'exposer à la mort, à quoy je m'offre dés à present, & je le promets en cas que tu puisse me faire voir cette lumiere miraculeuse, en sorte que je l'apperçoive venir d'elle-même sans aucun artifice, & rejallir comme vous dites du Sepulcre de Christ, dans lequel je seray seul avec toy pour y observer ta contenance, & estre témoin oculaire de ce que tu y feras: mais que

que si au contraire tu ne le peux faire, & que je remarque de la tromperie dans ton fait, comme l'on publie qu'il y en a, je te fasse mourir? acceptes-tu cette condition? te semble-t'elle trop étrange? elle ne le doit pas, ce me semble, puisque ma teste vaut bien la tienne, & que je la risque en cela aussi bien que toy. Entreprens-tu d'en venir à la preuve, qu'aprehende-tu, si tu es si assuré de ton fait? Le Patriarche resta tout interdit de cette proposition à laquelle il ne s'attendoit pas, qui luy fut faite cependant en bonne compagnie: il se trouvoit entre l'enclume & le marteau: dautant qu'il sçavoit bien d'une part la fausseté de cette lumiere qui l'empéchoit de se commettre avec le Bacha, & d'ailleurs il craignoit d'estre persecuté de sa Nation, s'il venoit à luy confesser ingenument la verité. Il voulut pallier l'affaire, & payer ce Gouverneur de réponses ambiguës, en s'excusant de luy pouvoir donner la satisfaction qu'il desiroit, fondé sur ce que sa Religion luy deffendoit de tenter Dieu, & d'en venir à des preuves. Mais luy repartit le Bacha, je ne demande rien de particulier, qui doive choquer la divinité ou la tenter: puis que je ne desire autre chose que d'estre present avec toy, lors que tu te cacheras dans le Sepulcre, pour voir ce que

Q

tu y feras, & si tu ne battras pas le fusil, comme l'on t'accuse. Tu devrois, ce me semble, pour la plus grande gloire de Dieu, & pour ton honneur, prendre à tâche de lever le soupçon de nos cœurs, après quoy nous serions les premiers à publier ce miracle, & tu attirerois par ce moyen une infinité de peuple à ta créance; pourquoy donc ne veux tu pas nous gagner, & nous convaincre, en nous montrant que ce que tu dis est veritable? Est-ce que les miracles ne se doivent faire qu'en secret & à la dérobée? & qu'il n'y puisse avoir autre témoin que toy seul? Mais, malheureux, je m'apperçois bien de ta fourbe, qui abuse de la simplicité de ce peuple, que tu ne retiens dans leur infidelité qu'avec des artifices semblables à celuy-cy, que tu publie, cependant, pour de veritables miracles. L'envie me prend de te faire donner tout maintenant deux cens coups de baston, pour te payer de ta peine, t'apprendre à faire le Charlatan, & à tromper ainsi le monde. Cette menace faite avec un emportement furieux, & des yeux étincelans, fit fremir le Patriarche, & l'obligea, de peur qu'on n'en vinst aux effets, à s'excuser de la sorte: Seigneur, je vous crois trop juste pour me chastier de l'observance d'une chose que je n'ay pas inventée, & qui a esté pratiquée long-temps avant que je fusse nay : d'autant plus qu'il n'est pas en mon pouvoir de l'abolir quand je voudrois l'entreprendre : vous feriez vous-même le premier à vous y opposer, pour la perte que vous y feriez plus qu'aucun autre ; vostre Altesse n'ignore pas ce qu'elle retire tous les ans des pelerins de Jerusalem, qui monte à plus de trente-mille écus, & qui n'iroit peut-estre pas dans la suite du temps à cinq cens, si je preschois une fois que ce miracle n'a aucun fondement ny apparence de verité: dautant que la plûpart des peuples ne viennent icy qu'en sa consideration. Que voulez-vous donc que je fasse dans la necessité où je me vois reduit d'en agir de la sorte, tant pour vos interests, comme pour les miens propres ? Ma vie seroit-elle en asseurance, si j'avois esté si osé de nier ce que tant d'autres ont accordé & reconnu jusqu'à present pour veritable. Et ainsi, Seigneur, je vous supplie de ne pousser point les choses à l'extremité, & de considerer que je ne puis pas faire autrement, quand même je le voudrois. Le Bacha s'attendrit de cette réponse, qui luy fit assez connoistre que ce Patriarche ne croyoit non plus que luy à cette lumiere, & que ce qu'il en faisoit, n'estoit que par maniere d'aquit & par contrainte. Aussi le renvoya-t-il sans luy rien faire, aprés luy avoir dit quelques injures.

Or ce qui a donné sujet aux Chrestiens de croire ce pretendu miracle de la lumiere dont nous venons de parler, & d'en faire tous les ans dans l'Eglise du saint Sepulcre, la ceremonie en la maniere cy-dessus rapportée; c'est qu'autrefois, il arriva un prodige presque semblable en Jerusalem au temps du jeune Theodose, pour la conversion des infidelles au rapport même de Baronius, qui assure qu'on appercevoit le Samedy Saint deux Colomnes de feux & de lumieres, qui arrivoient de la terre au Ciel, l'une sur l'Eglise de la Resurrection, & l'autre sur la Montagne des Olives, au lieu d'où nostre Seigneur monta aux Cieux le jour de son Ascension : en memoire de quoy ils allument furtivement & en secret ce feu nouveau, qu'ils publient estre encore miraculeux, comme le premier, & donné de Dieu pour leur consolation, & pour marque qu'ils sont dans la veritable Religion : en sorte qu'il est tres-perilleux de leur nier cela sans les scandaliser, & faire naistre en même temps des doutes dans leurs cœurs touchant les veritables miracles mentionnez dans l'Evangile. Cependant, on ne peut pas quelquefois s'en empêcher, lors particulierement qu'ils tirent de cette fausseté des avantages contre nous, comme seroit de nous estimer infidelles & de nous traitter d'impies, parce que nous ne croyons pas à cette lumiere comme eux, d'inferer que nous (qui avons receu la reformation du Kalendrier Gregorien) ne celebrons pas la Feste de Pasque dans son temps : dautant (qu'à leur dire) Dieu approuve leur calcul par un miracle visible, à sçavoir par cette lumiere, & condamne en même temps celuy des Latins, qui est contraire, & qu'ainsi le Pape s'est trompé, en voulant reformer le Kalendrier : d'où il s'ensuit, ajoûtent ils, qu'il n'est pas infaillible. En effet, voila les dangereuses consequences qu'ils inferent de leur mensonge, qui ne sert encore qu'à faire blasphemer les Turcs contre nostre sainte Religion, dont plusieurs assistent à la ceremonie, dautant que n'appercevans que des cierges allumez, au lieu de lumiere, comme on leur avoit fait entendre, ils se scandalisent des Chrétiens, maudissent leur Religion, & se confirment davantage dans la leur.

Tous ceux qui ont esté en Jerusalem ne s'appellent plus que Megdeci ou Hadgi, c'est à dire, sanctifié, qui est la qualité qu'on donne aux Turcs, qui ont fait le voyage de la Meque. En forte, que ce seroit une incivilité notable, & une marque de mépris, dont ils se choqueroient, si on les appelloit à l'ordinaire par leur nom propre, sans y ajoûter cét epithete.

La plûpart s'imaginent qu'ils obtiennent la remission de leurs pechez par la veuë de ce feu miraculeux, qu'ils font passer devotement sur leurs visages, pour en attirer la benediction. Ils emportent en leur pays comme des reliques le reste des bougies ausquelles il a esté allumé, pour s'en servir en temps & lieu, lors particulierement que quelqu'un de la famille agonize. Ils barboüillent avec la méche desdites bougies le suaire dans lequel ils doivent estre ensevelis, & y font des croix aux quatre coins & au milieu.

J'en ay vû plusieurs se frotter & se rouler sur le Sepulcre de Godefroy de Boüillon Roy de Jerusalem, proche lequel se voit encore aujourd'huy l'Image miraculeuse de Nostre-Dame, qui parla à sainte Marie Egyptienne. Ils en font le même sur le Calvaire, dans l'endroit où nostre Seigneur fut cloüé en Croix, & ce pour obtenir, disent-ils, de la force & se preserver des maux qui pourroient leur arriver à l'avenir.

Enfin, c'est une chose si avantageuse & si honorable chez eux d'aller en Jerusalem, que la plûpart veulent faire ce voyage, tant les pauvres que les riches, & les femmes que les hommes. Il y aura tel qui jeûnera une bonne partie de sa vie, & qui se reduira à ne manger quasi que du pain, afin d'amasser quelque chose capable de luy faire entreprendre le chemin de la Terre Sainte; d'autres le font en mandiant, & conservent le peu qu'ils ont d'argent, pour payer aux Turcs les tributs qui sont sur la route, & dans la ville de Jerusalem, lesquels sont tres-considerables, & montent à des sommes immenses, suivant la quantité des pelerins.

Les Chrétiens Orientaux commencent leur jeûne le Lundy de la premiere semaine de Caresme, deux jours avant nous, & se scandalisent de nous voir manger de la viande jusqu'au Mercredy des Cendres.

Il n'est pas permis aux maris durant le Caresme d'habiter avec leurs femmes, & de coucher en même lit, mais separement, en sorte que qui transgresseroit ce Statut, pecheroit, à leur dire, mortellement.

Le Patriarche & les Evesques chastient severement les Prestres, dont les femmes ont conceu durant le Caresme, suivant la supputation qu'il est aisé de faire du temps qu'elles demeurent enceintes. Un Curé Armenien de ma connoissance estant venu un jour au logis de son Patriarche, pour le supplier d'envoyer baptiser un fils qui luy estoit né, tomba dans le piege sans y penser : dautant que ce bon homme s'étant enquis de luy, si l'enfant se portoit bien, & s'il estoit venu à terme, & le Prestre luy ayant répondu qu'oüy: tu l'as donc fait durant le Caresme, miserable, luy repartit-il, & si tu ne m'en crois, tiens, suppute le temps avec moy, voy s'il n'y a pas neuf mois depuis la moitié du Caresme jusqu'à present ; ta femme est-elle une cavale ou une vache pour porter davantage, que répons-tu à cela ? Le pauvre Prestre ne sceut que dire, & demeura tout interdit, sans oser se justifier ; surquoy le Patriarche continuant sa correction en l'apostrophant, luy dit, qui t'a donc appris à faire des enfans & à te divertir avec ta femme, durant un temps de pleurs & de penitence ? Sont-ce nos Canons, qui le deffendent même aux seculiers si expressement ? Je veux bien qu'il t'en souvienne, & donner en ta personne exemple aux autres, afin qu'à l'avenir ils se fassent sages à tes dépens. Retire-toy d'icy, cependant que je penseray au chastiment que tu merite. Il fit feinte de le vouloir interdire & suspendre de ses fonctions, non à autre dessein, que pour l'épouvanter, & tirer de luy quelque somme d'argent: En effet, l'affaire s'accommoda d'abord, moyennant dix écus que le Prestre luy donna pour sa penitence, dont il a esté bien raillé du depuis; ce qui le fâchoit plus que la perte de son argent.

Semblablement il leur est deffendu de manger du poisson pendant le Caresme, & de boire du vin ou de l'eau de vie: mais aussi en recompense, il leur est permis de manger de la viande tous les jours, même le Vendredy, depuis Pasques jusqu'à l'Ascension.

Les Samedys de Caresme, ils ne font qu'abstinence & ne jeûnent pas, non plus que les Festes qui se rencontrent pendant la quarantaine, comme l'Annonciation, &c. en sorte qu'à le bien prendre, ils n'ont que trente-trois jours de jeûnes; ce que je leur ay tres-souvent reproché, lorsqu'ils se vantoient à nostre égard d'estre plus austeres que nous, en ce que leur abstinence est plus rigoureuse.

Ils communient les enfans comme les adultes, & leur administrent l'Eucharistie même, immediatement aprés le Baptême, avec lequel les Prestres leur donnent encore la Confirmation.

Q v

Il n'y a point parmy eux de cas reservez aux Evesques ny au Patriarche, comme dans l'Eglise Romaine: en sorte que les Prestres absolvent indifferemment de toutes sortes de crimes, quelques énormes qu'ils puissent estre. Aussi ne sont-ils pas capables de comprendre les raisons pour lesquels le Chef & les Princes de l'Eglise Catholique, se reservent à eux seuls & à leurs deleguez, le pouvoir d'absoudre de certains pechez particuliers.

J'ay vû un Prestre nouvellement ordonné, lequel avoit permission par ses patentes signées de son Patriarche, d'administrer les sept Sacremens: en sorte qu'en vertu de ses lettres, il sembloit le constituer Evesque, & luy donner le pouvoir de faire des Prestres, sans luy avoir conferé que le Sacerdoce.

La plûpart d'eux sont dans cét erreur, qu'ils s'imaginent que personne, excepté le Prestre, ne peut baptiser, même dans la necessité: en sorte que s'il ne pouvoit pas arriver à temps, ils laisseroient mourir l'enfant, sans oser luy administrer ce Sacrement si necessaire à salut.

Il y en a de si ridicules, qu'ils croyent que de tuer un chat, quelque desordre qu'il fasse, ce soit un peché si grand & si énorme, que pour en obtenir le pardon il faille faire baſtir ſept Egliſes. Auſſi ces animaux ſe multiplieroient-ils quaſi à l'infiny, s'ils ne mouroient que par leurs mains: mais la faim ſupplée au defaut, & en fait mourir preſque tout autant qu'il en vient. Quand ils ſe trouvent moleſtez par leur trop grande multitude, & qu'ils s'en veulent défaire, ils les mettent dans un ſac, & les portent hors la Ville au Cimetiere, ou ils les laiſſent aller où bon leur ſemble, & chercher party ailleurs; cela ne ſe fait pas ſans quelque remords de leur conſcience, d'abandonner ainſi ces pauvres animaux à la faim, & les expoſer au peril d'eſtre devorez par les chiens ou les oyſeaux de proye: auſſi ne s'y reſoudent-ils qu'avec bien de la peine, & dans l'eſperance qu'ils ont que quelques perſonnes charitables les rencontrant, par compaſſion les porteront chez eux, où ils auront ſoin de les nourrir pour l'amour de Dieu.

Touchant cette ridicule compaſſion qu'ils ont envers ces ſortes d'animaux, il ne ſera pas hors de propos de rapporter icy ce que fit une Chrétienne d'Alep de ma connoiſſance au regard d'un petit chat. Cette ſimple femme voyant qu'il eſtoit abandonné de ſa mere, laquelle ne l'alaitoit plus, & qu'il s'en alloit mourant faute d'aliment & de nourriture, touchée de ſa misere, & craignant que sa mort ne luy fust imputée à peché, si elle ne le secouroit autant qu'elle en estoit capable, elle se tira de son lait dans une cuilliere, & luy mit dans la gueule; ce qu'elle n'eut pas plûtost fait qu'elle en ressentit du remords dans sa conscience, craignant d'avoir commis en cela un peché; ce qui l'obligea de s'en accuser en confession à son Prestre, lequel bien loin d'approuver cette action la taxa d'un crime énorme & presque irremissible, d'avoir donné à une brute, ce qui estoit ordonné de Dieu, & de la nature pour la nourriture de l'homme. Il luy ordonna pour expiation de ce peché pretendu, de ne point entrer dans l'Eglise de trois mois, & de s'abstenir durant tout ce temps de manger de la viande : mais elle ne pouvant accomplir cette penitence sans se diffamer, & scandaliser ses domestiques, lesquels la voyant privée de l'Eglise, jeûner hors de saison, & s'abstenir de viande dans un temps que tout le monde en mangeoit, ne manqueroient pas de la soupçonner de quelque peché honteux, & de croire qu'elle seroit tombée en adultere, ou auroit commis quelqu'autre excez semblable. Elle s'affligeoit extrémement, & ne faisoit que pleurer ; ce qui obligea ses enfans qui estoient bons Catholiques, de luy demander ce qu'elle avoit? pourquoy elle s'atristoit tant, & ne mangeoit pas de la viande à son ordinaire? Elle leur en declara le sujet, & leur raconta toute l'histoire: ce que voyant, ils luy firent venir un autre Confesseur plus habile & moins scrupuleux que le sien, qui estoit heretique, lequel prit sujet par cette occasion de la desabuser, & de l'instruire dans la Foy Orthodoxe; ce qui luy reüssit si bien, qu'elle promit d'en faire profession & d'abjurer son heresie; ce qu'elle executa du depuis, en sorte qu'elle a toûjours perseveré dans la Religion Catholique avec beaucoup de zele & de ferveur.

Les encensemens sont si ordinaires dans leurs Eglises, qu'ils ne celebreront jamais une Messe, ny ne diront aucun Office sans encens sur tous les Armeniens.

Ils sont fort exacts à ne laisser point entrer de chiens ou d'autres animaux dans leurs Eglises. Ils n'y crachent jamais par reverence: cependant, ils s'y tiennent dans une posture peu decente & à croupetons, qui est leur façon de s'asseoir ordinaire. Ils ont quantité de chandeliers de cuivre, de lampes de crystal, & d'œufs d'autruches pendus à la voûte, comme dans les Mosquées; ce qui fait une assez belle veuë.

Ceux d'entre les Chrétiens Orientaux, qui n'ont point d'enfans de leur mariage, en adoptent s'ils veulent quelqu'un en la maniere qui s'ensuit. Ils le font passer par la fente de leur chemise, & le retirent ou font sortir par en bas, pour donner à entendre qu'il est venu d'eux, & que c'est leur fils. Aprés cela, ils l'élevent en cette qualité, & ne peuvent plus luy faire épouser une de leurs parentes, ne plus ne moins que s'il estoit leur propre fils.

Ils ont une superstition ridicule dont ils se servent pour prolonger, disent-ils, la vie de leurs enfans, & empescher qu'ils ne meurent dans leur bas âge; c'est de tuer un loup sur le sueil de la porte dans le moment que la femme acouche. Quand ils la voyent enceinte, ils ont soin de recouvrer un de ces animaux à force d'argent, par le moyen des paysans qui trouvent leurs petits à la campagne: ils le nourrissent dans la maison jusqu'à ce que la femme soit arrivée à son terme, & sur le point d'estre délivrée de son fruit: alors on prend cét animal & on l'égorge en la maniere que j'ay dit; chacun trempe quelque linge dans son sang qu'ils disent avoir beaucoup de vertu, & particulierement celle de preserver de la peur ceux qui le portent sur eux. On impose encore aux enfans les noms de loup, & de louve si c'est une fille, de crainte qu'ils ne meurent durant leur petitesse.

Les Chrétiens Orientaux & les Juifs payent au Grand Seigneur & au Bacha trois sortes de tribut, outre les cinq autres dont nous avons parlé dans l'article seize du premier Chapitre, qu'ils payent encore également avec les Turcs. Le premier de ces trois tributs s'appelle Caradge, lequel se donne au Sultan pour avoir la permission de vivre dans une Religion differente de la Mahometane, il est de six ou sept écus par an. Il n'y a que les vieillards decrepites, les enfans au dessous de quatorze ans, & les impotens comme les aveugles, manchots, &c. qui en soient exempts.

Ceux qui levent ce tribut ont des inventions pour connoistre si les jeunes gens ont atteint l'âge de quatorze ans afin de l'exiger d'eux. Ils n'ont pas besoin de faire des enquestes de l'année de leur naissance, ny d'envisager la grandeur de leurs corps pour en porter jugement. Il leur suffit de toucher l'extremité du nez de ces enfans, & d'observer exactement si le tendon en est ferme & fourchu au dedans, c'est une marque, disent-ils, qu'ils sont en âge de payer, ou bien ils leur mesurent la grosseur du col avec une corde, & aprés l'avoir doublée, en sorte que la longueur puisse entourer deux fois le col, ils font prendre à celuy qu'ils mesurent les deux extremitez de cette corde avec les dents, de maniere qu'elle fait comme une boucle, laquelle venant à passer dans le col, ce leur est une marque infaillible qu'ils ont quatorze ans acomplis. Cette derniere methode ou façon de reconnoistre leur âge, est la plus ordinaire & la plus assûrée. En effet j'ay eu la curiosité de l'éprouver moy-même sur plusieurs enfans de divers âge, sur ceux-là même dont les testes me paroissoient grosses & peu proportionnées à leurs corps, cependant je n'en ay jamais trouvé aucun qui ait dementi cette methode, & qui ne s'y soit trouvé conforme.

Le second tribut dit Chachat, se donne pour avoir permission de porter un turban, encore bien qu'il soit different de celuy des Turcs quant à la couleur, il n'est que d'un écu ou environ.

Le troisiéme dit Chira qui est encore d'un écu, se paye pour avoir la permission de boire du vin & d'en avoir chez soy, il s'exige de tous les Chrétiens indifferemment tant de ceux qui n'en boivent jamais & qui n'en peuvent avoir à raison de leur pauvreté, comme des autres qui en boivent.

Leurs Prestres bien que mariez, sont

exempts dans la plûpart des lieux en confideration de leur caractere de ces trois sortes de tributs, & à plus forte raison les Religieux, en quelque part qu'ils se trouvent.

Les Recors & Sergens ne peuvent prendre prisonniers le Dimanche les Chrétiens qui ne payent pas le tribut, en vertu d'une convention faite entr'eux & les Turcs, qui leur ont permis moyennant une somme d'argent une fois receuë, de pouvoir sortir ce jour-là sans peril, afin d'aller à l'Eglise & d'assister à leurs prieres.

Le Juge prend d'eux comme des Turcs la dixiéme partie des biens de ceux qui meurent : en sorte qu'il arrive souvent qu'il aura déja partagé cinq ou six fois les biens d'une famille, suivant le nombre des personnes qui y sont mortes : mais ce qui est de pire, c'est qu'il fera estimer deux écus une chose qui n'en vaut qu'un pour acroître la somme, & tirer d'eux le double de ce qu'il devroit avoir. Il ne prend rien des enfans qui ont leur pere & mere vivans, mais seulement de ceux qui ont droit aquis, fussent-ils encore au berceau.

Les sectes Chrétiennes Orientales ne se discernent point les unes des autres par la difference de leur habit qui est semblable, lors particulierement qu'ils sont de même pays : en sorte qu'on ne pourra pas reconnoiſtre un Grec d'avec un Armenien, ny un Surien d'avec un Neſtorien, ſi ce n'eſt à leur langue qui eſt differente.

Les Chrétiens ne peuvent avoir dans leurs maiſons un Turc pour ſerviteur, encore bien qu'il fuſt pauvre & eux riches ; cela ſe permet neanmoins aux marchands d'Europe qui demeurent en Turquie pour y trafiquer ; mais ils n'oſeroient le maltraiter, ſans s'expoſer de l'eſtre eux-mêmes par le Juge : d'où vient que pour éviter tels inconveniens ils ne ſe ſervent ordinairement que des Chrétiens Schiſmatiques du pays, ou bien des Maronites, dans les lieux où il y en a.

Ils n'ont qu'un nom comme les Turcs qui eſt celuy qu'ils reçoivent au Baptême, en ſorte que pour faire connoiſtre la perſonne dont ils parlent, ils ajoûteront quelque circonſtance qui luy ſoit propre, & s'exprimeront en la maniere qui s'enſuit, Pierre le Tiſſeran ou le Boulanger, fils d'un tel.

Voila à peu prés les choſes qui ſont communes à toutes les ſectes Chrétiennes en general, voyons maintenant ce qui eſt propre à chacune en particulier.

CHAPITRE I.

Des Grecs.

LEs Grecs sont beaucoup plus nombreux qu'aucune autre secte Chrétienne, qui se trouve dans l'Empire Ottoman. Aussi en estoient-ils autrefois les possesseurs, & le seroient encore peut-estre aujourd'huy, s'ils ne s'en fussent rendus indignes par leurs frequentes rebellions contre l'Eglise Romaine, de laquelle enfin ils se separerent pour comble de leur malheur au septiéme Concile Oecumenique, depuis lequel temps ils ont toûjours esté de mal en pis, jusqu'à l'entiere ruine de leur Monarchie, & la prise de Constantinople par les Infidelles, qui arriva le propre jour de la Pentecoste feste du saint Esprit, en punition de leur heresie qui luy est opposée, en ce qu'elle ne le fait proceder que du Pere seulement, & non du Fils.

Les Grecs sont pour ainsi dire la source & la pepiniere de toutes les heresies, schismes, & erreurs du Levant : dautant qu'ils ont pris d'eux leur origine, & que tous les Heresiarques qui les ont inventez en sont issus : en effet, Arius, Nestor, &

Eutiches, ces trois Hydres qui ont les premiers infecté l'Orient par le venin de leur doctrine infernale, qui a encore aujourd'huy des sectateurs, n'étoient-ils pas Grecs de Nation ? neanmoins leurs malheureux dogmes ne se trouvent plus que chez les autres sectes, comme nous verrons dans la suite. Aussi les erreurs des Grecs ne sont-ils pas considerables en comparaison de ceux des autres Schismatiques, dont la croyance est moins conforme que la leur à celle de l'Eglise Romaine : cependant, ils haïssent les Francs ou Latins beaucoup plus que ne font les autres heretiques Orientaux, qui se montrent plus doux & traitables qu'eux.

Ils sont haïs reciproquement de tous : mais particulierement des Turcs & des Armeniens, qui ne les appellent pour l'ordinaire que les Chrétiens noirs, ou les os bleus, à raison de leur humeur farouche & superbe. La haine que ces derniers leur portent est si grande, qu'ils aymeroient mieux, disent-ils, rester toûjours sous la tyrannie des Turcs, que de tomber encore sous la domination des Grecs, qui leur estoit autrefois, & leur seroit encore plus insupportable que celle des Ottomans.

Ils ont quatre Patriarches independans l'un de l'autre, à sçavoir celuy de Constantinople, qui se dit le premier: encore bien que celuy d'Alexandrie qui n'est à leur compte que le second, se qualifie de Juge des autres, au sujet peut-estre, que saint Cyrille son predecesseur presida de la part du Pape au Concile d'Ephese, assemblé contre l'Heresiarque Nestor Patriarche de Constantinople. Celuy d'Antioche qui n'est que le troisiéme, est le plus ancien de tous, aussi ce trône a-t-il esté estably & fondé par saint Pierre Chef des Apôtres, qui avant que d'aller à Rome y laissa en sa place Evodius. Il se donne la qualité dans ses lettres de Patriarche de tout l'Orient, & a plus d'étenduë qu'aucun autre. Celuy de Jerusalem est le moins considerable, & à peine ses Confreres luy veulent ils accorder la qualité de Patriarche, mais seulement celle de premier Archevêque, l'autre ne luy ayant esté donnée par nostre saint Pere le Pape, que du temps de Justinian le jeune Empereur des Grecs, qui en fit la requeste au Trône Apostolique, en consideration des lieux Saints qu'il vouloit honorer, en faisant ériger ce Trône en Patriarcat.

 Les Patriarches, Evesques, & Religieux Grecs portent les cheveux longs comme les seculiers en Europe, differents en cela des autres Nations Orientales, qui se les rasent tous les huit ou dix jours, tant les Ecclesiastiques que les Seculiers.

Leurs habits Sacerdotaux & Pontificaux sont entierement differents des nostres; ils ne se servent point de surplis, de chasuble, ny de bonnet carré, mais seulement d'aubes, d'estolles & de chappes. Ils celebrent la Messe avec une espece de chappe, qui n'est point ouverte ou fenduë pardevant, sous laquelle ils tiennent toûjours les bras cachez, si ce n'est quand il leur faut donner la benediction au peuple, ou le communier, qu'ils la levent avec beaucoup d'incommodité. Le Patriarche vest une espece de Dalmatique en broderie avec des manches de même, & met sur sa teste une couronne à la Royale au lieu de mitre, & les Evêques une certaine toque à oreilles semblable à un chappeau sans rebords. Ils ne se servent point de crosses, mais seulement d'un baston de palmier ou d'une bequille d'ébeine ornée & embellie d'yvoire.

Il ne font pas le signe de la Croix comme nous, en ce qu'ils portent la main premierement au costé droit qu'au gauche, pour cette raison, disent-ils, que Nostre Seigneur donna sa main droite la premiere pour estre crucifiée, & ensuite la gauche: encore bien que cette difference ne soit rien & ne doive pas tirer à consequence:

de l'Empire Ottoman. 383

si est-ce pourtant qu'ils la constituent comme la marque caracteristique de leur Religion, par laquelle ils se reconnoissent & se distinguent des autres Nations, desquelles ils se scandalisent pour n'estre pas conformes à eux en cela, & les traitent comme heretiques & gens indignes de vivre, refusant même de leur vendre du pain, & autres choses necessaires dans le besoin, en consequence de ce ridicule motif. J'ay connu quelques Armeniens, lesquels m'ont assuré que se trouvans sur le chemin de Constantinople, ils ne pouvoient avoir du pain des Grecs ny pour argent, ny autrement, à moins que de faire comme eux le signe de la Croix, pour preuve de leur pretenduë Catholicité ; ce qu'ils n'avoient pas plûtost fait, qu'on leur fournissoit abondamment tout ce qui leur faisoit de besoin avec tant de civilité, de courtoisie & d'affection qu'on n'en pouvoir desirer davantage : en sorte qu'à les voir vous eussiez dit qu'ils avoient converti ces gens à leur Religion, tant ils paroissoient joyeux.

Ils communient le peuple sous les deux especes du pain & du vin qu'ils prennent dãs le Calice avec une petite cuilliere d'argent doré, en sorte qu'il est tres-difficile, selon que j'ay pû remarquer, qu'on ne répande souvent quelques goutes ou parcelles de cét Auguste Sacrement, en l'administrant au peuple qui se presente à la foule, & qui le reçoit tout debout sans s'agenoüiller: outre que cette façon de Communier peut causer du degoust aux personnes infirmes & delicates, qui ressentent en elles-mêmes une tres-grande repugnance de recevoir dans leur bouche cette cuilliere aprés tant d'autres, qui peut-estre ont des chancres ou quelque incommodité notable.

Ils consacrent en pain levé, & condamnent sans raison tous ceux qui ne se conforment pas à eux en cela. On ne sçauroit dire les persecutions qu'ils firent autrefois pendant leur regne aux Armeniens, pour les obliger à quitter le pain azyme, qu'ils tiennent par tradition de l'Eglise Romaine mere de toutes les autres.

Ils nient qu'il y ait un Purgatoire: cependant ils avoüent dans leur Martyrologe qu'il y a un estang de feu, par lequel les ames qui sont parties de la prison de leurs corps avec quelque soüillure doivent passer pour se purifier, avant que d'entrer dans le Ciel, qui n'admet rien d'impur; aussi prient-ils pour les Deffunts, celebrent des Messes à leur intention, & font des aumônes aux pauvres pour le repos de leurs ames; en quoy ils semblent assez reconnoistre connoiftre le Purgatoire, quoy qu'ils le nient de bouche, plûtoft par un motif de contradiction au fentiment de l'Eglife, & par opiniaftreré, qu'autrement.

Ils confeffent que le Pontife Romain eft le premier & le plus noble des Patriarches, & qu'il doit avoir la preféance dans tous les Conciles, dont il fe peut dire le Chef : mais ils nient qu'il ait aucun pouvoir ou jurifdiction fur les autres Patriarches, n'eftant, difent-ils, à leur égard, que le premier entre les égaux, ne plus ne moins que feroit un aifné entre fes freres ; ce qui eft une herefie formelle que la pratique de l'Eglife a toûjours condamnée.

Quoy qu'ils nient cela du Pape au refpect des Patriarches, à fçavoir qu'il ait autorité fur eux hors des Conciles ; ils n'oferoient cependant en dire de même du Patriarche au regard de fes Evefques, ny affurer qu'ils luy foient égaux en pouvoir : cette penfée ne leur eft pas encore tombée dans l'efprit jufqu'à prefent, ou du moins ils n'en ont rien témoigné à l'exterieur.

Ils ont diverfes fortes d'Abfolutions Sacramentelles, aucunes defquelles font bonnes & les autres invalides, pour eftre feulement deprecatoires & non abfoluës, comme feroit celle-cy, par exemple, je

R

prie Dieu qu'il t'abſolve, qu'il te pardonne tes pechez, &c.

Leur pays & principale demeure eſt la Romanie, l'Archipel, Chypre, & la Candie, où ils ſont en plus grand nombre que les Turcs. Il y en a encore quantité dans la Syrie, dans la Paleſtine, en Egypte & ailleurs.

Ils parlent Grec, Turc, ou Arabe, ſelon les pays qu'ils habitent, & font l'Office en pluſieurs lieux dans la Langue vulgaire de ce pays-là, excepté l'Evangile & quelques autres Prieres qu'ils recitent en Grec.

Il y a parmy eux quantité de Catholiques obeïſſans à l'Egliſe Romaine, particulierement dans les Iſles de l'Archipel, o il y a des Egliſes entieres, qui ne reconnoiſſent avec leurs Eveſques que le Sieg Apoſtolique, & qui n'ont aucune communication avec les heretiques.

CHAPITRE II.

Des Arméniens.

LEs Armeniens ſont diſperſez par tout comme les Juifs, & ſe trouvent à raiſon de leur commerce, dans tous les pays,

Royaumes & Provinces du Levant, particulierement en Perse, où ils sont en quantité, & dans la Turquie, où il y aura bien environ cent cinquante mille ames.

Ce sont les plus accorts & industrieux de tous les Chrétiens Orientaux, dautant qu'ils sçavent s'accommoder aux lieux, aux personnes, & aux temps. Ils se rendent complaisans au possible & serviables, quand ils esperent quelque chose d'un homme : mais si-tost qu'ils ont obtenu de luy ce qu'ils en pretendoient, ils le méprisent & l'abandonnent : si bien qu'il n'y a que l'interest, la crainte ou l'esperance qui les fasse agir, & qui soit le mobile de leurs actions.

Ils sont scrupuleux dans l'excés, en certaines choses, & n'ont point de peine d'en faire d'autres, dont ils devroient s'abstenir. Non seulement, ils n'osent pas manger du poisson, ny boire du vin dans le Caresme : mais même, ils croyent que l'usage de l'huile soit illicite, & ils s'en abstiennent : de sorte qu'ils n'assaisonnent leurs legumes qu'avec du vinaigre, & le marc d'une certaine huile nommée Ciredge.

Ils ont plus de six mois l'année d'abstinences, qui ne servent qu'à les rendre plus orgueilleux au respect des autres sectes

Chrétiennes, qu'ils méprifent entierement, & qu'ils confiderent comme heretiques, à caufe qu'elles ne fe conforment pas à eux, qui s'imaginent eftre la regle de perfection en fait de Religion : encore bien qu'ils foient des plus éloignez de la verité, comme nous allons voir.

Ils jeûnent la Vigile de Noël jufqu'au foir, bien qu'elle arrivaft le Dimanche.

Ils ont un jeûne de huit jours fort celebre, lequel fe fait en l'honneur de faint Sarquis ou Sergius. La plûpart du peuple paffe les trois derniers jours de ce petit Carefme fans boire & fans manger, particulierement les jeunes filles, pour bien rencontrer, difent-ils, en mariage : en forte qu'elles en reftent plus mortes que vives, & qu'elles paroiffent comme des cadavres tirez du fepulcre. Les Grecs en dépit de ce ridicule jeûne, & en haine de ce pretendu Saint, contre lequel ils vomiffent des blafphemes horribles, permettent à leur peuple de manger de la chair toute cette femaine-là, fans excepter même le Vendredy.

Il n'eft pas permis à l'époux aprés la benediction nuptiale d'habiter avec fon époufe, ny même de la voir, ou de luy parler, que le troifiéme jour ne foit accomply : encore bien qu'elle foit chez luy, & dans fon logis, où elle eft toûjours couverte d'un voile, & gardée par des Matrones dans un autre appartement, où personne ne peut entrer que des femmes & de petits enfans. Les trois jours expirez, on fait venir le Prestre pour moyenner leur entreveuë, & les mettre en liberté; ce qui se fait en la maniere qui suit. A son arrivée chez eux, il les fait comparoistre tous deux en sa presence, & s'estant fait apporter une épée liée par luy-même d'un beau mouchoir en broderie, à l'instant qu'il les maria, il la tire hors du fourreau, & coupe avec icelle un filet entre ces nouveaux mariez, qui en tiennent les extremitez, pour donner par là à entendre qu'il n'y a plus d'obstacle ny d'empêchement entre-eux, & qu'ils sont en pleine liberté de converser l'un avec l'autre.

Ils ne celebrent que deux ou trois Messes par semaine dans leur Eglise, encore bien qu'ils soient une vintaine de Prestres: de sorte que chacun d'eux ne dira guere que huit ou dix Messes l'année. Ce qu'ils font, disent-ils, par respect qu'ils portent à ce divin Sacrement: cependant, ils le tiennent dans leurs maisons sans luminaire, & avec tant d'irreverence que j'ay honte de le dire, & que j'aime mieux passer cela sous silence que d'en parler.

Les Prestres ne veulent pas Communier

les jeunes mariez les premieres années de leur mariage, comme si l'acte leur en estoit illicite, ou qu'ils en fussent alors indignes, à raison peut-estre de la trop grande passion qui les domine encore.

Ils celebrent la Messe durant le Caresme en cachette & derriere un grand rideau, parce, disent-ils, qu'alors ils sont dans un temps de penitence. Ils refusent encore durant ce jeûne-là pour la même raison la Communion au peuple: encore bien que ce soit le temps le plus propre de tous pour la recevoir.

Ils ont une infinité de superstitions, dont je me contenteray de rapporter celles qui s'ensuivent, que j'ay veuës & remarquées en eux mille & mille fois.

Ils font difficulté de se presenter à la Communion sans aller auparavant au bain: & cependant, ils ne se mettent pas autrement en peine de la Confession, ny de laver les souïllures de leurs pechez dans les larmes de la penitence.

Si quelque ulcere vient à s'ouvrir ou qu'il en sorte du pus, ils se donnent bien de garde de s'approcher en cét estat de la sainte Table. Les femmes en font le même durant le temps qu'elles ont leurs mois: dautant qu'alors elles s'estiment immondes, & par consequent indignes de recevoir cét auguste Sacrement. Cette pratique seroit en quelque façon supportable en eux, s'ils prenoient autant de soin de tenir pure & nette leur conscience, qu'ils en ont pour l'exterieur qui n'est que l'accessoire.

Ils ont recours aux Devins ou Enchanteurs, pour la moindre chose qui leur arrive. Ils leur font écrire des pacts ou des billets, pour toutes sortes de fins, soit pour se faire aimer, ou pour guarir de quelque mal, ou bien pour s'en preserver, soit pour avoir des enfans, ou pour leur conserver la vie, &c. Ils portent sur eux dans un estuy d'argent pendu avec une chaînette à leur col ces sortes de billets, dans lesquels ils écrivent parmy un tas de prieres, des fables inventées à plaisir, & des caracteres inconnus & qui ne sont d'aucune langue.

Si un rat ou quelque autre animal vient à tomber dans un Vaisseau, où il y ait de l'huile ou du vin, ou quelque autre liqueur, ils l'estiment immonde, & croiroient par consequent commettre un grand peché d'en boire ou d'en manger, c'est pourquoy ils répandent & jettent dehors ce qu'il y avoit dans le Vaisseau qu'ils rompent même quelquefois, pour plus grande observance de cette belle tradition Judaïque.

Ceux qui sont moins superstitieux se contentent d'appeller leur Curé pour lire sur le Vaisseau l'Evangile, ou quelques autres prieres appropriées à ce sujet, aprés quoy il leur permet d'user de cette liqueur qui avoit esté polluë par l'attouchement de cét animal, & qui est maintenant purifiée & renduë licite par la vertu des prieres de l'Eglise.

Le même se pratique au regard des puits, en sorte que s'il tombe dedans un chien ou un chat, ils se donneront bien de garde d'en boire, que premierement le Prestre ne l'ait beny & fait dessus quelques prieres.

Ces accidens pour estre assez frequens sont de bonnes pratiques pour les Curez, qui en sont payez à chaque fois qu'ils vont rendre ce service à leur peuple.

Ils tiennent dans la pratique plusieurs choses du Judaïsme, comme seroit de s'abstenir du sang & des viandes étouffées, d'estimer immonde & illicite la chair de certains animaux, comme le liévre, la tortuë, les grenoüilles, limaces & autres semblables, de sacrifier des moutons avec des ceremonies ridicules, aprés leur avoir fait manger du sel beny, les avoir revestus d'une banderole rouge, allumé des chandelles sur leurs cornes, & lû sur eux quantité d'Epistres tirées des Livres de Moïse, avec plusieurs autres prieres, par lesquelles ils les offrent à Dieu en sacrifice, & pour la remission de leurs pechez; ce qui est une horrible prophanation, & une injure notable au Corps du Fils de Dieu, qui seul est sacrifice propitiatoire capable de nous obtenir le pardon & la remission de nos offenses.

Il y a parmy eux deux sortes de ces sacrifices pretendus, l'ordinaire & le moins considerable s'appelle courban, mais le plus celebre qui s'offre pour les deffunts, se nomme madag: on y observe bien plus de ceremonies qu'à l'autre. Celuy qui le fait faire est obligé de traiter splendidement les Prestres, les Clercs, & les principaux de la Nation, qui dans ce rencontre ne s'épargnent pas à boire, & consomment du vin & de l'eau de vie tout autant qu'on leur en peut fournir, en sorte que la dépense qu'on fait d'ordinaire monte à plus de cinquante écus: car outre les frais du festin, il faut encore payer le luminaire, & le Service qu'ont fait les Ecclesiastiques, pour lequel chaque Prestre pretend dix sols, & les Diacres ou Acolytes la moitié.

Le Curé de la famille, pour laquelle on a offert le sacrifice, y a la meilleure part: car outre ce qu'il a de commun avec les autres Prestres, on luy donne encore vingt sols de plus, la peau du mouton, la teste, les pieds, un gigot avec la fressure.

On se donne bien de garde de jetter aux chiens les os de cét animal sacrifié, ou de donner à manger de la chair à un chat, de crainte de prophaner ce qu'ils croyent avoir esté santifié.

Les femmes Armeniennes aprés l'enfantement demeurent quarante jours sans sortir du logis, durant lesquels on ne leur permet pas de cuisiner, ny de rien faire, même de se presenter au Soleil. J'ay vû deffendre en pleine Eglise sous peine d'excommunication de manger des viandes qu'elles auroient fait cuire, & declarer immonde tout ce qu'elles touchoient en cét estat.

Plusieurs d'entre-eux croyent, que c'est bien fait d'observer la loy Mosaïque en cela & en d'autres choses, dautant, disent-ils, que Jesus-Christ proteste n'estre pas venu pour la dissoudre, mais pour l'acomplir. Pourquoy donc, me disoit un jour l'un d'eux, conserverions nous la Bible, si ce n'estoit pour faire ce qu'elle ordonne? n'est-ce purement que pour la lire dans l'Eglise que nous la gardons? ce seroit une pauvre fin: d'où il tiroit la consequence que les Chrétiens estoient obligez à l'observance de l'ancien & du nouveau Testament : ce qui m'obligea pour le desabuser & luy faire reconnoistre son erreur, de luy demander pourquoy donc il ne se faisoit pas circoncire comme les Juifs, qu'il n'observoit pas leurs festes & le Samedy avec eux, vû que cela estoit commandé par la Loy. Au lieu de me répondre il retourna à son premier poste, & me demanda que vouloient donc dire ces paroles de Jesus-Christ cy-dessus raportées. A quoy pour le satisfaire je luy dis qu'il estoit venu au monde pour acomplir la loy, c'est à dire pour faire & observer tout ce que les Prophetes avoient predit de luy touchant son Incarnation, sa vie, Mort & Passion, pour laquelle fin il a pris chair humaine, & a donné son sang sur une Croix : ou bien l'on peut dire encore qu'il est venu acomplir la loy, c'est à dire la perfectionner, en ostant les figures pour donner lieu à la chose figurée, en abrogeant, par exemple, les sacrifices des animaux pour instituer celuy de son Corps & de son Sang precieux, dont ils n'estoient que les ombres & les figures.

Leurs ceremonies sont tres-belles & en quantité : mais ils les font avec tant d'irreverence, de desordre & de confusion, qu'on perd plûtost la devotion en les voyant qu'on n'en aquiert.

Ils sont assez conformes à l'Eglise Romaine dans la façon de conferer les Ordres sacrez & les quatre Mineurs : aussi confessent-ils l'avoir receuë du grand saint Gregoire Pape, neanmoins ils y ont du depuis transposé tres-mal à propos certaines choses qu'ils ne devroient dire comme nous, qu'après avoir conferé la Prestrise, au lieu qu'ils les disent avant l'ordination, dautant qu'en ceignant avec la corde celuy qui doit estre promû à la Prestrise, ils luy donnent le pouvoir de remettre les pechez par ces paroles : *Quodcumque ligaveris super terram, erit ligatum & in cœlis, & quodcumque solveris super terram, erit solutum & in cœlis*, ensuite dequoy ils le consacrent Prestre par ces autres paroles, *Accipe potestatem à Spiritu sancto, & à nobis potestatem conficiendi Corpus & Sanguinem Christi tam pro vivis quam pro defunctis, in nomine Patris & Filij, &c.* dans lesquelles consiste la forme d'administrer ce Sacrement ; ce qui est une horrible incongruité, qu'ils n'ont, à mon avis, commis que par ignorance, & pensant mieux rencontrer à cause que l'action de ceindre s'acorde alors avec ces paroles, *quodcumque ligaveris, &c.*

Les Sacremens de l'Eglise sont quasi tous corrompus & alterez, particulierement la Confession, que plusieurs ne font qu'en general & en la maniere qui s'ensuit; j'ay peché par les yeux, par la bouche, par les mains, &c. j'ay offensé Dieu Dimanche, Lundy, Mardy, &c. en pensées, en paroles & en œuvres, sans rien dire de l'espece ny de la quantité. De plus, l'Absolution se donne quelquefois en termes qui denotent le passé, en disant je t'ay absous, au lieu de dire je t'absous.

C'est un bonheur que les Prestres Armeniens ne sçachent pas les Canons de leur Eglise touchant les penitences qu'ils enjoignent pour certains pechez griefs: dautant qu'en les imposant ils reveleroient virtuellement la Confession, vû que ces Canons determinent pour chaque peché tant de temps de penitence; pour un adultere, par exemple, ils ordonneront tant de jeûnes à faire dans un temps, que tous les autres mangeront de la viande, ou bien ils deffendront la Communion & l'entrée de l'Eglise un an durant. Pour un meurtre ils enjoindront d'autres choses à proportion, que le Prestre ne peut diminuer ny augmenter, & ainsi des autres pechez. Supposez donc, qu'on eust imposé aujourd'huy à une femme la penitence determinée par tels Canons pour un adultere, & qu'elle l'acomplist en presence de son mary, qu'elle s'abstint d'aller à l'Eglise & de manger de la viande, ne s'appercevroit-il pas de sa faute en la voyant jeûner hors le temps ? n'auroit-il pas bien sujet de croire qu'elle l'auroit deshonoré, puis qu'on n'impose jamais telles penitences sans fondement ?

Ils nous reprennent de ne pas Communier le peuple sous les deux especes : & cependant eux mêmes ne le font pas, dautant que leurs Prestres se contentent de moüiller la superficie de l'hostie qui est de l'épaisseur d'un écu avec du vin consacré, & mettent ensuite ses fragmens dans une boëte, où ils resterent les mois entiers : de sorte qu'ils s'y endurcissent de telle maniere qu'il n'y a aucune apparence de vin.

Ils trouvent encore à redire à cette pratique, de ne pas communier comme eux les seculiers avec des parcelles de la grande hostie : encore bien qu'on leur dise pour raison que nous le pourrions faire en rigueur : mais qu'elle seule n'estant pas suffisante comme la leur pour un si grand nombre de Communians, nous en mettons plusieurs petites, que nous consacrons avec les mêmes paroles, & la même intention que la grande. Outre que nous le faisons encore pour plus grande reverence du Sacrement, dautant qu'il est plus honneste de donner une hostie entiere qu'un fragment. Ajoûtez que l'on ne s'expose pas tant à répandre les Sacrées especes ; ce qui seroit une horrible prophanation.

Les Prestres tiennent le saint Sacrement dans leurs maisons, afin (disent-ils) de l'avoir toûjours prest, dans la necessité, pour le porter aux malades ; ce qui ne se pourroit pas faire si commodement, s'il faloit aller le prendre à l'Eglise, qui est tres-éloignée.

Ils font commemoraison à la Messe de certains Heretiques, qui étoiēt de leur tēps ennemis jurez de l'Eglise, & ne font aucune mention des Apostres & Martyrs ; si ce n'est en general, & sans les nommer.

Ils repudient quelquefois leurs femmes, & elles semblablement leurs maris, lors qu'ils font mauvais ménage ensemble, & se remarient le plûtost qu'ils peuvent à d'autres, sans en faire aucun scrupule. S'il arrive qu'un homme se soit fait Turc, ou sa femme, & qu'ils se quittent l'un l'autre, pour prendre party ailleurs, les Prestres exhorteront celuy des deux qui sera repudié & resté dans la Religion Chrétienne à se remarier, bien loin de luy representer qu'il ne le doit pas faire jusqu'à la mort de sa compagne, & que faisant autrement, il commet un adultere & se damne.

Ils ont beaucoup de pieté pour les Temples, & se dépoüilleroient volontiers pour revestir les Autels, aussi sont ils des mieux ornez qu'on puisse voir. C'est à qui fera le plus beau présent à l'Eglise, soit d'une chappe, soit d'un Evangile couvert de plaques d'argent & pierreries fausses, soit de quelqu'autre chose. Quand ils retournent heureusement d'un voyage, ou qu'ils ont reüssi dans une affaire, ils reconnoissent toûjours cette faveur du Ciel par quelque don. Semblablement, s'il meurt quelque personne considerable, elle laissera à l'Eglise une croix d'argent, ou une mitre, ou bien une chappe, ou un livre, à condition que son nom sera écrit ou gravé dessus, & qu'il sera lû de temps en temps dans l'Eglise, afin que chacun sçache que telle donation a esté faite par un tel, & qu'en cette veuë on prie Dieu pour luy.

Ils font l'eau beniste le jour de l'Epiphanie avec de grandes ceremonies, & dans le mélange qu'ils font des saintes Huiles avec l'eau, ils reconnoissent, disent-ils, par les divers tours & figures qu'elles font sur l'eau, si l'année sera bonne ou mauvaise, s'il y aura cherté ou abondance, si les maladies seront frequentes ou non; ce qui est une pure chimere.

Ils ont quatre Patriarches, deux en Turquie & deux en Perse. Les deux de Turquie sont à Sis & à Candzassar. Les deux autres à Etchemiadzin & à Actamar. Le plus considerable de tous est celuy d'Etchemiadzin, qu'on appelle vulgairement des trois Eglises : dautant qu'il a sous sa Jurisdiction toute la Perse, la Georgie, & la plus grande partie de la Turquie ; ce qui fait qu'il regarde les trois autres comme ses inferieurs, & pretend qu'ils luy obeïssent.

Les Armeniens de Turquie achetent à force d'argent le Patriarcat des Ottomans, & se chassent du Trône les uns les autres: en sorte que celuy qui offre le plus à la Porte prend possession de la Charge, sans qu'aucun ose s'y puisse opposer, à moins qu'il n'obtienne ensuite un nouveau commandement contraire, en vertu duquel il le depossede ; ce qui sera facile de faire moyennant de l'argent. Cette damnable pratique n'est pas si ordinaire en Perse, ny chez les autres Nations, que chez les Armeniens de Turquie.

Outre les superstitions & abus dont nous venons de parler, ils ont encore plusieurs erreurs dans la Foy.

Ils n'admettent qu'une nature en Jesus-Christ, composée de la divine & de l'humaine, sans confusion; ce qui implique. Ils avoüent cependant qu'il est Dieu parfait & homme parfait, qu'il est composé de deux natures, mais qu'il ne subsiste pas dans deux natures, autrement, disent-ils, il auroit deux personnes, & par ainsi il y auroit en Jesus-Christ deux Fils, comme pretend l'Heresiarque Nestorius, à sçavoir celuy de Dieu & celuy de Marie; ce qui est une horrible fausseté. Mais ils se trompent lourdement d'inferer qu'il dût y avoir deux personnes en Jesus-Christ, s'il y avoit deux natures: dautant qu'entre nature & personne il y a grande difference, comme il apert en Dieu, où il y a trois personnes & une seule nature: & ainsi encore bien que Jesus-Christ subsiste en deux natures, il ne s'ensuit pas de là qu'il y ait deux personnes.

Ils ne croyent pas au Purgatoire, encore bien qu'ils prient pour les deffunts, & qu'ils celebrent des Messes à leur intention: à quoy pour exciter encore davantage leur peuple, ils rapportent dans leur Martyrologe une histoire de l'Apostre saint Philippe, qu'ils ont eux-même inventée, pour en tirer du lucre, bien qu'elle soit directement contre-eux & leur doctrine, en ce qu'elle prouve évidemment le Purgatoire. Ils raportent de luy qu'il a esté quarante jours aprés sa mort brûlé & tourmenté par le feu, avant que d'aller joüir de la beatitude, & qu'il fut condamné à ce suplice par la propre bouche du Fils de Dieu qui luy apparut, comme il estoit sur le point d'expirer, & le tança severement de ce que dans l'excez de la douleur il avoit maudit les bourreaux qui le tenoient attaché depuis trois jours sur une Croix, où il mourut enfin pour l'amour & à l'exemple de son Seigneur. Or si ce suplice, disent-ils, a esté donné à un Apostre qui répandoit actuellement son sang, que sera-ce donc de nous miserables qui péchons sans fin & sans cesse? D'icy il appert evidemment qu'ils admettent des peines aprés la mort, & par consequent le Purgatoire, & qu'ainsi ils ne different de nous en cela que de nom. Cette histoire de S. Philippe a esté cause d'établir parmy eux la coûtume de faire dire quarante Messes pour les morts.

Ils ne donnent plus l'Extréme-Onction depuis environ deux cens ans, parce, disent-ils, que plusieurs s'imaginoient alors qu'elle avoit la vertu de remettre les pechez independamment de la Confession, qui estoit presque abolie parmy eux à cause de cette pensée erronée qu'ils avoient, en sorte que pour la rétablir, & desabuser le peuple ils furent contraints de retrancher l'Extréme-Onction, & de faire un mal pour en eviter un pire. M'entretenant un jour avec un Evesque d'Arabguer, je m'enquis de luy pourquoy ils n'administroient plus au peuple ce Sacrement, qui estoit si recommandé dans l'Epistre de saint Jacques. A quoy il me fit une plaisante réponse, à sçavoir que cette Ordonnance n'avoit peut-estre esté faite que pour les Francs, & non pas pour les Armeniens, qu'ils en fissent bien leur profit s'ils vouloient, que pour eux ils s'en passeroient bien.

Ils pretendent que les Prestres ayent le pouvoir de confirmer, & dans la pratique il n'y a qu'eux qui le fassent.

Ils ne mettent plus d'eau avec le vin dans le calice depuis trois ou quatre siecles, qu'ils firent ce statut dans le Conciliabule de Manazguerd, où ils ordonnerent de retrancher ce mélange, afin de signifier par là une seule nature en Jesus-Christ; ils disent encore pour raison que l'eau & le sang qui sortirent du costé de Nostre Seigneur pendant en Croix, figuroient deux Sacremens, à sçavoir le Baptesme & le Calice Eucharistique, l'eau figuroit le premier & le sang le second.

Ils croyent que les ames de ceux qui meurent ne vont point en Paradis ny en Enfer jusqu'au jour du Jugement, &

qu'elles sont reservées dans un lieu qu'ils appellent Houékégaianc, en attendant le grand jour des assises, qu'elles reprendront leur corps pour estre compagnon de leur bonheur ou de leur malheur, comme il a esté durant la vie avec elles l'auteur du bien & du mal qu'elles ont fait. Ils avoüent pourtant que les ames de ceux qui sont morts en estat de grace joüissent dés à present d'une beatitude commencée, encore bien qu'elles ne soient pas au Ciel, dans l'esperance qu'elles ont d'y entrer un jour & d'y voir Dieu face à face: & qu'au contraire les ames de ceux qui sont morts en peché mortel, sont tourmentées dés à present par la connoissance certaine qu'elles ont des suplices & des feux qui leur sont preparez dans l'Enfer, qu'elles ne peuvent plus eviter; ne plus ne moins que feroit un criminel retenu dans un cachot qui sçait bien qu'il doit mourir à un gibet en vûë de son crime qui est connu à un chacun, & qui dans cette pensée est continuellement bourrelé & tourmenté.

D'autres s'imaginent qu'il n'y a plus d'Enfer, & que Nostre Seigneur l'a détruit entierement par les merites de son sang, & lors qu'il descendit aux Limbes, en sorte qu'ils ne font plus consister la damnation qu'en la privation de Dieu &

en certaines peines que les pecheurs souffriront dans l'imagination. Je leur ay vû quelquefois prêcher cette belle doctrine, sans qu'aucun d'eux y trouvast à redire.

Ils celebrent en même jour la feste de la Nativité & de l'Epiphanie le sixiéme de Janvier, fondez sur l'opinion qu'ils ont que Nostre Seigneur a esté baptisé la trentieme année de son âge, au même jour qu'il nâquit.

Ils n'ont que quatre festes ou solemnitez durant l'année, outre celles qui arrivent le Dimanche, à sçavoir Noël, l'Annonciation, l'Ascension, & la Transfiguration; toutes les autres se remettent à ce jour là.

Ils ne croyent pas, non plus que les Grecs, à la primauté du Pape dans le sens que nous l'avons expliqué : encore bien qu'il n'y ait rien de si prouvé en plusieurs endroits de leurs Livres, où ils le qualifient de Pasteur universel sur toutes les Nations Chrétiennes qui habitent les quatre parties du monde, de Vicaire de J. Christ en terre, de Successeur du Prince des Apostres, de grand Portier du Ciel, &c.

Ils nient pareillement avec eux que le saint Esprit procede du Fils : quoy qu'ils ayent le contraire en termes formels dans de l'Empire Ottoman. 407

leurs Hymnes de la Pentecoste & dans leur Martyrologe.

Voila pour ce qui est de leurs erreurs, dont il seroit facile de les convaincre, si on avoit en Orient autant de liberté qu'en Europe, vû qu'ils professent le contraire, non seulement dans leurs Livres, mais encore dans la pratique, au moins en plusieurs choses comme nous avons vû : aussi la plûpart souhaitent-ils de tout leur cœur le retour de leur Nation à l'obeïssance de l'Eglise Romaine, à laquelle ils se sont reünis par dix diverses fois dans des Conciles Nationaux, depuis leur premiere separation, qui fut quatrevingt-trois ans aprés le Concile de Calcedoine, où Eutiches & Dioscore furent condamnez.

Ils ont une Prophetie de leur Patriarche saint Nerses, qui vivoit sur la fin du cinquiéme siecle, dans laquelle aprés leur avoir predit tous les malheurs qui sont arrivez du depuis à leur Nation touchant le changement qu'ils feroient de leur Religion qui causeroit la perte de leur Royaume, lequel seroit subjugué par les Infidelles, il leur donne l'esperance d'estre un jour délivrez de la tyrannie des Turcs par les armes victorieuses des Francs, qui doivent se rendre maistres de Constantinople & de Jerusalem, où ils feront construire la porte du saint Sepulcre d'or & de perles, aprés avoir conquis toute la Turquie, & passé jusqu'à Tauris, autrefois dite dans l'Ecriture sainte Ecbatanis, qui est la principale ville des Medes, & la seconde de l'Empire de Perse.

Les Armeniens aprennent par cœur à l'envy l'un de l'autre cette Prophetie de S. Nersés, qui a esté traduite en vers par un autre grand personnage de même nom. Ils paroissent sensiblement touchez, lors qu'ils la recitent en presence d'autres dans la consideration qu'elle leur fait faire du malheur où ils sont à present, & du bonheur qu'elle leur fait esperer un jour par la valeur des Francs, avec lesquels ils doivent selon cette Prophetie se reünir derechef comme ils estoient auparavant : en sorte qu'il n'y aura plus qu'une Foy, un Pasteur & un troupeau : ce qui produira parmy ces peuples tant d'amour, de paix & de concorde, que ce temps là sera un siecle d'or, un paradis commencé, & un monde nouveau, où les vivans regretteront les morts, de n'estre pas arrivez à ces heureux momens, pour joüir comme eux d'un si grand bonheur.

Or touchant les erreurs, abus & superstitions des Armeniens cy-dessus rapportées, je n'entends pas les attribuer à
tous

tous generalement, mais seulement aux Schismatiques : dautant qu'il y a parmy eux quantité de Catholiques obeïssans à l'Eglise Romaine, comme sont les Armeniens de Pologne, ceux de la Province de Naxchivan en Perse, & plusieurs autres entre les Heretiques convertis par les Missionnaires, lesquels bien loin de participer à telles erreurs du Judaïsme, les ont en horreur & les condamnent avec nous : & ainsi je n'ay garde de les comprendre avec les autres, & de les blasmer d'un défaut qu'ils n'ont pas : puis qu'au contraire, ils meritent que nous les aymions comme nos freres en Jesus-Christ, qui professent la même Foy que nous, particulierement ceux de Naxchivan, lesquels se sont maintenus depuis plusieurs siecles dans la Catholicité : en veuë de laquelle ils ont souffert mille persecutions de la part des infideles, poussez & excitez contre eux par les Schismatiques. Le Roy de Perse leur accorda, il y a environ cinq ans, plusieurs beaux privileges, en consideration des Lettres de nostre saint Pere le Pape, & de quelques Princes Chrestiens qui luy écrivirent, en faveur desdits Armeniens, pour supplier Sa Majesté (à laquelle ils envoyerent quelques presens) de vouloir separer les Bourgs Catholiques de la Juris-

S

diction ordinaire du Bacha, & de trouver bon qu'ils levassent eux-mêmes, & fissent tenir dans ses coffres le tribut, dont ils luy estoient redevables, qu'il reduiroit à une certaine somme déterminée, laquelle ne pourroit estre ny augmentée ny diminuée à l'avenir; ce qui fut incontinent accordé avec plusieurs autres graces au Religieux, qui avoit esté le porteur des Lettres, lequel fut receu du Roy, en qualité d'Ambassadeur, & avec les mêmes honneurs, en consideration de ceux qui l'envoyoient: de sorte que ces pauvres gens ne sont plus tyrannisez comme auparavant par les infideles, qui sous pretexte de lever les droits du Roy, exigeoient d'eux trois fois davantage, & les ruinoient de fond en comble, ou les obligeoient à se faire Turcs.

La plûpart d'eux vont trafiquer en Turquie, où je les ay veus & pratiquez. Durant le temps qu'ils sont absens de leurs pays, qui sera quelquefois de dix ans, ils ne se confessent jamais, à moins qu'ils ne rencontrēt sur leur route quelques Prestres Catholiques, qui sçache leur langue. Si toutefois ils tomboient malades à l'extremité, ils feroient venir (à faute d'autre) un Prestre Schismatique Grec, ou Armenien, pour ne pas mourir sans Confession, & Communieroient de sa main, aprés luy avoir declaré qu'ils meurent obeïssans à l'Eglise Romaine, comme ils ont toûjours vêcu. Ils abhorrent si fort les Armeniens Heretiques, que dans les lieux où les Catholiques n'ont point d'Eglises, ils iront plûtost chez les Grecs entendre la Messe que chez eux : dans la crainte qu'ils ont qu'on ne crût qu'ils seroient encore de leur Religion, & dans leurs sentimens, dont ils sont tres-éloignez, encore bien qu'ils prient en la même langue, & qu'ils celebrent la Messe en Armenien comme eux : avec cette difference neanmoins, qu'ils n'ont pas les mêmes prieres ny la mêmeLiturgie qu'ont les Heretiques, mais celles de l'Eglise Romaine traduites en Armenien.

Ce que j'ay fait remarquer touchant les erreurs des Armeniens, que je ne pretendois pas attribuer aux Catholiques, qui sont parmy eux en tres-grand nombre, se doit entendre encore à proportion des autres Nations Chrétiennes, comme sont les Grecs, les Suriens, les Nestoriens, &c. entre lesquels il y en a plusieurs tres-obeïssans à l'Eglise Romaine, & qui ne participent point aux erreurs de leur secte.

CHAPITRE III.

Des Suriens ou Iacobites.

LEs Suriens, autrement dits Jacobites du nom de l'Heresiarque Jacob, qui suivoit l'opinion d'Eutiches, sont environ cinq mille dans la Syrie, d'où ils prenoient leur premiere denomination, dans la Mesopotamie, & la Caldée : de sorte qu'il ne s'en trouve point ailleurs, si ce n'est quelque voyageur.

Ils chantent l'Office Divin en Langue Syriaque, qu'ils assurent estre celle que parloit nostre Seigneur.

Ils suivent encore aujourd'huy le Rit des Saints Ephreem & Jacques de Nisibe, qui a esté par succession de temps fort changé & alteré par les Heretiques : en sorte que dans quelques Liturgies les paroles de la consecration ne se trouvoient plus, & elles n'y ont esté remises que depuis peu par le Patriarche Catholique, qui a corrigé avec les Missionnaires la plûpart de ses Livres, & purgé des erreurs, que la malice & l'ignorance des Heretiques y avoit fait glisser : en reconnoissance dequoy nostre saint Pere le Pape, auquel il est tressoûmis & obeïssant l'a honoré du Pallium.

Ils ont presque les mêmes erreurs que les Armeniens : aussi sont-ce eux qui les ont pervertis, & qui leur communiquerent autrefois le venin de leurs Heresies, dans un petit Conciliabule de dix Evêques de l'une & l'autre Nation, qui s'assemblerent en Perse, dans un lieu nommé Tevin, où ils firent union, & se receurent à la Communion l'un de l'autre, quatre-vingt trois ans aprés le Concile de Calcedoine, du Regne de Cosroës Roy de Perse. Auquel temps les Armeniens seduits par les Suriens, se separerent de l'Eglise Romaine, à laquelle ils avoient toûjours obeï jusqu'alors.

Ils n'admettent qu'une nature en Jesus-Christ, suivant l'opinion de Dioscore qu'ils reverent comme un Saint, le qualifiant dans leurs prieres de deffenseur de la Foy Orthodoxe. Et pour montrer à l'exterieur qu'ils professent sa doctrine touchant une seule nature, ils font le signe de la Croix avec l'index, tenans tous les autres doigts pliez.

Ils ne donnent comme les Armeniens l'Extréme-Onction qu'aux Prestres, encore n'est-ce qu'aprés leur mort, & un moment avant que de les descendre dans la fosse. Cette ceremonie se fait proche l'Autel par l'Evesque, ou le plus ancien des Prestres, en leur oignant la teste avec les saintes Huiles.

Ils ne la donnent aux Seculiers moribonds, que depuis quelque temps : cependant, ils la reconnoissent pour un des sept Sacremens, & ne sçauroient dire le temps auquel elle a esté abolie parmy eux.

Ils ne croyent pas non plus au Purgatoire, quoy qu'ils prient pour les défunts.

Ils avoüent dans leur Martyrologe, que le Pape de Rome est le premier des quatre Patriarches : cependant ils ne se croyent pas obligez de luy rendre obeissance.

Ils font pour plusieurs années le Cresme, dans lequel ils mélent avec l'huile d'olive du baume & tant d'herbes odoriferantes, que venant à boüillir & à se rarefier à mesure que les herbes se mollifient, ils sont si simples de croire que ce soit un miracle de voir le vase plein de demy qu'il estoit auparavant.

Ils mangent de la chair les Mercredis & Vendredis aprés Soleil couché : mais aussi en contréchange ils n'en doivent pas manger le Mardy & le Jeudy au soir à la même heure : de sorte qu'ils sont obligez de faire abstinence vingt-quatre heures comme les autres Chrétiens : cependant plusieurs d'entre-eux poussez par un esprit de gourmandise, & pour en pouvoir manger tous les jours impunément, se servent de cette ridicule finesse, qui est de souper le Mardy & le Jeudy de bonne heure, & tout au contraire le Mercredy & Vendredy plus tard.

Leurs Prestres ne portent point de couronnes comme ceux des autres Nations, pour se conformer, dit-on, à l'heresiarque Dioscore Patriarche d'Alexandrie, auquel, à leur dire, elle fut rasée dans le Concile de Calcedoine par les Saints Peres, à cause de son opiniastreté à ne vouloir point reconnoistre son erreur, & pour le chastier de la temerité qu'il avoit euë d'excommunier, bien qu'il ne le peust, le Souverain Pontife dans le Conciliabule d'Ephese.

Le Patriarche & les Evesques n'ont point de Mitres, mais seulement une espece de capuce en broderie, qu'ils mettent sur la teste comme un amict.

Ils se servent de Chappes à la Messe au lieu de Chasubles ; leur Etole est semblable à un Scapulaire de Religieux, & le Manipule consiste en des manches d'étoffe de soye, qu'ils vestent pardessus celles de l'Aube.

S iiij

Ils n'ont pour tous instrumens de musique dans leurs Eglises que des tymbales faites de cuivre en forme de plats, qu'ils frapent l'un contre l'autre, & qu'ils tâchent de marier avec leurs voix, & le son d'une petite clochette, laquelle donne la cadence à tout le reste.

Ils ont quantité de festes durant l'année, & plus qu'aucune Nation Chrétienne, sur tout de la sainte Vierge, en quoy ils sont bien contraires aux Armeniens, qui les ont remis toutes aux Dimanches à la reserve de quatre.

Ils consacrent en pain levé conformément aux Grecs, & contre la pratique des Armeniens & Maronites.

Ils ont plusieurs jeûnes, outre le grand Caresme commun à toutes les sectes Chrétiennes, comme celuy de la Nativité de Nostre Seigneur, de l'Assomption de Nostre-Dame, des Apostres, &c.

Ils ne disnent point dans le grand Caresme qu'à l'asr, c'est à dire à trois heures aprés midy.

Ils font comme les Grecs & les Armeniens plusieurs ceremonies la semaine Sainte, semblables à celles de l'Eglise Romaine, & entr'autres le lavement des pieds.

Le Patriarche de cette Nation envoya

il y a quelques années avec celuy des Grecs & des Armeniens, sa profession de Foy à nostre saint Pere le Pape Alexandre VII. & ses soûmissions au Siege Apostolique, par le Pere Silvestre Capucin Custode des Missions.

Ils écrivirent encore tous trois des lettres de congratulation & de benedictions à Sa Majesté Tres-Chrétienne, par lesquelles ils l'exhortoient à porter ses armes victorieuses contre l'ennemy commun des Chrétiens. Ce fervent Patriarche eut la bonté de faire luy-même l'Oraison funebre du susdit Pere Silvestre son Confesseur, qui mourut à Alep, il y a cinq ans, aux Obseques duquel se trouverent fortuitement, ou pour mieux dire par un coup du Ciel trois Patriarches, qui ne s'estoient pas depuis plusieurs années rencontrez au même lieu, huit Evesques, septante & tant de Prestres, avec une infinité de peuple de toutes les Nations, qui le pleuroient comme leur pere : aussi ses Funerailles furent-elles estimées les plus belles & honorables qui se se soient faites dans l'Orient depuis plus de deux cens ans. On y officia en cinq langues, à sçavoir en Latin, en Grec, en Armenien, en Syriaque, & en Arabe. Les Latins commencerent les premiers l'Office, & aprés eux les Grecs continuërent, & confecutivement les autres, chacun en fa langue & avec fes ceremonies particulieres ; ce qui eftoit tres-beau & curieux à voir. On eftoit dans l'étonnement de voir toutes ces Sectes fi antipatiques les unes aux autres reünies dans une même Eglife qui eftoit celle des Maronites, pour honorer la memoire du défunt : mais on ne devoit pas s'en étonner, puis qu'il leur avoit prefché plus de quarante ans qu'il eftoit dans la Miffion. Leur retour & leur reünion à l'Eglife Romaine repreféntée par celle des Maronites feuls Catholiques en Alep, dans laquelle Dieu permit qu'elles s'affemblaffent, non feulement pour recompenfer en quelque façon les travaux de ce pauvre Religieux par cét honneur exterieur qu'ils luy rendoient aprés fa mort : mais encore pour leur faire connoiftre, qu'elles ne devoient plus avoir toutes qu'une Foy, une Loy, & un Pafteur univerfel.

Outre la plûpart des Suriens d'Alep qui font Catholiques avec leur Patriarche, l'Archevefque, & plus de la moitié des Preftres, ceux de Babylone le font tous generalement, d'autant que n'ayant point d'autre Eglife que celle des Capucins qui y prefchent les Dimanches & Feftes, ils ne se confessent d'ordinaire qu'à eux & rarement à leurs Prestres, ausquels on ne permet pas de dire la Messe dans ladite Eglise, que premierement ils n'ayent fait abjuration de l'heresie, & professé la Foy Catholique en presence de leur peuple, qui voyant cét exemple ne fait plus difficulté de se convertir. Les Armeniens qui sont là environ deux mille, tant étrangers qu'autres, sont excitez par ceux-cy à en faire de même. Et les Nestoriens prient les susdits Peres de prescher l'Avent & le Caresme dans leur Eglise. Leur Convent se peut dire le refuge de tous les Europeans qui viennent des Indes & de la Perse en Turquie, aussi bien que de ceux qui y vont, c'est là où ils attendent la commodité des Caravanes, & où ils prennent tous les avis necessaires pour leur route : pendant qu'ils se remettent des fatigues de leur voyage avec ces bons Religieux, qui leur rendent dans la rencontre tous les actes de charité possible. L'un d'eux exerce là d'ordinaire la Medecine, tant pour s'aquerir la bienveillance du Bacha, & des Grands de la Ville, necessaire pour se maintenir contre les Heretiques, & pour estre protegez dans le besoin, que pour pouvoir baptiser des enfans Turcs & Juifs moribonds, sous pretexte de leur donner des remedes;

ce qui a quelquefois reüssi avec tant d'avantage, qu'en moins de trois ans, ils ont administré ce Sacrement à plus de huit cens dans Bagdat, qui sont morts peu de jours aprés l'avoir receu. Ils ont encore là une école de trente ou quarante enfans de diverses Nations, lesquels recitent par cœur les Dimanches dans l'Eglise la Doctrine Chrétienne, qu'un des Missionnaires explique ensuite au peuple.

Ils ont quantité d'autres Hospices ou Missions, tant en Perse qu'en Turquie, & aux Indes, où ils sont en chacune quatre ou cinq Religieux, qui s'occupent continuellement à la conversion des ames, & aux exercices de charité, tant au regard des originaires du pays qu'ils traitent dans leurs maladies, sans esperance de salaire, qu'au respect des estrangers qu'ils retirent chez eux ; ce qui leur a acquis tant d'amour & de respect parmy ces peuples, qu'ils les ont en estime de sainteté.

CHAPITRE IV.

Des Nestoriens ou Caldéens.

LEs Nestoriens empruntent leur nom de l'Impie Heresiarque Nestorius Patriarche de Constantinople, dont ils suivent la Doctrine, qui fut condamnée dans le troisiéme Concile Universel, dit d'Ephese, qui s'est cependant conservée jusqu'à present, comme un feu sous la cendre, en quelques endroits de la Turquie & de la Perse, où toutes les Religions, quelques mauvaises qu'elles puissent estre, sont bien venuës, ou du moins tolerées, telle qu'est celle des Nestoriens, qui est la plus odieuse de toutes, & la plus abhorrée des Chrestiens Orientaux: dautant qu'elle divise Jesus-Christ en deux personnes, & reconnoist en luy deux Fils, l'un de Dieu & l'autre de Marie, à laquelle elle dénie consequemment la qualité de Mere de Dieu, & ne l'appelle que Mere de Christ. Aussi les Nestoriens n'osent-ils se dire tels dans les Caravannes avec les autres Chrétiens, tant leur Religion est abominable: & ceux de Diarbexer, dont la plûpart se sont faits

Catholiques avec leur Evêque, ont changé leur nom, & s'appellent à present Caldéens, aussi-bien que tous les autres qui embrassent la verité, & qui se rangent au giron de l'Eglise.

Ils ont deux Patriarches, lesquels conservent de grands sentimens pour la Religion Catholique, qu'ils n'osent pas faire paroistre à l'exterieur, ny se declarer ouvertement, dans l'apprehension qu'ils ont des Turcs & des Heretiques. L'un d'eux écrivit, il y a quelques années, à nostre saint Pere le Pape, une Lettre, dans laquelle il le qualifioit de Pasteur Universel de tous les Chrétiens, de Pere des Rois & des Patriarches.

Il n'y a pas cent ans, qu'une partie s'étoit reünie à l'Eglise Romaine, & qu'un Patriarche s'alla faire consacrer à Rome: mais ayant esté du depuis dénoncé aux Turcs par les Heretiques, & accusez d'avoir eu intelligence secrete avec les Francs, ils ne pûrent continuer dans leur bon dessein, & retournerent tels qu'ils estoient auparavant, par faute de Predicateurs Evangeliques, qui entretinssent ce feu & cette premiere ferveur durant la persecution.

Ils avoüent dans leurs Livres, que personne ne peut ny ne doit estre dit Patriarche, qu'il n'ait esté consacré par le Pape, ou du moins par ses ordres. C'est pour cette raison qu'ils ne donnent pas au leur cette qualité, & qu'ils l'appellent d'un autre nom.

Le Patriarcat est comme hereditaire parmy eux : en sorte qu'il se donne toûjours au neveu, ou plus proche parent du Patriarche, encore bien qu'il n'eût que huit ou neuf ans : de maniere qu'ils le consacreront Superieur de la Nation avant qu'il sçache lire, comme il est arrivé encore depuis peu, en la personne de celuy qui fait sa residence proche Ninive.

Outre leurs erreurs, ils ont une infinité d'abus, entre lesquels celuy-cy est un des plus notables, qu'ils se Communient souvent sans Confession : en sorte que ce Sacrement est quasi aboly parmy eux. Ils approuvent neanmoins ceux qui se Confessent, mais ils ont de la peine à s'y resoudre, soit à raison du non usage, soit parce que leurs Prestres qui sont ignorans dans l'excés, ne leur font pas reconnoître l'importance & la necessité de ce Sacrement, qui est un second Baptême, & la Table aprés le naufrage.

Quand ils Communient le peuple, ils leur mettent le pain consacré dans la paume de la main, pour se le porter eux mêmes à la bouche.

Leurs Prestres se peuvent remarier deux ou trois fois, comme les Seculiers, contre la pratique des autres Sectes Orientales, qui les obligent de vivre dans le celibat aprés le deceds de la Prestresse.

Ils n'ont rien de magnifique dans leurs ceremonies, ny dans leurs ornemens d'Eglise, qui sont beaucoup differents de ceux des autres Sectes.

Ils officient & celebrent la Messe en langue Caldéenne, qu'ils disent estre la plus ancienne de toutes, & comme la mere au respect des autres.

Il est permis aux Nestoriens d'épouser leurs cousines germaines & leurs proches parentes ; ce qui fait murmurer contre eux toutes les autres Nations, qui observent rigoureusement le contraire, & qui estiment cela un grand peché.

Ils habitent dans la Mesopotamie, la Caldée & le Courtisdan, où ils sont environ cinquante mille ames. Ce sont des gens faits à la fatigue & aux armes : aussi se pourroient-ils rendre les Maistres de la Province, sans difficulté, s'ils l'avoient entrepris, & qu'on leur fist esperer d'ailleurs du support.

Le Prince des Courdes se sert d'eux pour sa garde, & ne se maintient que par leur moyen dans sa petite Jurisdiction, où les

Turcs n'ofent pas l'inquieter, & ne le peuvent faire, fans s'expofer à eftre mis en pieces par ces Neftoriens.

Ils parlent Turc, Arabe ou Courde, felon les lieux qu'ils habitent.

Ils font d'affez facile accés, pour traitter avec eux des matieres de Religion, particulierement aux Francs ou Latins: d'autant qu'ils ont pour eux beaucoup d'amour & de refpect, & avoüent la plûpart qu'ils ne font feparez d'eux que par le malheur des temps, & faute de liberté.

Aucuns d'eux demeurent dans les Villes, où ils exercent toutes fortes d'arts & de meftiers. Mais la plûpart font à la campagne, où ils cultivent les terres & menent une vie champeftre: on reconnoift ceux-cy d'avec les autres par la difference de leurs habits & chauffures, qui font ridicules & mauffades dans l'excés.

CHAPITRE V.

Des Maronites.

LEs Maronites tirent l'étymologie de leur nom de l'Evesque Maron, lequel au temps que les Suriens se separerent de l'Eglise Romaine, & tomberent dans l'heresie des Monothelites, en retint cinquante mille par ses Predications, & les conserva dans la Foy Catholique, & pour cét effet ils furent nommez Maronites, c'est à dire Sectateurs de Maron, comme les autres s'appellerent Jacobites du nom de l'heretique Jacob, dont ils prirent le party. Ils se sont toûjours maintenus du depuis à travers mille persecutions dans l'obeïssance du saint Siege Apostolique.

 Leur Patriarche aprés son élection depute quelques Prestres à Rome vers nôtre saint Pere le Pape, pour obtenir de luy sa confirmation, qu'il luy envoye avec le Pallium. Ledit Patriarche fait sa residence avec cinq ou six Religieux dans un petit Convent dit Cannobin, où ils vivent en continuelle abstinence & dans une grande simplicité, autant que je l'ay pû remarquer, durant le peu de sejour que j'y ay fait en leur compagnie.

Ils officient en langue Syriaque comme les Jacobites, & ont presque les mêmes prieres & ceremonies qu'eux, mais ils different beaucoup quant aux Ornemens d'Eglise, qui sont semblables chez les Maronites à ceux des Latins, qu'ils taschent d'imiter en tout ce qu'ils peuvent: de sorte que le Patriarche & les Evesques portent la Mitre comme les nostres, & les Prestres la Chasuble à la Messe.

Quand les nouvelles arrivent au Levant du decez de nostre saint Pere le Pape, ils luy font dans toutes leurs Eglises un beau Service, où se trouvent par devotion & curiosité plusieurs Chrétiens des autres Nations, même des Prestres, ausquels ils promettent de chanter quelque Epistre en leur langue, ou de dire quelques Oraisons, dans lesquelles venans à nommer le Pape ils le qualifient de Pere des Peres, la couronne de nostre teste, & de Pasteur universel des Fidelles.

Je ne rapporteray rien de leurs erreurs, puisqu'ils n'en ont aucune, & que leur Religion est tres-pure, saine & orthodoxe. Et si par malheur il s'y en glissoit jamais la moindre, le recours qu'ils ont d'abord à la regle de la Foy, je veux dire au Siege Apostolique de saint Pierre, auquel ils font gloire d'obeïr à l'aveugle, y apporteroit bientoſt le remede neceſſaire.

Ils ont pluſieurs Careſmes que nous ne jeûnons pas, & des Feſtes particulieres qui ne ſont pas celebrées dans l'Egliſe Romaine ; ce qui ne met point de difference eſſentielle entre eux & nous.

La reformation du Calendrier Romain faite par le Pape Gregoire, a eſté receuë d'eux : en ſorte qu'ils celebrent la feſte de Paſques avec nous ſeparément des autres ſectes Chrétiennes Orientales, leſquelles choquées de cette pretenduë nouveauté, les ont accuſez chez les Turcs d'avoir changé en cela leur Religion ; ce qui leur a cauſé pluſieurs avanies conſiderables que ces Infidelles leur ont fait, ſous ce pretexte.

Ils ont au Mont-Liban un Convent de Religieuſes, qui gardent la cloſture comme celles d'Europe, qui chantent l'Office Divin en Syriaque, & qui menent une vie tres-auſtere.

Il y en a encore d'autres dans Alep, dont l'habit & le genre de vie eſt ſemblable à celuy des Capucines qu'elles ſe ſont propoſées d'imiter, & dont elles portent le nom. Elles ne mangent jamais de viande, jeûnent tous les Careſmes de S. François, portent le cilice, & font tant d'autres auſteritez, qu'elles ſont en admiration aux

Turcs mêmes qui les ont en estime de sainteté : celles-là ne sont pas cloistrées, ny ne le peuvent estre comme les autres qui sont à la campagne, & dans les montagnes, où il est plus facile d'avoir des Convents que dans les villes, ainsi elles demeurent deux ou trois ensemble chez leurs parentes dans un appartement particulier, où se tiennent toûjours recluses elles seules, sans vouloir en permettre l'entrée à qui que ce soit qu'aux femmes & à leurs plus proches. Elles n'en sortent jamais que pour aller les Dimanches & Festes à l'Eglise, où elles se font conduire par des personnes âgées & devotes, qui ont encore le soin de les ramener au logis. Leur habit Religieux ne paroist pas par les ruës, non plus que celuy des seculieres, dautant qu'elles ont toutes également un grand voile blanc sur elles, qui les couvre depuis la teste jusques aux pieds. Il y a des filles Suriennes & Armeniennes, qui se sont depuis leur conversion à la Foy associées avec elles, & qui professent le même genre de vie : en sorte qu'elles sont à present une vingtaine ; elles ont receu le voile par les mains du Patriarche Surien Catholique, qui pour ne faire qu'un corps de toutes & une même Religion, les a remises sous la direction du Reverend Pere Custode des

Capucins, auquel seul elles se confessent. Elles tiennent école aux enfans, & leur enseignent à lire en Arabe & en Armenien, sans aucune esperance de salaire, & simplement pour l'amour de Dieu : de maniere que la plûpart recourent à elles pour estre instruits. Les plus riches d'entre les Chrétiens, quoy qu'heretiques, y envoyent leurs enfans pour aprendre avec les lettres la civilité, & les bonnes mœurs, mais la fin & le but principal desdites Religieuses, dans cette instruction de la jeunesse, & ce à quoy elles s'apliquent davantage, est de les élever dans la Foy Catholique, la crainte de Dieu, & l'obeïssance à l'Eglise Romaine ; au giron de laquelle elles en ont attiré plusieurs, qui sont à present les plus fervens Catholiques d'Alep.

Les Maronites ont un College dans Rome, où l'on envoye de jeunes hommes pour aprendre les lettres, afin d'estre avancez ensuite à l'office de la Predication, & de profiter aux autres dans cét employ. Il est different du College *de Propaganda Fide*, fondé par le Cardinal de S. Onuphre Capucin, frere d'Urbain Huitiéme, où l'on éleve des enfans de toutes les Nations, & particulierement de celles d'Europe pour estre envoyez un jour en qualité de Missionnaires en Angleterre, en Hollande ou ailleurs, dans les lieux dont ils sçavent les langues. Ceux d'Orient qui y ont estudié sont toûjours soupçonnez de leur Nation, comme Heretiques & tenus pour Francs ; ce qui fait que le peuple qui est Schismatique, ne permet pas pour l'ordinaire qu'ils soient avancez aux premieres Charges, comme de Patriarche & d'Evêque : encore bien qu'à raison de leur science, ils en soient plus capables que les autres, qui ne sçavent que lire.

La plûpart des Maronites habitent les Montagnes du Liban, qui contiennent trois ou quatre journées de chemin. Il y en a encore à Tripoly, en Chypre, à Baruc, à Sidon, à Damas, & à Alep. En sorte qu'ils pourront estre en tout quelques cinquante-cinq mille, selon le rapport qui m'en a esté fait par un de leurs Evêques, & par quelques autres de la Nation des mieux informez.

Les Missionnaires Capucins ont des Convents dans toutes les Villes susdites & autres lieux de la residence des Maronites. Les Peres Carmes Déchauffez sont encore establis en quelques-uns.

Ils font prêcher les Missionnaires dans leurs Eglises, l'Advent, le Caresme & toutes les principales Festes de l'année ;

ce qui ne contribuë pas peu à la conversion de plusieurs Schismatiques, qui y
viennent entendre la Predication, dans
laquelle on ne laisse pas de toucher en passant quelques points de Religion controversez entre-eux & nous ; ce qui se fait
avec le plus de douceur qu'il est possible,
de crainte de les aigrir.

Ils ont un Grand de leur Nation nommé
Abounoufel, qui fait sa residence au Kes-
roan proche Baruc, où il est comme leur
Gouverneur, encore bien qu'il y en ait
d'autres, pour cét effet, constituez & establis par le Grand Seigneur. Il est Lieutenant & amy intime du Prince des Druses,
avec lequel il seroit capable d'incommoder notablement les Turcs, voire même
de les exterminer de la Syrie & de la Palestine, si d'ailleurs ils avoient quelque petit secours d'Europe, pour les maintenir
dans la suite contre les assauts des Ottomans. Les Histoires font encore foy des
assistances considerables, que donnerent
autrefois les Maronites aux Chrétiens
d'Europe, durant les guerres qu'ils eurent
contre les Sarrazins, dans lesquelles ils
signalerent leur courage. Je ne doute pas
qu'ils ne fissent encore aujourd'huy mieux
que jamais, si l'occasion se presentoit de
servir Sa Majesté tres-Chrétienne, qu'ils
regardent

regardent comme leur futur Liberateur, & qu'ils confiderent avec fujet, comme leur Protecteur dans la Turquie, où ils font maintenus par fon Ambaffadeur & fes Confuls, aufquels Sadite Majefté, par un effet de fa generofité & de fa pieté, a enjoint encore depuis peu de les proteger à la Porte, contre tous ceux qui leur voudroient faire infulte & les molefter; ce qui a tellement captivé leurs cœurs, qu'ils ne jurent plus que par le Roy de France.

Ce font eux particulierement qui publient & qui racontent, tant aux Turcs qu'aux Chrétiens Schifmatiques du pays, les nouvelles de fes victoires, qu'ils apprennent chez les Marchands d'Europe, aufquels ils fervent de Truchemens & de Facteurs dans leurs affaires.

CHAPITRE VI.

Des Cophtes & Abiſſins.

LEs Cophtes n'habitent de tout l'Empire Ottoman que l'Egypte, où ils ſont en quantité épars çà & là dans les Villages. Ils vivent dans une tres-profonde ignorance de tous nos Myſteres, & ne meritent quaſi pas le nom de Chrétien: car outre une infinité d'erreurs & d'abus qu'ils ont, ils admettent encore la Circonciſion avec le Baptême, & ſe font Circoncire; encore bien que pour s'excuſer, ils diſent qu'ils ne la croyent pas neceſſaire à ſalut, & qu'ils ne la donnent à autre fin, que pour faire voir par ce ſigne exterieur qu'ils ſont deſcendus de la race du Roy Salomon, duquel (à leur dire) la Reyne de Saba eut un fils, qui fut du depuis Roy de leur pays, & ſe fit Circoncire, comme ſon pére Salomon, avec obligation à ſon peuple d'en faire de même : ce qui s'eſt toûjours obſervé, ſans interruption, juſqu'à preſent.

Leur Rit & leur Patriarche eſt le même que celuy des Ethiopiens, qui fait ſa residence dans un Convent d'Egypte proche le Grand Caire, où il vit fort pauvrement.

Ils soûtiennent avec opiniâtreté les erreurs de Dioscore, & n'admettent en Jesus-Christ qu'une nature, une volonté, & une operation, sans sçavoir même ce que signifient ces termes, qu'ils n'apprennent que comme des perroquets.

J'ay oüy dire à des Evêques Armeniens, qu'en plusieurs lieux d'Ethiopie où l'on ne recueille point de vin, les Abyssins se servent à la Messe de miel détrempé avec de l'eau, au lieu de vin, dans la créance qu'ils ont (tant est profonde leur ignorance) que ce mélange peut estre matiere suffisante du Sacrement, lors qu'on ne trouve pas commodément celle qui a esté ordonnée par Jesus-Christ.

Ils n'ont rien de magnifique dans leurs ceremonies, non plus que dans leurs habits Sacerdotaux, selon que je l'ay pû remarquer en Jerusalem, où j'ay vû officier un de leurs Evêques à la Feste de Pasque. Leur phisionomie semblable à celle des Boësines, jointe à l'indecence de leurs habits, rebutoit si fort le monde, qu'on ne daignoit pas les regarder à l'Autel : Outre que d'ailleurs leur heresie les rendoit

T ij

incapables de donner de la devotion.

Ils ont une petite Chappelle contiguë au saint Sepulcre, qu'ils ont fait bastir depuis quelque temps : c'est là le lieu où ils prient, & l'appartement qu'ils ont dans cette grande Eglise de la Resurrection, où toutes les Nations Orientales officient chacune en sa Langue.

Ils se vantent, que la lumiere qu'ils pretendent sortir du saint Sepulcre de nôtre Seigneur le Samedy Saint est donnée de Dieu, en leur consideration, & que sans eux elle ne paroistroit pas : cependant ce sont aujourd'huy les Grecs, qui la font venir à discretion, & qui peuvent se glorifier de cét avantage depuis l'affront arrivé, en dansant, au pauvre Cophte dont nous avons parlé cy-dessus.

Ils ont plusieurs jeûnes & abstinences, comme les autres Sectes Orientales, dans lesquels ils font consister presque toute la perfection Chrétienne : en sorte qu'ils se scandaliseront plûtost de voir rompre le jeûne à quelqu'un, quand même ce seroit avec un sujet raisonnable, que de luy voir commettre un peché mortel. On n'oseroit les en dispenser lors qu'ils sont malades & reduits à l'extremité, & quand on le voudroit faire, ils n'y consentiroient pas, dans cette créance erronée qu'ils ont, que mourans pour ce sujet ils sont Martyrs, ne plus ne moins que si on les avoit massacrez pour l'observance de la Loy.

L'on trouve encore dans leurs Livres d'Eglise quelques autoritez, en faveur de la primauté du Pape: entr'autres une Epître inserée dans leur Martyrologe, qu'ils disent avoir esté écrite par l'Empereur Theodose, au Patriarche d'Alexandrie, au sujet de certaines pretensions qu'il avoit au préjudice de l'autorité du Souverain Pontife, dont il le reprend avec ces termes [Depuis quand est-ce, que Marc est devenu Pierre ? le Disciple Maistre ? & que le Trône d'Alexandrie a esté fait égal à celuy de Rome ?] Par où il luy montre clairement qu'il estoit tres-mal fondé dans telles pretensions contre le Pape, & que c'estoit une temerité à luy de penser à se comparer au Chef de l'Eglise, ne plus ne moins que si un Disciple vouloit se rendre égal à son Maistre, & une Justice subalterne à un Parlement.

Les Capucins du Grand Caire font la Mission parmy eux dans les Bourgs & Villages circonvoisins. Ils sont admis quelquefois à dire la Messe & à prescher dans leurs Eglises, d'autant plus volontiers

T iij

qu'ils les voyent entrer avec la permission des Turcs dans les Galeres du Grand Seigneur, pour y administrer les Sacremens à quantité d'Esclaves Chrétiens qui y sont, & les exhorter à la patience dans le miserable estat où ils se voyent reduits, qui les pousseroit à un desespoir & à renier leur Foy, s'ils ne recevoient de temps en temps ces secours spirituels.

C'est parmy les Cophtes où l'on trouve dans ces anciens monumens des Idoles de diverses sortes, avec les momies d'Egypte, je veux dire les cadavres embaumez des anciens Idolâtres Egyptiens, qui se faisoient enterrer avec leurs faux Dieux: en sorte que l'on en découvre encore tous les jours, outre la prodigieuse quantité qu'on a tirée jusqu'à present de ces sepultures, & venduë aux Europeans qui les enlevent pour s'en servir dans la Medecine.

CHAPITRE VII.

Des Solaires ou Chamsi.

LES Solaires sont ainsi appellez, à cause que l'on croit qu'ils adorent le Soleil. C'est la moindre Secte qui soit dans tout l'Orient, consideré le petit nombre qu'ils sont, qui ne revient pas à plus de neuf ou dix mille ames : aussi ne se trouvent-ils que dans la Mesopotamie & aux environs.

Ils n'ont ny Temples ny Eglises pour prier Dieu, & ne s'assemblent qu'en certains lieux souterrains & fort écartez des Villes, pour y conferer ensemble, & traitter des matieres de leur Religion ; ce qu'ils font si secretement, qu'on n'a jamais pû rien découvrir de ce qu'ils y faisoient, par ceux-là même d'entre-eux, qui se sont convertis à la Foy ; dans la crainte qu'ils avoient, que cela venant à se sçavoir, ils ne fussent assassinez par les autres, suivant la resolution qui en a esté prise dans leurs assemblées.

Les Bachas voyant qu'ils n'avoient pas de Temples, & qu'ils vivoient comme des bestes, sans professer aucune Religion exterieure, qui se fist connoistre par son Rit & ses ceremonies, comme celle des autres Nations, les ont sollicité plusieurs fois avec de belles promesses de se faire Mahometans, ou bien qu'ils eussent à se declarer de quelque secte Chrétienne particuliere qui fust connuë & tolerée dans l'Empire du Turc, qu'autrement ils les feroient tailler en pieces, & faire main basse sur eux ; ce qui les obligea il y a quelques années de s'agreger aux Suriens ou Jacobites, pour éviter de ce faire Turcs, en sorte que depuis ce temps-là ils leur font baptiser leurs enfans, & enterrer leurs défunts, sans vouloir rien observer de leurs pratiques, ny quitter leurs premiers sentimens, qu'ils fomentent & entretiennent à l'ordinaire par le moyen de ces assemblées secretes, qu'ils n'eussent pû faire si commodément aprés s'estre rendus Mahometans.

Il est à remarquer que quand je determine à chacune des quatorze Nations susdites son pays particulier, je n'entends pas dire par là qu'elle seule y demeure sans mélange d'aucune autre : car dans Alep, par exemple, où l'on fait compte de deux cens mille ames, à sçavoir de cent cinquante mille & tant de Turcs, quarante mille Chrétiens ou environ, & sept ou huit mille Juifs: Il y aura quelquefois dans une même cour quatre ou cinq Nations differentes, à sçavoir des Grecs, des Armeniens, des Suriens & des Turcs, dont les portes & les fenestres du logis correspondent toutes sur la même cour, qui par consequent leur sera commune à toutes. Je veux donc dire seulement que telle secte dont il est parlé, ne se trouve point ailleurs que dans le pays que je luy assigne, bien qu'elle y soit mélée avec plusieurs autres.

De plus, il est aisé de voir de tout ce que nous venons de rapporter des Nations Chrétiennes Orientales, touchant leur Religion & leurs erreurs, qu'encore bien qu'elles soient heretiques en certaines choses, elles ne le sont pas cependant touchant les matieres Controversées entre nous & les Calvinistes: au contraire elles les condamnent par leurs pratiques, & croyent comme articles de Foy ce qu'ils nient, & ce que professe en cela l'Eglise Romaine: Car en effet qui est-ce d'entre-elles qui ait jamais nié la Transsubstantiation du pain & du vin au Corps & au Sang du Fils de Dieu, & la réalité de ce même Corps au saint Sacrement du l'Autel ? Y en a t'il une qui n'admette & ne confesse qu'il y a sept Sacremens dans l'Eglise, à sçavoir le Baptesme, la Confirmation, la Penitence, l'Eucharistie, l'Extréme-Onction, l'Ordre & le Mariage ? N'ont-elles pas toutes dans leurs Temples les Images de Jesus-Christ, de la sainte Vierge & des Saints pour les honorer d'un culte relatif comme nous ? Ne s'y servent-elles pas de Chappes, de Chasubles, de Mitres & autres Ornements dans les ceremonies qui se font à l'Office Divin ? N'y voit-on pas les cierges, l'Eau benite, & les encensemens comme chez les Romains ? N'y dit-on pas la Messe tous les jours ? Ne jeûnent-elles pas autant & plus qu'eux ? N'ont-elles pas des Diacres, des Prestres, des Evesques & des Patriarches ? Sont-elles sans Religieux qui fassent veu de Pauvreté, d'Obeïssance, & de Chasteté ? Ne reçoivent-elles pas tous les Livres de l'Ecriture Sainte, tant de l'ancien que du nouveau Testament, qu'admet l'Eglise Romaine & que rejettent les Calvinistes, comme Judith, Tobie, les Macabées, le quatre d'Esdras & l'Epitre de saint Jacques ? N'ont-elles pas la Confession auriculaire, les abstinences, la celebration des Festes, la créance du mérite des bonnes œuvres, l'invocation des Saints, & les Prieres pour les défunts ?

Qui osera donc dire que toutes ces choses sont de nouveaux articles de Foy inventez en ces derniers siecles par l'Eglise Romaine, puisque ces Nations qui en sont separées depuis plus de douze ou treize cens ans, dés le Concile d'Ephese & de Calcedoine, les ont aussi bien qu'elle, & les observent aussi exactement que nous sçaurions faire ? Ce qui fait voir évidemment qu'elles estoient en usage dés ces temps-là, & beaucoup avant leur separation d'avec nous, & que consequemment elles sont d'institution Divine, & de tradition Apostolique : autrement qui auroit pû rendre ces sectes si conformes à nous, aprés s'en estre separées ? cela paroist impossible & choque même le sens commun. Si la doctrine de la Transsubstantiation & de la réalité, par exemple, n'avoit pris son commencement que depuis quelques siecles, comme le pretendent Messieurs les Calvinistes, qui auroit pû tellement disposer de l'esprit de ces Nations si antipatiques, que de leur faire recevoir à toutes ces nouveaux Dogmes, & les induire à adorer comme Dieu ce qu'elles ne prenoient auparavant que pour du pain ? Est-il possible qu'il ne se fust trouvé aucun parmy elles pour s'opoſer à ce changement de Religion si notable ? Mais qui auroit pû remplir d'images, ſans qu'aucun y euſt trouvé à redire, toutes les Egliſes de ces Nations, si elles n'en avoient point eu auparavant ? Qui auroit eſté ſi éloquent de leur perſuader à toutes en general & en particulier, un jeûne ſi rigoureux & tant d'abſtinences, ſans qu'aucun d'entre elles y eût mis oppoſition, ſi elles avoient vécu juſqu'alors ſans ces auſteritez ? Or comme cela n'eſt pas poſſible, & ne peut pas même eſtre conçu par un eſprit bien fait : je m'étonne que les Calviniſtes oſent aſſurer que tous les points de Religion & pratiques ſuſmentionnées ſoyent des inventions nouvelles de l'Egliſe Romaine; car ſuppoſé qu'en effet elle les euſt inventées, elle ne pourroit l'avoir fait qu'avant la ſeparation de ces Nations d'avec elle, pour les raiſons que nous venons d'alleguer : & par conſequent leur inſtitution ſeroit auparavant les Conciles, & dés la primitive Egliſe, qui eſtoit alors dans ſa pureté, ſelon l'aveu même des Miniſtres.

Sçavoir maintenant ſi tous les Chrétiens

ciens Orientaux, Grecs, Armeniens, Jacobites, Nestoriens, Cophtes, &c. se trouvent aujourd'huy conformes à l'Eglise Romaine, en tout ce que nous venons de rapporter ; c'est une verité si averée & si constante, qu'on n'en peut non plus douter, comme qu'il y ait un Paris en France, parlant de ceux qui ne l'ont pas vû, & qui ne le sçavent que sur le rapport des autres qui en reviennent, qui ne peuvent cependant, aprés tant & de si divers témoignages, le revoquer en doute, sans commettre une espece de folie. J'en dis le même à nostre sujet, touchant cette conformité que nous disons estre entre nous & les Nations Orientales sus-alleguées, qui est si averée, qu'à moins que d'estre insensé, on ne l'a peut pas nier, & qu'ainsi ne soit, ne pourroit-on pas nous en démentir par le témoignage & le rapport d'une infinité de Grecs, & d'Armeniens qui viennent en Europe? N'est-il pas aisé de s'enquerir d'eux si la Messe se celebre dans leurs Eglises ? S'il y a des Images, s'ils jeûnent, s'ils invoquent les Saints, &c. Ne pourroient-ils pas nous confondre s'il constoit du contraire; cette seule raison suffiroit pour satisfaire un esprit raisonnable : cependant pour une plus

V

grande satisfaction & pour ne laisser aucun sujet à personne d'en douter, on a bien voulu recourir à la source, en tirant de leurs Patriarches & Evesques des témoignages autentiques de cette conformité, & leur profession de Foy, touchant les articles Controversez entre nous & ceux de la Religion pretenduë Reformée, qu'ils ont donné par écrit à la confusion des Calvinistes, dont ils condamnent la Doctrine comme heretique, & aprouvent de point en point celle de l'Eglise Romaine sur ce sujet, ainsi que l'on pourra voir dans les Livres intitulez, *La Perpetuité de la Foy touchant l'Eucharistie, contre le Ministre Claude*, composez par Monsieur Arnaud Docteur de Sorbone, lequel y a inseré les susdites Attestations qui luy ont esté envoyées par Messieurs de Nointel Ambassadeur pour Sa Majesté à Constantinople, l'Abbé Picquet, & autres qui ont eu le soin de les tirer de toutes les Nations, & de les faire traduire fidelement de leurs idiomes en Latin, & moy-même j'ay eu l'honneur d'estre employé à la version de quelques-unes qui ont esté mises dans le second & troisiéme Tome dudit Sieur Arnaud.

Quelques Calvinistes ne sçachant plus

que dire contre ces attestations si autentiques qui les battent en ruine, & qui font voir évidemment que ce qu'ils condamnent de nouveautez, est plus de treize cens ans avant leur Religion, se sont avisez de couvrir leur confusion par un mensonge, & de dire que les Patriarches & Evesques qui ont donné ces témoignages, ont esté autrefois écoliers à Rome au Collège *de Propaganda Fide*, & qu'ainsi on leur a fait mettre tout ce qu'on a voulu ; ce qui est tres-faux, dautant qu'aucun d'eux n'a jamais vû Rome, bien loin d'y avoir estudié : & quand même cela seroit, oseroient-ils donner une profession de Foy confirmée par l'atestation de plusieurs Evesques & Prestres, & signée de leur main, & scellée de leur sceau, si contraire à la leur, à moins que d'avoir perdu l'esprit : car en ce faisant ils s'exposeroient à la fureur de leur peuple. Au reste, Messieurs les Anglois & Holandois qui se trouvent à cause du Commerce en divers Ports de la Turquie, & qui vont quelquefois par curiosité aux Eglises des Grecs, des Armeniens, Suriens, &c. ne seront pas témoins suspects dans ce rencontre. Ils pourront dire aux Calvinistes leurs confreres, si la croyance & les pratiques de ces gens-là, sont conformes ou non aux attestations qu'ils en ont donné par écrit; & il n'y a qu'à leur demander s'ils n'ont pas vû celebrer la Messe dans leurs Eglises, si le peuple n'y adore pas l'Hostie consacrée prosterné la face contre terre, s'ils n'invoquent pas les Saints, s'ils n'ont pas leurs images, &c. Quelques Marchands François Calvinistes qui ont esté sur les lieux, peuvent encore rendre le même témoignage, aucuns desquels ont trouvé là le sujet de leur conversion, voyant cette belle conformité de tant de Nations differentes avec l'Eglise Romaine, dans toutes les choses que ceux de la Pretenduë rejettent: en effet cette seule consideration est plus que suffisante pour convaincre un homme bien sensé, quand bien il n'y auroit pas d'autres preuves.

J'ay bien voulu faire remarquer en passant, à l'avantage de nostre sainte Religion, cette uniformité de doctrine entre les sectes Chrétiennes Orientales & l'Eglise Romaine, touchant les points cy-dessus alleguez.

Il sera bon encore de remarquer avant que de finir, que le mélange de quatorze Nations qui se trouvent dans la Turquie si differentes de Religion, de langues & de façons de faire, cause entre-elles des querelles continuelles, & des animositez furieuses, de sorte qu'elles sont tres-animées l'une contre l'autre, & qu'elles ne demandent que l'occasion de pouvoir se vanger, particulierement des Turcs qui sont pour l'ordinaire les agresseurs, & qui les battent cruellement, le plus souvent à tort, sans qu'elles osent se deffendre, ny répondre injure pour injure : de maniere que la plûpart de toutes ces sectes, tant les Infidelles que les Chrétiennes, souhaitent passionnément de voir les Francs dans leur pays, pour estre délivrez par leur moyen du miserable estat dans lequel elles gemissent depuis si long-temps ; & considerent le Roy de France entre tous les Princes Chrétiens, comme leur futur Liberateur, à cause de l'esperance que leur donnent leurs Propheties, des victoires qu'il doit remporter un jour dans la Turquie, où l'on attend sa venuë, comme faisoient autrefois les Israëlites, celle du veritable Messie. Plaise à celuy qui tient entre ses mains les cœurs des Roys, de seconder tous les pieux desseins de celuy de nostre Invincible Monarque, de luy faciliter les moyens pour parvenir à cette grande execution, de laquelle dépend la gloire de Dieu, celle de Sa Majesté, l'honneur des François, & le salut de plusieurs Nations. Ses années puissent-elles estre longues & heureuses sur la terre, autant qu'elles luy sont glorieuses, fortunées à ses peuples, & dignes de la memoire de toute la posterité : mais sur tout puissent-elles estre meritoires d'une autre Couronne dans le Ciel.

FIN.

PERMISSION.

PErmis d'imprimer ce Livre intitulé, *L'état present de la Turquie*, &c. Fait ce 3. May 1675.

DE LA REYNIE.

www.ingramcontent.com/pod-product-compliance
Lightning Source LLC
Chambersburg PA
CBHW070207240426
43671CB00007B/579